Herta Neiß, Michael John (Hg.)

Sehnsucht Salzkammergut

BÖHLAU

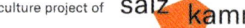   

Finanzierung durch REGIS – Verein Regionalentwicklung Inneres Salzkammergut.
Mit freundlicher Unterstützung durch die Kulturhauptstadt Salzkammergut 2024 und das Museum der Stadt Bad Ischl.

Bibliografische Information der Deutschen Nationalbibliothek:
Die Deutsche Nationalbibliothek verzeichnet diese Publikation in der
Deutschen Nationalbibliografie; detaillierte bibliografische Daten
sind im Internet über https://dnb.de abrufbar.

© 2024 Böhlau Verlag, Zeltgasse 1, A-1080 Wien, ein Imprint der Brill-Gruppe (Koninklijke Brill BV, Leiden, Niederlande; Brill USA Inc., Boston MA, USA; Brill Asia Pte Ltd, Singapore; Brill Deutschland GmbH, Paderborn, Deutschland; Brill Österreich GmbH, Wien, Österreich) Koninklijke Brill BV umfasst die Imprints Brill, Brill Nijhoff, Brill Schöningh, Brill Fink, Brill mentis, Brill Wageningen Academic, Vandenhoeck & Ruprecht, Böhlau und V&R unipress.

Alle Rechte vorbehalten. Das Werk und seine Teile sind urheberrechtlich geschützt.
Jede Verwertung in anderen als den gesetzlich zugelassenen Fällen bedarf der vorherigen schriftlichen Einwilligung des Verlages.

Umschlagabbildung: © Museum der Stadt Bad Ischl
Umschlaggestaltung: Gerald Lohningen, Linz
Korrektorat: Volker Manz, Kenzingen
Satz: Bettina Waringer, Wien
Druck und Bindung: Finidr, Cesky Tesin
Printed in the EU.

Vandenhoeck & Ruprecht Verlage | www.vandenhoeck-ruprecht-verlage.com

ISBN 978-3-205-21933-0

Gewidmet Maria Sams

für ihr großes Engagement für das Museum der Stadt Bad Ischl

und die Lehár Villa

Inhalt

Vorwort 11

Elisabeth Schweeger
Ohne Gedächtnis sind wir nichts 13

Maria Sams
Museum der Stadt Bad Ischl – ein Rückblick 15

Herta Neiß, Michael John
Hotel Austria
Willkommen im Salzkammergut 17

Roman Sandgruber
Das Salz und das Salzkammergut 21

Herta Neiß
Von Reisenden und Bereisten
Sommerfrische im Salzkammergut 35

Andreas Praher
Sehnsuchtsorte und Spannungsfelder
Von den Anfängen des Sommer- und
Wintersports im Salzkammergut 47

Bernd Kreuzer
Die Verkehrsgeschichte des Salzkammerguts 59

Marija Wakounig
Monarchie im Salzkammergut 69

Irene Wögerer
Kunst im Alpenraum
Eine Motivgeschichte des Salzkammergutes 79

Raphaela Hemetsberger
Sommerfrischearchitektur im Salzkammergut 91

Andreas Neiß
Der lange Weg in die Moderne
Das Kurmittelhaus Bad Ischl 101

Marie-Theres Arnbom
Illustre Gäste im Salzkammergut 113

Andrea Bina, Michaela Nagl, Thomas Pauli
Josefa und Hans Sarsteiner
Von Bad Ischl in die Welt und die Welt bei sich zu Gast 121

Albert Lichtblau
Jüdische Gäste im Salzkammergut 133

Wolfgang Quatember
Nationalsozialismus und Widerstand im Salzkammergut
Vom „Anschluss" bis zur Volksabstimmung 143

Nina Höllinger
„Es gibt kein Ischeles mehr."
Arisierung und Restitution im Raum Bad Ischl 153

Michael John
Verschwunden
Geraubte Kunst, Lost Art und Provenienzen 161

Michael Kurz
Zur Stadtgeschichte Bad Ischls 173

Sylvia Hahn
Von Holzknechten, Salzarbeitern und Textilarbeiterinnen . . . 183

Roland Ernst Laimer
Vom Liachtbratlmontag zum Pfeifertag
Regionale Bräuche und Traditionen 195

Thomas Hellmuth
Dynamische Heimat
Identität(en) im Salzkammergut 203

Ausstellungsteam 212

Bildnachweis 213

Danksagung 216

Autor*innen 218

Vorwort

„In sale et in sole omnia consistunt –
Auf Salz und Sonne gründen sich alle Dinge"

Es gibt wohl kaum einen anderen Ort in Bad Ischl, der diesem Spruch mehr gerecht wird, als das Hotel Austria an der unvergleichlichen Esplanade, das heute als Museum der Stadt seine Gäste, interessierte Besucher*innen, empfängt. In diesem stieg von 1834 an die Familie des Erzherzogs Franz Karl und seiner Gemahlin Erzherzogin Sophie ab. Die Eltern des späteren Kaisers Franz Joseph waren erstmals nach Ischl gekommen, weil ihre Ehe bis dahin kinderlos geblieben war. Die Solekuren im Salinenort waren freilich erfolgreich, und so wurden nach Franz Joseph drei weitere Söhne – die „Salzprinzen" genannt – geboren. Hier fand auch die Verlobungsfeier des jungen Kaisers mit Elisabeth, Herzogin in Bayern, bekannt als „Sisi", statt. Das Hotel Austria steht somit für die Entwicklung der Sommerfrische und verdeutlicht, dass Ischl bereits vor der Anwesenheit der Familie von Franz Joseph begründet durch Salz und Sole Bedeutung erlangen konnte. Man ist versucht, festzustellen: „Ohne Ischl gäbe es Franz Joseph nicht." Allerdings hätte Ischl, heute Kulturhauptstadt Europas, ohne ihn niemals jenen hohen Stellenwert erlangen können, den es heute hat. Menschen, die das Salzkammergut prägte und die es ihrerseits wiederum prägten, bedeutende Persönlichkeiten, die Geschichten und Geschichte schrieben, gingen hier ein und aus. Ereignisse und Entwicklungen, die die Menschen und die Menschheit beeinflusst haben, sind hier auch heute noch spürbar und erlebbar. Somit zeigt das Museum unserer Stadt als historischer Schauplatz einerseits die besondere, wertvolle lokale Vergangenheit und andererseits, wie Ischl von der „großen" Geschichte erfasst worden ist. Dass Bad Ischl den Titel einer Kulturhauptstadt Europas 2024 tragen kann, ist auf vielfältige Art und Weise eine große Chance, um mit diesem Katalysator die Stadt- und Regionalentwicklung wertschöpfend und nachhaltig vorantreiben zu können.

1989 wurde das Museum der Stadt Bad Ischl eröffnet. Das war zweifellos eine Pionierleistung, in Zusammenarbeit mit dem Ischler Heimatverein einmalige Objekte und Schaustücke zusammenzuführen, die vielfältigen Aspekte der reichhaltigen lokalen Geschichte sichtbar zu machen und unvergleichliche Sammlungen wie jene des Weltreisenden Hans Sarsteiner oder die beeindruckende Kalß-Krippe adäquat zu zeigen. Die nunmehr erfolgte Neugestaltung ermöglicht es zudem, viele Bereiche und Inhalte sowie Ergebnisse der jüngeren Geschichtsforschung ebenfalls zu vermitteln. Gerade Zeitgeschichte stößt auf größtes Interesse. So war jüdisches Leben für die Kulturgeschichte des Salzkammergutes von größter Bedeutung. Objekte werden mit aktuellstem Wissen um Vermittlung und Präsentation den Besucher*innen gezeigt und so für alle Generationen (be-)greifbar gemacht.

Ich danke daher allen, die dazu beigetragen haben, dass das neugestaltete Museum der Stadt ein Ort der Auseinandersetzung mit unserer Geschichte und der Begegnung geworden ist:

Dr.[in] Herta Neiß, Johannes Kepler Universität Linz
Dr. Michael John, Johannes Kepler Universität Linz (pensioniert)
Mag. Hans Kropshofer, Kunst oder Gestaltung KROPSHOFER
Mag. Gerald Lohninger, GESTALTUNG
Maria Sams, Kustodin der Museen der Stadt Bad Ischl
dem Ischler Heimatverein
dem Museumsverein Bad Ischl
dem Team der Europäischen Kulturhauptstadt Bad Ischl Salzkammergut 2024
den ausführenden Firmen

Ines Schiller, B. Ed.
Bürgermeisterin der Stadt Bad Ischl

Elisabeth Schweeger

Ohne Gedächtnis sind wir nichts

Wo leben wir, wie hat sich der Ort, in dem man sich aufhält, entwickelt? Wie ist er zur Stadt geworden, welchen Einflüssen war er ausgesetzt, wie hat sich das auf die Architektur ausgewirkt, wie die Menschen und deren Alltag bestimmt?

Eine Stadt ist wie ein Körper, bestehend aus vielen Fibern, vielen Erfahrungen, vielen Erlebnissen, aber sicher auch vielen Verletzungen und Narben, die das Stadtbild, aber auch die Menschen prägen.

Ein Geruch, ein Geschmack, ein Bild weckt Erinnerungen. Marcel Proust hat das anschaulich in seinem Buch „A la recherche du temps perdu" beim Genuss eines Stücks Madeleine beschrieben. Erfahrungen aus der Geschichte prägen unser Selbstverständnis.

Es gilt aber, Klarheit herzustellen, Fakten zu bringen, um Mythen und Klischeebilder zu vermeiden. Erklärungen zu finden, wie unsere Vorfahren das Leben gemeistert haben oder warum auch Schaden entstanden ist, womöglich Menschen vernichtet wurden. All diese vergangenen Erlebnisse und Lebensbewältigungen, all diese Erkenntnisse erzählen uns, wie unsere Gesellschaft sich weiterentwickelt hat. Betrachten wir Geschichte und ihre Traditionen als Ressourcen, aus denen wir schöpfen, so helfen sie uns, Zustände, Konstellationen zu analysieren, zu verstehen, zu vergleichen, zu differenzieren – und daraus womöglich klügere Entscheidungen zu treffen oder differenziertere, respektvollere Handlungsstrategien zu entwickeln. So manches aus früheren Zeiten kann aber auch heute noch Gültigkeit haben.

Ein Museum ist das kollektive Gedächtnis einer Gesellschaft.

Bad Ischl hat viele Geschichten durchlebt, viele Herrschaftssysteme überlebt. Alle haben Spuren hinterlassen und haben sich ins Stadtbild eingebrannt, sind Teil der DNA der Stadt – vom Abbau des Salzes zu dessen Verarbeitung und Abtransport, von der Habsburgerherrschaft zur Sommerfrische, Bad Ischl wurde zum Kurort und hat Gäste aus aller Welt empfangen. Das „Hotel Austria. Willkommen im Salzkammergut. Museum der Stadt Bad Ischl" wird in seiner Neuaufstellung nun die Geschichte der Stadt weitererzählen: von der Sommerfrische und dem kulturellen Leben, das Weltoffenheit beschwor, vom Zusammenbruch des höfischen

Europa sowie von der Machtergreifung der Nationalsozialisten und deren verheerenden Folgen, aber auch vom Gang in die Moderne.

Ein Hotel mit Geschichte, das als Museum ein Ort der Begegnung, des Staunens, der Auseinandersetzung ist und einlädt, sich auf die reiche Vergangenheit dieser Stadt einzulassen.

Das Museum der Stadt Bad Ischl ist gelebte Geschichte. Mit der Kulturhauptstadt 2024 wird es seine Reise bis in die Jetztzeit weitererzählen, als Kurort, Erholungsort und Lebensort, als Ort voller Traditionen, wo Moderne und Geschichte sich die Hand reichen.

Das Museum legt Zeugnis ab von der Vergänglichkeit, erzählt Geschichte und Geschichten, führt in helle, gute Zeiten und durch dunkle Zeiten – es verheimlicht nichts, es deckt auf, erklärt. Jeder Besucher, ob ortsansässig oder fremd, kann hier Lebensumstände abschreiten, Handlungsstrategien und Handlungsräume vermessen, Be- und Verurteilungen nachvollziehen und sich freuen oder entsetzen, staunen, aber vor allem lernen.

Auf jeden Fall gehen Besucher*innen stets anders aus dem Museum heraus, als sie hineingegangen sind: mit neuen Blicken auf sich und ihre Geschichte, anderen Eindrücken, anderen Erkenntnissen.

Der große mexikanische Regisseur spanischer Herkunft Luis Buñuel zollte der Erinnerung in seiner von Jean-Claude Carrière herausgegebenen Autobiografie jene Bedeutung, die sein Werk bestimmte und als Maßstab für ein Verstehen von Welt bezeichnet werden kann:

„Ein Leben ohne Gedächtnis wäre kein Leben, wie eine Intelligenz ohne Ausdrucksmöglichkeit keine Intelligenz wäre. Unser Gedächtnis ist unser Zusammenhalt, unser Grund, unser Handeln, unser Gefühl. Ohne Gedächtnis sind wir nichts."

Herzlich Willkommen im neuen alten Stadtmuseum der Stadt Bad Ischl, Hotel Austria!

Maria Sams

Museum der Stadt Bad Ischl – ein Rückblick

Als am 11. März 1989 das Museum der Stadt Bad Ischl eröffnet wurde, ging ein lang gehegter Wunsch von Heimatverein und Stadtgemeinde in Erfüllung – endlich ein Haus für die Geschichte der Stadt von den Anfängen als Salinenort bis zur kaiserlichen Sommerresidenz und zum mondänen Kurort. Und das in einem geschichtsträchtigen Gebäude – dem Hotel Austria. Einst Salzfertigerhaus der Familie Seeauer, dann jahrelanger Sommersitz von Erzherzog Franz Karl und Erzherzogin Sophie, schließlich Verlobungsort von Kaiser Franz Joseph mit Elisabeth, Herzogin in Bayern, fungierte es schließlich als Hotel und ist bis heute Anziehungspunkt für Gäste aus nah und fern.

Eine übersichtliche Gliederung bot dem Gast Einblicke in die bewegte Geschichte der Stadt: Salzschifffahrt, Salzgewinnung und Salinenwesen im Erdgeschoß führten nahtlos weiter zu den Salzprinzen und zur kaiserlichen Sommerresidenz bis zum Tod des Kaisers 1916. Das sogenannte Verlobungszimmer war nicht nur Höhepunkt des Besuches, sondern auch begehrtes Fotomotiv für die Hochzeitsgäste. Brauchtum im Jahreskreis, die Bedeutung der Burg Wildenstein, die Wirren von Reformation und Gegenreformation führten mit dem Marktrecht und den ersten Bürgermeistern wieder zurück zu Kaiser und Kaiserin.

Dass das Salzkammergut ein Ort der Inspiration war und ist, erlebten die Besucher*innen im dritten Stock des Hauses. Nicht nur Maler (Biedermeier) und Dichter (Stifter, Lenau u. a.), sondern besonders die Musiker prägten den damaligen Ort: Von Strauß über Brahms zu Kálmán und Straus ist es vor allem Franz Lehár, der mit Bad Ischl untrennbar verbunden ist. Dazu kommt noch die Crème de la Crème aus der Welt des Theaters.

Doch noch etwas machte das Haus einzigartig: die sogenannte Sarsteiner-Sammlung. Der Weltreisende Hans Sarsteiner brachte von seinen Reisen Ende des 19. Jahrhunderts und zu Beginn des 20. Jahrhunderts unzählige Objekte mit. Für unsere Besucher stellte das eine „Weltreise in 10 Minuten" dar.

Auch ein interessantes und vielseitiges Museum hat ein Ablaufdatum, umso mehr, als die Geschichte 1916 hier ein Ende fand. Was lag also näher, als nach

35 Jahren, den Museumsrichtlinien folgend, dem Haus einen Neuanfang zu ermöglichen und damit die fehlende Zeit des 20. Jahrhunderts bis heute einzubinden und zu erzählen?

Damit ergibt sich für die Besucher*innen nun ein neuer Blick auf fast 7000 Jahre Geschichte.

Viel Erfolg für den Weg in die Zukunft!

Herta Neiß, Michael John

Hotel Austria
Willkommen im Salzkammergut

Das Museum der Stadt Bad Ischl eröffnet 2024 seine Pforten mit der Ausstellung „Hotel Austria. Willkommen im Salzkammergut", und zwar im Europäischen Kulturhauptstadtjahr. Fünfunddreißig Jahre sollte es dauern, bis nach der Eröffnung im ehemaligen Hotel Austria eine neue Ausstellung konzipiert wurde. Zu verdanken ist dies der Kulturhauptstadt einerseits und der Stadt Bad Ischl andererseits sowie dem Bundesministerium für Kunst, Kultur, öffentlicher Dienst und Sport, die dieses Projekt gemeinsam ermöglicht haben. Zugleich bietet sich dadurch die Chance, Einheimischen wie auch Gästen die Geschichte des Salzkammergutes mit Fokus auf Bad Ischl näherzubringen. Endete die Erzählung bisher mit dem Tod Kaiser Franz Josephs, so reicht sie heute bis in die Gegenwart und gibt Ausblicke in die Zukunft. Dieses nachhaltige Projekt, als Dauerausstellung konzipiert, wird über das Kulturhauptstadtjahr hinweg bearbeitet und um eine Sonderausstellungsfläche ergänzt.

Dabei kann auf einen großen Bestand an einzigartigen und vor allem spannenden Objekten zurückgegriffen werden. Dies ist Maria Sams zu verdanken, die mittlerweile über 30 Jahre dieses Haus führte und es sich zur Aufgabe gemacht hat, die Schätze zu bewahren, und stetig weiter sammelt. Mit so manchem Erlös des museumseigenen Kekse- und Kuchenverkaufs wurden Objekte restauriert oder auch angekauft. Der Heimatverein mit seinem Erinnerungsschatz, aber auch die regionale Bevölkerung stellten zahlreiche Ausstellungsstücke zur Verfügung und standen für viele Fragen immer gerne Rede und Antwort. Sie brachten sich damit aktiv in die Ausstellungserarbeitung ein.

Die Neuausrichtung des Museums verbindet wissenschaftliche Inhalte mit inszenatorischer Gestaltung und multimedialen Tools zu einem neuen Gesamterlebnis, ergänzt um Vermittlungskonzepte für Kinder und Jugendliche, und ist barrierefrei erschlossen. Ziel war es, Atmosphäre zu schaffen, es zu ermöglichen, in historische Situationen und das jeweilige soziale Gefüge einzutauchen und sie zu verstehen. Dabei soll die Ausstellung überraschen, unterhalten und letztlich auch das Wissen bereichern. Die Spannbreite des Museums reicht über 7000 Jahre, hat aber einen Fokus auf die Geschichte des 19. bis 21. Jahrhunderts. Der Tourismus und im speziellen die im 19. Jahrhundert sich entwickelnde Sommerfrische veränderten die Lebenswirklichkeit der Gastgeber*innen in der Region ebenso wie jene der Gäste nachhaltig. Auch das Salz spielte eine sehr wichtige Rolle für die Geschichte des Raums.

Auf der Fassade ist noch die ehemalige Nutzung des Hauses ablesbar: „Hotel Austria", und das nahmen wir auch zum Anlass, in die Erzählung im Museum einzusteigen. Unser Dank gilt hier Elisabeth Schweeger, der künstlerischen Leiterin der Kulturhauptstadt, für die Idee, die zugleich der Titel der Ausstellung ist. Das „Hotel Austria", um 1880 von Wilhelm Seeauer eröffnet, wurde zuvor in den Sommermonaten von Erzherzog Franz Karl und seiner Gattin Erzherzogin Sophie bewohnt, wovon noch heute im Museum ihre Wirtschaftsbücher zeugen. Auch ist es jener Ort, wo sich Kaiser Franz Joseph und Elisabeth, Herzogin in Bayern, 1853 verlobten, und noch bis in die 1980er Jahre wurden hier Urlaubsgäste empfangen. 1989 eröffnete das Museum der Stadt Bad Ischl. Noch heute sind so manche Besucher*innen beim Betreten des Hauses irritiert, kein Hotel vorzufinden. So gelangt man nunmehr wieder im Erdgeschoß über den Haupteingang in die Lobby und die „Rezeption" des „Austria", wo man allerdings kein Zimmer mehr buchen kann, sondern sich auf die Spuren der Geschichte Bad Ischls begibt. Anstatt des Zimmerschlüssels erhalten die Besucher*innen ihre Eintrittskarten. In der anschießenden Bar trifft man auf illustre Hotelgäste, erfährt manches über die Geschichte des Hauses und taucht über einen Zeitstreifen in die bewegte Geschichte Ischls und des Salzkammergutes ein.

Setzt man die Besichtigung nach der Zeitreise fort, so gelangt man über die Ankunft in der Sommerfrische über den Aufgang in den nächsten Stock in die touristische Boomphase der Kaiserzeit. Dabei spielen die Kur, die Sommerfrische und die regelmäßige Anwesenheit des Kaisers eine bedeutende Rolle. Das Thema Sommerfrische hatte und hat europaweite Dimensionen, insbesondere auch mit Blick auf den multinationalen Habsburgerstaat. Bad Ischl war über Jahrzehnte Kaiserstadt auf Zeit und damit auch ein Ort, an dem Entscheidungen fielen. Bis 1918 und wohl auch in den Zwischenkriegsjahren war Bad Ischl – abseits der Hauptstädte und großen Metropolen – eines der Zentren des europäischen Tourismus.

Auf einer weiteren Ebene wird die Anziehungskraft, die Bad Ischl und auch das gesamte Salzkammergut auf Besucher*innen hatte, darunter viele Juden und Jüdinnen, verdeutlicht. Es war wohl auch Kaisertreue und die Kur, die zu diesem Boom geführt haben. Das Salzkammergut war eine in ganz Mitteleuropa beliebte Destination. Doch die vermeintliche Idylle erhielt bald Risse: durch Antisemitismus, Armut und das Erstarken von Diktaturen.

Die Jahre 1938 bis 1945 waren besonders düster; Konzentrationslager und Arbeitslager wurden auch in dieser Region eingerichtet, Oppositionelle und Andersdenkende verfolgt, die jüdische Bevölkerung vertrieben, enteignet, deportiert, ermordet. Widersetzlichkeit und aktiver Widerstand waren ebenfalls im Salzkammergut zu finden, die „Partisanen der Berge" waren kein Mythos. Es ist hier auch auf das nahe gelegene Zeitgeschichte Museum Ebensee und sein Team zu verweisen, das uns unterstützt hat und dem wir dafür sehr danken. Nationalsozialismus und Zweiter Weltkrieg schlugen Wunden, und es dauerte, bis das Vergangene verarbeitet wurde. Erinnerungskultur ist nicht nur in diesem Zusammenhang ein Thema. Es setzte ein anhaltender Aufschwung ein, der bis heute anhält. Heimat, Bräuche und Mentalität runden das Thema ab. Das reichhaltige Erbe einer Volkskultur und ihrer Bräuche werden in den Mittelpunkt gerückt.

Sehnsucht Salzkammergut.
Mythos und Realität im historischen Blick

Der vorliegende Band versteht sich als Begleitpublikation, vertiefend, in manchen Bereichen erweiternd und über das Gezeigte hinausgehend. Manche Themen können auch aus Platzgründen nur angeschnitten werden. Im Mittelpunkt des Bandes stehen das Salzkammergut und Bad Ischl als einer seiner Hauptorte.

Die Region um Hallstatt war schon seit Jahrtausenden besiedelt. Sowohl das Ausseerland als auch das Ischlland waren zu Beginn des 14. Jahrhunderts „Bergbauregionen, die als landesfürstliches Eigengut dem Herrscher direkt unterstanden und von landesfürstlichen Beamten" verwaltet wurden. In dem Sinn sind sie als „Kammergut" anzusehen. 1656 taucht der Begriff „Salzkammergut" im dritten Reformationslibell – einer Art Verfassung der Region – auf.[1] Im historischen Sinn traf der Name auf den oberösterreichischen Teil zu. Der Privatbesitz der Habsburger um Ischl und Hallstatt wurde damals so bezeichnet, das „innere" Salzkammergut (Ebensee, Ischl, Goisern, Gosau, Hallstatt), hinzu kam in der Bezeichnung später das äußere Salzkammergut um Gmunden als Verwaltungszentrum der Region. Im 19. Jahrhunderte verschmolz in der Bezeichnung das steiermärkische Ausseerland, bereits seit 1513 als „camerguet" bezeichnet, mit dem oberösterreichischen Teil zu einem Begriff. Im Zuge der touristischen Entwicklung und eines anhaltenden Booms wurde der Name auf weitere Gemeinden ausgedehnt: Heute umfasst er allgemeiner eine Region, die sich von Fuschlsee, Wolfgangsee und Mondsee ins Almtal und bis zum Dachstein und zum Ennstal erstreckt. Im Westen reicht die Tourismusregion Salzkammergut heute bis zur Stadtgrenze von Salzburg.

Seit dem ausgehenden Mittelalter hat das Salzkammergut eine unglaubliche Karriere hinter sich: Zuerst war es eine ausgebeutete, abgeschottete Region, Privatbesitz der Habsburger, aus dem hohe Einkünfte aus dem Salzabbau abgeschöpft wurden, eine Arme-Leute-Region der Knechte und Bergleute, ein „Staat im Staat" mit einem oft zitierten Betretungsverbot.[2] Erst 1782 wurde das Kammergut dem Staat übertragen. Es handelte sich um eine Region, die lange von den Wunden infolge der Reformation geprägt war. Beginnend mit den 1820er und 1830er Jahren, wohl auch mit der Zugkraft des Kaisers der österreichisch-ungarischen Monarchie, der kaiserlichen Familie, des Adels und vieler Prominenter, hat sich eine Entwicklung abgezeichnet, die – unterbrochen von Abschwüngen und Krisen – nach 1945, in der Zweiten Republik, zu einer boomenden Region mit einem sehr positiven Image führte und in der nun erstmals in einem ländlichen Raum eine „Kulturhauptstadt Europas" ausgerufen wurde. Das Salzkammergut, des Öfteren als „zehntes

Bundesland" Österreichs bezeichnet, eine historische Sonderwirtschaftszone, ist unterschiedlich in seiner inneren Struktur: Jedes Tal ist anders, dazu kommen die Seen. Gleichzeitig ist es auch von einer gewissen Einheitlichkeit geprägt: der Natur, der Landschaft, Geschichte, Wirtschaft und Mentalität, die im 20. und 21. Jahrhundert zwischen Weltoffenheit und Kreativität ebenso wie zwischen Selbstbezogenheit, Paternalismus und Bewahrung pendelte. Eine spannende Mischung in Vergangenheit und Gegenwart, der im Katalog unter Berücksichtigung der Sonderrolle Bad Ischls Rechnung zu tragen versucht wurde.

„Sehnsucht Salzkammergut" – es fehlt nicht an Zitaten, die darauf hinweisen, dass der Titel angemessen ist: Das Salzkammergut und Bad Ischl waren und sind „Sehnsuchtsorte", mitunter verklärt und positiv konnotiert, allen voran von Kaiser Franz Joseph selbst, der vom „Himmel auf Erden" schrieb, aber auch von Personen anderer Lebensart, wie dem Schriftsteller und Journalisten Karl Kraus, keineswegs ein Kaiserfreund, der unerwartet für dieses Zitat steht: „Ischl schien mir gleichbedeutend mit El Dorado, Märchenland, Daseinsfreude – mit Glück und Liebe."[3] In manchen Zitaten verstieg man sich zu der Bezeichnung „Paradies", ein Wort wohl nur mit symbolischem Gehalt. Nüchterner liest sich Friedrich Torberg, der an der Faszination des Salzkammerguts und Bad Ischls aber ebenfalls keinen Zweifel lässt: „Ob Bad Ischl auf die Bezeichnung ‚Perle des Salzkammergutes' tatsächlich Anspruch hat, bleibe dahingestellt [...] [es geht] um die tatsächlich einmalige Atmosphäre, die sich in Ischl akkumuliert hatte."[4]

Die Begleitpublikation verfolgt insgesamt das Ziel, mittels wissenschaftlicher und populärwissenschaftlicher Beiträge die eingangs beschriebene Ausstellung zu ergänzen und zu bereichern. Dies geschieht vorerst mit Beiträgen, die wesentliche Elemente der Geschichte der Region tangieren: Salz und Salzproduktion einerseits, Fremdenverkehr andererseits, von besonderer Bedeutung war die Kur, entscheidend für die Entwicklung des Raumes waren aber auch die Verkehrswege. Daran schließen Beiträge zur Attraktivität des Raumes in unterschiedlichen Facetten an, gefolgt von jenen, die kritische Phasen in der Entwicklung der Region zum Thema haben, aber auch das Thema Arbeiterschaft und Arbeiterbewegung, das eine lange Tradition im Salzkammergut hat, ebenso wie die gelebten Bräuche sowie die Begriffe Heimat und Identität behandeln.

Abschließend danken wir noch dem Team des Stadtmuseums Nordico in Linz für die gute Zusammenarbeit und möchten auf den Ausstellungskatalog „Linz auf Sommerfrische – Naherholung im Mühlviertel und Salzkammergut" hinweisen, der als lesenswerte Ergänzung das Thema Sommerfrische um weitere Facetten bereichert.

Anmerkungen

1 Vgl. Kurz, Michael: Von der Grundherrschaft zur Tourismusdestination. 350 Jahre Salzkammergut. In: Oberösterreichische Heimatblätter Jg. 60 (Linz 2006) H. 3/4, 139–152, hier 141.

2 1825 wurden die letzten Betretungsbeschränkungen abgeschafft; es gab sogar über Jahrhunderte ein Adelsansiedlungsverbot, erst im 19. Jahrhundert wurde eine Ansiedlung möglich. Ebd. 144.

3 Kraus, Karl: Frühere Schriften 1892–1900, Bd. 1 (München 1979) 23.

4 Torberg, Friedrich: Die Tante Jolesch oder Der Untergang des Abendlandes in Anekdoten (München 1991) 77.

Roman Sandgruber

Das Salz und das Salzkammergut

Ohne das Salz gäbe es kein Salzkammergut. Das Salz prägt den Raum: Nicht nur durch den Namen, den es für die gesamte Region und auch für den Ort Hallstatt geliefert hat, sondern auch durch das Wirtschaftsleben und die Sozialkultur, die bis in die Gegenwart vom Salz bestimmt sind. Seit der Jungsteinzeit ist Salz als Würz- und Konservierungsmittel bekannt. Seine Gebrauchsgeschichte begann mit dem Ackerbau, als die Menschen anfingen, sich vorwiegend von den kohlehydratreichen Produkten ihrer Felder und nicht mehr überwiegend von dem Fleisch ihrer Jagdbeute und dem Erlös ihrer Sammlertätigkeit zu ernähren. Einsalzen wurde zu einer wichtigen Technik der Vorratswirtschaft. In der Viehzucht gewann Salz eine besondere Bedeutung, sowohl für die Fütterung der Tiere wie auch für die Verwertung und Haltbarmachung, zur Zubereitung des Käses, zum Einpökeln des Fleisches, zum Konservieren von Fischen oder zur Verlängerung der Haltbarkeit der Butter, die häufig mit so viel Salz versetzt wurde, dass sie vor dem Genuss erst entsalzt werden musste. Ebenso kam Salz in vielen gewerblichen Techniken als wichtiger Hilfsstoff zum Einsatz. Salz zählte einst zur Grundausstattung der Gerber, Töpfer, Glaserzeuger und Metallurgen, aber auch der Mediziner und Heilpraktiker. In der frühen Neuzeit gewann Kochsalz in der Silbermetallurgie der spanischen Minen Mexikos oder Perus, in der Seifenfabrikation und in der Lederfabrikation Bedeutung. Auch für die Erzeugung von Speiseeis konnte Salz Verwendung finden. Als Rohstoff für die Herstellung von Chlor und Soda wurde es zum Ausgangspunkt der modernen Großchemie.

Von der Hallstattkultur zum Salzmonopol

Es gibt Hinweise, dass man schon vor 7000 Jahren versucht hat, hier Salz zu gewinnen. Ganz sicher ist der Salzbergbau in Hallstatt ab dem frühen 14. Jahrhundert vor Christus nachweisbar, also ab der mittleren Bronzezeit. Das Salz der Hallstattzeit wurde in bis zu mehr als 100 kg schweren plattenförmigen Brocken abgebaut und in den Handel gebracht. Kleinere Stücke, die sogenannten „Hauklein", schienen keinen Wert darzustellen und wurden liegen gelassen.

Aus römischer Zeit existieren keine archäologischen Nachweise. Möglich ist aber, dass die römischen Bergwerke schlichtweg noch nicht entdeckt sind. Das Steinsalz, das die Urgeschichte Österreichs so sehr geprägt hatte, war im römischen Weltreich vom weit billigeren Meersalz zurückgedrängt worden, was die alpinen Salzbergbaue vorübergehend ganz oder fast ganz zum Erliegen brachte. Es gibt keinerlei archäologische oder andere historische Quellen, die eine Nutzung des Hallstätter Salzlagers zwischen dem 5. und dem 13. Jahrhundert belegen.

Doch Salz spielte – wenn auch nicht in Hallstatt direkt – im Salzkammergut dennoch weiterhin eine große Rolle. Das weiß man unter anderem aus der „Raffelstettener Zollordnung", in der dem Salztransport auf der Traun große Aufmerksamkeit gewidmet wird. Im Frühmittelalter wurden die zahlreichen, auf technisch einfachere Weise verwertbaren salzhaltigen Quellen des Alpenraums genutzt.[1] Das galt vor allem für die Reichenhaller Quellsaline mit ihren etwa 20 Solequellen. Hier war die Salzgewinnung ohne eigentlichen Bergbaubetrieb möglich, da die natürlich fließende Quellsole bloß versotten zu werden brauchte. Die Produktion, die sich ab dem frühen 8. Jahrhundert auch mit schriftlichen Quellen belegen lässt und einen beträchtlichen Umfang hatte, stand eindeutig in römischer Tradition.[2] Die zahlreichen anderen Salzquellen hatten nur lokale und regionale Bedeutung: In der Stiftungsurkunde Kremsmünsters aus dem Jahre 777 wurde dem Kloster von Herzog Tassilo III. eine Solequelle im Sulzbachtal bei Bad Hall übertragen, deren wirtschaftlicher Sinn aber mit dem neuerlichen Aufstieg der großen Bergbaue rasch schwand.[3] Das Kloster Admont wurde bei seiner Gründung (1074) mit einer Salzquelle beschenkt, deren Nutzung schon 931 nachgewiesen ist (Hall bei Admont). Auch im Halltal bei Mariazell ist 1025 die Salzgewinnung belegt. St. Lambrecht wurde hier mit Salzvorkommen bedacht. Ob die Salzwerke, an denen das Kloster Traunkirchen einen wesentlichen Anteil hatte, sich in Pfandl bei Ischl befanden, wo noch heute salzhaltige Quellen fließen, ist nicht geklärt.[4] Der Ortsname Pfandl und Bezeichnungen wie Pfandlwirt, Mitterpfandl, Pfandlau, Pfandlleiten deuten auf die Nutzung von Solequellen und deren Verarbeitung in kleinen Salzpfannen hin.

Um etwa 1260 ist auch im Gosautal eine Salzgewinnung belegt, deren genaue Lage angesichts der geologischen Verhältnisse unklar ist. Als der spätere König Albrecht I. nach dem Sieg der Habsburger in der Schlacht auf dem Marchfeld mit Österreich und Steiermark belehnt worden war und seine neu gewonnenen Länder für das Salzburger Salz sperren wollte, wurde er in eine lange Auseinandersetzung mit Salzburg verwickelt. Der Streit gipfelte 1295 in der Zerstörung der Anlagen in Gosau und Aussee durch den Salzburger Erzbischof Konrad IV. Im Friedensschluss vom 24. September 1297 zwischen Erzbischof Konrad und Königin Elisabeth geht es um das „Sieden des prunne in der Gosach — auf demselben Prunne fürbaz iht gesotten werde."[5] Aber den Habsburgern standen in Hallstatt wesentlich ergiebigere Möglichkeiten offen. Die Wiederaufnahme des Salzabbaus in Hallstatt in den 1290er Jahren eröffnete eine neue Phase der Salzwirtschaft im Salzkammergut. Im Jahr 1311 unterzog Königin Elisabeth, die Witwe des im Jahr 1308 von seinem

Neffen ermordeten Königs Albrecht I., das Salzwesen des Salzkammerguts einer grundlegenden Neuordnung. Verbunden war das in Hallstatt mit dem Übergang zum „nassen Abbau". Statt der in urgeschichtlicher Zeit üblichen Form des „trockenen" Abbaus wurde das salzhaltige Gestein durch Einleitung von Wasser in den Berg ausgelaugt und die Sole abgeschöpft oder über Rohrleitungen abgezogen.[6] Die aus Tirol stammende Elisabeth hatte das wahrscheinlich in Hall in Tirol kennengelernt, wo schon vorher auf die Technik des nassen Abbaus umgestellt worden war. Auch der Abbau der seit prähistorischer Zeit in Vergessenheit geratenen Salzlager am Halleiner Dürrnberg war im Jahr 1191 wieder aufgenommen worden. Die Sole wurde in Holzröhren ins Tal geleitet, wo an idealem Standort eine Salinenstadt entstand, die in Unterscheidung zum „reichen" Hall als „kleines Hall" oder Hallein bezeichnet wurde. Da die Salzburger Erzbischöfe den Flusslauf der Salzach beherrschten, gelang es ihnen, ihre Halleiner Saline binnen weniger Jahrzehnte zur größten Mitteleuropas auszubauen. Bis etwa 1230 konnte sich Hallein etwa drei Viertel des früheren Reichenhaller Absatzgebietes sichern. Das bayerische Reichenhall wurde aus den Ostalpen und dem mittleren Donauraum völlig verdrängt.[7]

Auch in Aussee ist der Anstieg der Salzgewinnung mit der neuen Technik des Auslaugens zu erklären. Die im Lauf des 13. Jahrhunderts erfolgende Verlegung der Saline von Altaussee nach (Bad) Aussee muss mit einer entsprechenden Produktionsausdehnung zusammenhängen.[8] Die technische Leitung bei der Einführung des neuen Verfahrens im Salzkammergut lag in den Händen eines der ganz wenigen aus dieser Zeit namentlich bekannten Techniker, des Ritters Nikolaus von Röhrenbach, der schon um 1280 einer späteren Tradition zufolge im Tiroler Hall das Sink- und Schöpfwerkverfahren eingeführt und die Sole in langen Röhren in die Pfannhäuser nach Hall geleitet hatte und solche Anlagen auch in Hallstatt installierte.[9]

Die im Hochmittelalter im Salzkammergut geförderten und gehandelten Salzmengen sind schwer bezifferbar. Sicher ist, dass es im Verlauf des hochmittelalterlichen Bevölkerungs- und Wirtschaftswachstums zu einer wesentlichen Nachfragesteigerung für Salz gekommen war, nicht nur durch die höhere Zahl der Bevölkerung, sondern auch durch einen höheren direkten und indirekten Pro-Kopf-Verbrauch. Man muss davon ausgehen, dass der Salzverbrauch im Spätmittelalter erheblich angestiegen war: Nicht nur der direkte menschliche Verbrauch hatte zugenommen, sondern auch der indirekte hatte sich erhöht, sowohl für die Fütterung der Tiere wie auch für die Verwertung und Haltbarmachung der Produkte. Ebenso kam Salz in immer mehr gewerblichen Techniken als wichtiger Hilfsstoff zum Einsatz. Da es wegen der geringen Preiselastizität sehr gut für die indirekte Besteuerung geeignet war, wurde es zu einem zentralen Instrument der frühneuzeitliche Fiskalpolitik: Ein wesentlicher Teil der landesfürstlichen Einnahmen wurde damit gedeckt, zugleich aber die Unzufriedenheit der Bevölkerung geschürt und der Schmuggel provoziert. Salz, das weiße Gold, machte Fürsten und Bürger reich: goldene Gewinne, gesalzene Preise.[10]

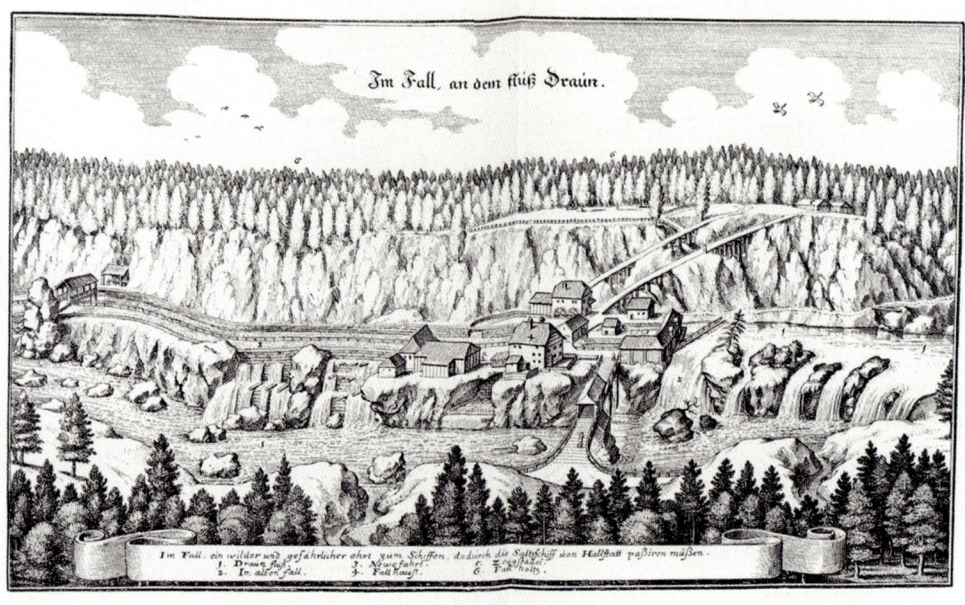

1
Ansicht vom Traunfallkanal, Kupferstich von Matthaeus Merian, 1649

Ein großer Teil der Produktion der alpinen Salinen wurde exportiert. Mit dem Aufstieg der Halleiner Salzproduktion war der Aufstieg der Stadt Passau als Salzhandelsort verbunden. Dort wurde das Halleiner Salz umgeladen, teils auf Donauschiffe, über die der mittlere Donauraum versorgt wurde, teils auf Saumtiere, die das Salz über den Goldenen Steig nach Prachatitz brachten, von wo moldauabwärts weite Teile Böhmens beliefert wurden.[11] Für das Salzkammergut war der Transport auf der Traun entscheidend. Von der Traunmündung konnte es auf der Donau weiter flussab- oder -aufwärts verteilt oder auf dem Landweg durch das Mühlviertel nach Böhmen, dem wichtigsten Exportmarkt, gebracht werden.

Die im Hallstätter Abbau gewonnene Sole wurde zuerst direkt im Markt Hallstatt versotten. Der dafür notwendige Brennholzbedarf überforderte den Ort. Der Jahresbrennstoffbedarf betrug im Sudhaus Hallstatt bis zu 88.000 Raummeter Holz. Diese Menge war in Hallstatt sehr schwer zu bewältigen. 1750 kam es zu einem Großbrand. Dabei fielen das Pfannhaus, alle ärarischen Gebäude und weitere 35 Bürgerhäuser den Flammen zum Opfer. Das Pfannhaus wurde nicht mehr am ursprünglichen Standort wiedererrichtet, sondern in etwa ein Kilometer entfernt im Ortsteil Lahn neu aufgebaut.[12]

Um die steigende Salznachfrage decken zu können, wurde 1563 in Ischl ein neues Vorkommen in Abbau genommen und 1604/07 das Sudwerk in Ebensee errichtet, das durch eine Soleleitung mit Hallstatt verbunden wurde. Die Sudpfannen wurden immer größer: Damit stieg die Produktivität der Salzerzeugung im Salzkammergut erheblich, weil nicht nur ein entscheidender Schritt in der Holzversorgung geschehen war, sondern auch der schwierige Schiffstransport zwischen dem Hallstätter- und dem Traunsee wegfiel. Mit dem Bau der hölzernen Rohrleitung, die die Sole von Hallstatt nach Ebensee zur dortigen Saline leitete, wurde im Jahr 1595 begonnen. Sie führte vom Salzbergwerk Hallstatt entlang des Hallstätter Sees über Goisern vorbei an den für Schiffe gefährlichen Stromschnellen des Wilden Lauffen bis zur Saline in Ischl und weiter zur neuen Saline Ebensee, wo man sehr viel ausgedehntere und bislang weniger beanspruchte Waldgebiete für die Brennholzversorgung nutzen konnte. Insgesamt waren das etwa 34 Kilometer. Verwendet wurden Holzrohre. Ganze 13.000 Bäume mit gleichmäßigen Zopfstärken waren erforderlich. Der „Strehn" gilt als „älteste aktive Industrie-Pipeline der Welt". Auch die Überquerung des Gosaubachtales, zuerst mit einem angesichts der Holzrohre und des dafür notwendigen hohen Drucks für Gebrechen anfälligen Düker, dann mit einer Aufsehen erregenden hohen Holzbrücke, gilt als technisches Denkmal von herausragender Bedeutung.[13]

Obwohl der Salzbergbau nie derart hohe Beschäftigtenzahlen wie etwa der Tiroler Edelmetallbergbau in Schwaz oder Kitzbühel band, war er langfristig ein wesentlich stabilerer Aktivposten der heimischen Wirtschaft. Zuerst einmal für den Landesfürsten über die Steuereinnahmen. Aber auch der Multiplikatoreffekt war hoch, vor allem durch die vor- und nachgelagerten Bereiche der Holzversorgung und Transportwirtschaft. Man brauchte das Holz nicht nur für den „Salzsud", sondern auch zur Salzdörrung, für die Abstützung der Grubengebäude, zum Schiffbau, für die Wehren, Klausen, Holzrechen und Riesen, für die Salzgebinde, für die Deputate der beim Salzwesen Beschäftigten, schließlich auch für die Beheizung der Amtshäuser und die Versorgung der Bevölkerung mit Brenn- und Bauholz.

Die Salzburger Erzbischöfe blieben bis zum Ende des 16. Jahrhunderts die bedeutendsten Salzherren Mitteleuropas. Die Halleiner Produktion war um 1500 noch fast so hoch wie die aller habsburgischen Salinen zusammen. Sie versorgte über ein gut organisiertes Vertriebssystem neben dem Territorium des Hochstiftes inklusive Oberkärnten, Osttirol und dem östlichen Nordtirol auch Ober- und Niederösterreich nördlich der Donau und vor allem Böhmen und Mähren, teilweise über den Goldenen Steig von Passau aus, teilweise über die Straße Linz–Freistadt–Budweis. Gegen Ende des 16. Jahrhunderts erreichte Hallein in der Auseinandersetzung mit Bayern das Produktionsmaximum, bevor es trotz der verkehrsgünstigen Lage und technischen Vorbildlichkeit aus politischen Gründen immer mehr in Schwierigkeiten geriet, weil der Export in die nicht dem Erzbischof unterstehenden Absatzgebiete zunehmend weniger durchsetzbar war.

Die Habsburger, die ihre Salinen Hallstatt, Hall in Tirol und Aussee im Verlauf des Spätmittelalters in Eigenregie übernommen hatten, konnten bis ins 16. Jahrhundert die kleineren Salzproduzenten in ihren Territorien ausschalten. Die Admonter Salzgewinnung in Hall und Weißenbach wurde 1542 von Ferdinand I. geschlossen. Die Salzquellen wurden verschlagen. Ähnlich erging es dem Stift

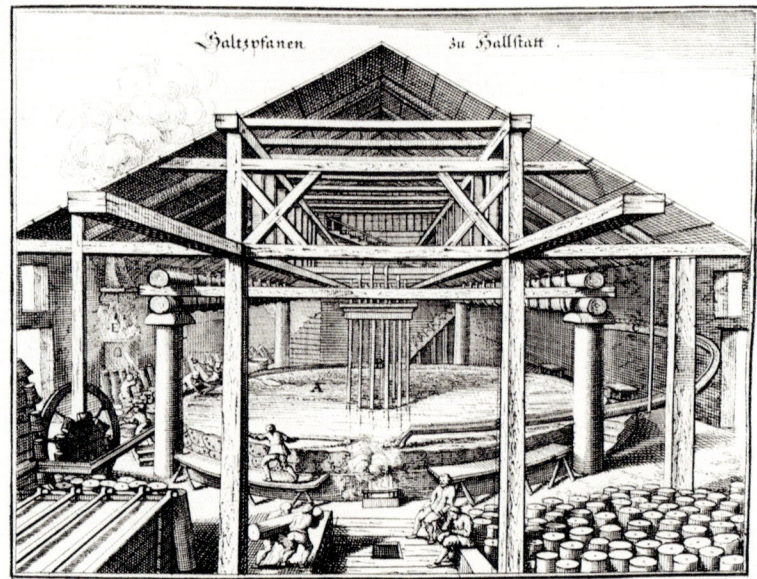

A. Eiserne Pfanen, darin das Saltz gesotten wird.
B. Eiserne stangen, so in mitten die Pfannen helt.
C. Rinnen darein das Saltzwasser geleitt wirt.
D. Hie wird das Saltz in die Form geschlagē.
E. Brenent feuer, daben sie Sehen können.
F. Wasser Kath zum wasserschopfen.

2
Innen- und Außenansicht des Sudhauses zu Hallstatt, Kupferstich von Matthaeus Merian, 1649

St. Lambrecht mit seiner Salzproduktion im Halltal bei Mariazell. Österreich ob und unter der Enns südlich der Donau waren schon im Jahr 1398 vertraglich ganz dem Hallstätter Salz reserviert worden. Nach 1490 geschah dasselbe sukzessive auch mit dem habsburgischen Gebiet nördlich der Donau. 1508 verbot Maximilian I. den Verkauf von salzburgischem und bayerischem Salz in allen seinen Ländern.[14] Nach der Erwerbung Böhmens im Jahr 1526 verlagerten sich die Auseinandersetzungen auf den böhmischen Markt, aus dem das Salzburger Salz verdrängt werden sollte. Entscheidend dafür war neben dem politischen Druck auch der Aufbau einer leistungsfähigen Verkehrsverbindung zwischen dem Salzkammergut und Böhmen.

Thomas Seeauer, der Hallstätter Holz-, Klaus-, Wühr- und Forstmeister, der zwischen 1564 und 1573 im Dienste der Salinenverwaltung mit der Errichtung der Seeklause in Steeg am Hallstättersee eine entscheidende Verbesserung der Schiffbarkeit der Traun im Bereich von Lauffen und des Traunfalls erreicht hatte und dafür in den Adelsstand erhoben worden war, wurde auch mit Arbeiten an der Moldau beauftragt.[15]

Das Salzmonopol galt als das „vornehmste Kleinod" der Hofkammer. Obwohl für die Holzversorgung der Sudhütten immer kompliziertere Vorrichtungen notwendig wurden, was eine beträchtliche Verteuerung der Produktion nach sich zog, erlaubte die Monopolstellung eine rücksichtslose Preispolitik und eine entsprechende Einnahmenvermehrung für die Staatskasse.[16] Die Habsburger als Landesherren waren daher bestrebt, nicht nur diese Monopolstellung durchzusetzen, sondern das Monopolgebiet auch immer weiter auszudehnen. Aus dem böhmischen Markt drängten die Habsburger das Salzburger Salz im 17. Jahrhundert immer stärker und 1706 schließlich ganz hinaus. Das erklärt auch die sehr unterschiedliche Entwicklung, die die habsburgischen Salinenorte Aussee, Hallstatt, Ebensee und Ischl und das erzbischöflich salzburgische Hallein nahmen. Die Salzkammergutsalinen konnten schon im 17. Jahrhundert und vor allem im 18. Jahrhundert ihre Produktion beträchtlich ausweiten. Das salzburgische Hallein hingegen fiel immer weiter zurück.[17]

Die Krise des Monopols und neue Auswege

Das Salzkammergut lebte vom Salz. Aber immer mehr zeigte sich, dass die Bevölkerung davon nicht leben konnte. Der Bevölkerungsüberschuss wurde immer drängender. Ein Ventil war die Auswanderung, teils aus religiösen, viel stärker aber aus ökonomischen Gründen. Die Leute aus dem Salzkammergut waren an vielen Orten als Fachleute im Bergbau und in der Holzwirtschaft begehrt und gesucht. Um sie im Land zu halten, suchte man für die Frauen und Kinder, aber auch für die alten Leute Nebenbeschäftigungen und Zusatzerwerbe bereitzustellen. Am ehesten konnte man vor dem Aufkommen der Maschinspinnerei und Maschinweberei solche Neben- und Zusatzeinkommen in der Textilerzeugung finden. Sowohl die im 18. Jahrhundert aufblühenden Baumwollmanufakturen als auch die staatliche Linzer Wollzeugfabrik suchten massenhaft Handspinner. Die Wollzeugfabrik, die in Oberösterreich und in den angrenzenden Gebieten bis zu 50.000 Handspinner und Handweber im dezentralen Verlag beschäftigte, operierte auch im Salzkammergut mit einer Außenstelle.[18]

Nach dem Aufkommen der Maschinspinnereien zu Beginn des 19. Jahrhunderts verloren die Handspinner und Spinnerinnen recht schnell ihr Einkommen. Der zu Ende des 18. Jahrhunderts das Salzkammergut bereisende Johann August Schultes berichtete von der hohen Mortalität im Salzkammergut und schrieb von der Armut, in der die Leute hier lebten.[19] Ersatz war aber schwer zu schaffen. In Theresien-

3 Eröffnung des Erbstollens Ischl im Beisein von Kaiser Franz Joseph, 1898

thal bei Gmunden wurde 1833 eine Spinnfabrik gegründet. Einige hundert Frauen fanden über mehrere Generationen hin in der Spinnerei und Weberei Ebensee Beschäftigung, die der tschechische Textilfabrikant Anton Porak 1910 in Betrieb genommen hatte und die 1992 geschlossen wurde. Salz wurde auch immer mehr zu einem Industrierohstoff. 1883 wurde in Ebensee, basierend auf dem Salz und dem überall verfügbaren Kalk, und mit der Braunkohle aus dem Hausruck das erste Unternehmen Österreichs zur Sodafabrikation nach dem Solvay-Verfahren gegründet.

Die wirkliche Rettung kam aber vom Tourismus, und der basierte ebenfalls auf dem Salz.

Das Ende des Salzmonopols

Der 1918 aus dem Zerfall der Habsburgermonarchie entstandenen Republik Österreich verblieben zwar die alpinen Salzbergbaue und Salinen, aber nur ein sehr verkleinertes Absatzgebiet für das Salz. Vor allem der einst so wichtige böhmische Markt war verloren gegangen. Die Sole- und Salzproduktion musste auf weniger als die Hälfte des letzten Vorkriegsjahres zurückgenommen und der Personalstand auf zwei Drittel des Vorkriegswerts reduziert werden.

Von 1918 bis 1925 wurden die Betriebe unter dem Firmentitel „Alpenländische Salinen" geführt. 1926 erfolgte eine Neuordnung des Salzmonopols. Die dem Bundesministerium für Finanzen direkt unterstellte Generaldirektion der österreichischen Salinen wurde gegründet. Nach dem Anschluss an das Deutsche Reich im Jahr 1938 wurden die „Österreichischen Salinen" als „Ostmärkische" und ab

④ Freiherr-von-Distler-Schacht, Bad Ischl, 1920er Jahre

⑤ Arbeit mit dem Verdämmhammer im Ischler Salzberg in den 1920er Jahren

 Arbeit im Sudhaus Bad Ischl in den 1960er Jahren

1941 als „Alpenländische Salinen" dem Reichsministerium für Finanzen unterstellt. Die alpenländische Salzproduktion stand unter dem Konkurrenzdruck der deutschen Betriebe. Die Gestehungskosten im Salzkammergut waren viel zu hoch. Als „Reichszuschussbetriebe" benötigten die „Ostmärkischen Salinen", die ab 1941 als „Alpenländische Salinen" firmierten, bei einem Umsatz von 8,8 Mio. RM Zuschüsse von jährlich bis zu 5 Mio. RM. Die Produktion wurde nur wegen der Bedeutung für die Ebenseer Solvay-Werke noch weiter aufrechterhalten. Die Salzproduktion sollte in den Salinen Ebensee und Bad Aussee konzentriert werden. Die Salinen Bad Ischl und Hallstatt sollten stillgelegt und die Salzproduktion in Hall in Tirol ganz eingestellt werden. Die Saline Hallein sollte noch für zehn Jahre ohne jede Investition weitergeführt und dann ebenfalls stillgelegt werden.

Die Schließung der Sudhütten in Hallstatt und Bad Ischl erfolgte 1943 und 1944, vor allem wohl auch wegen des kriegsbedingt akuten Brennstoffmangels. 1945 wurden die Generaldirektion der Österreichischen Salinen und das Salzmonopol wieder errichtet. Der Betrieb in den bereits stillgelegten Salinen wurde in Bad Ischl im Oktober 1945 und in Hallstatt Ende 1950 wieder aufgenommen. Die Gründe waren für beide Standorte weniger betriebswirtschaftlicher als regionalpolitischer Natur. Durch Investitionen konnte die Sole- und Salzproduktion erheblich ausgedehnt werden. Das 1951 eingeführte Thermokompressionsverfahren bot neben hoher ökonomischer Effizienz auch erhebliche ökologische Vorteile.

Rationalisierungsgründe führten aber 1965 dazu, die Pfannensalinen Hallstatt und Bad Ischl trotz der Mengenkonjunktur stillzulegen. Eine Reorganisation wurde eingeleitet. Kernpunkte waren die Konzentration der Verwaltung im Salzkammergut, der Neubau der Saline in Ebensee und die Umwandlung der Österreichischen Salinen in eine Aktiengesellschaft. 1979 wurde die „Österreichische Salinen AG" als Rechtsnachfolger der „Österreichischen Salinen" gegründet. Der Firmensitz wurde von Wien nach Bad Ischl verlegt. Die Saline Ebensee/Steinkogel, eine Thermokompressionsanlage mit zwei Großverdampfern, wurde 1979 in Betrieb genommen und erreichte 1980 die volle Leistung. Die Sudsalzgewinnung schnellte dadurch von 239.000 t im Jahr 1977 auf 382.823 t im Jahr 1982 empor. Waren 1978 und 1979 noch Salzimporte zur Deckung des Inlandsbedarfs notwendig gewesen, so konnte in der Folge nicht nur der Bedarf voll gedeckt werden, sondern es ließen sich auch wieder Gewinne erzielen. Die Soleproduktion wurde ganz auf die Salzbergbaue des oberösterreichisch-steirischen Salzkammerguts konzentriert und das Sudwesen ganz auf Ebensee.

Der Salzabsatz wurde immer mehr vom Streusalzbedarf abhängig. Nur etwa 5 Prozent der Salzproduktion entfallen heutzutage weltweit noch auf das Speisesalz. Von den Salinen Austria gehen rund 25 Prozent in die Speisesalzproduktion, 25 Prozent an die Streufahrzeuge, 25 Prozent werden als Tablettensalz verarbeitet, z. B. für Wasseraufbereitung, 10 Prozent finden in der Industrie Verwendung und 15 Prozent firmieren als Gewerbesalz (freundliche Auskunft der Saline Austria). In der chemischen Industrie, in der Soda, Ätznatron und Chlor zu den Basisprodukten gehören, wurde Salz zum wichtigen Grundstoff von Chemie und Industrie. Salz, Kalk, Ammoniak und Kohle wurden zum Ausgangspunkt der Sodaerzeugung. Sodaprodukte finden in verschiedensten Industrie- und Gewerbezweigen Verwendung, in der Aluminiumerzeugung, der Glas- und Keramikindustrie, der Papierindustrie, der Textil- und Zementindustrie etc.

Mit dem EU-Beitritt 1995 war das österreichische Salzmonopol zu Ende. Die Salinen wurden privatisiert. Das Salz ist ein Rohstoff wie jeder andere geworden. Sein Beitrag zur Wertschöpfung ist inzwischen sehr gering. Und doch ist es im Salzkammergut immer noch allgegenwärtig.

Tabelle: Die alpenländische Salzproduktion von 1500 bis 2020 (in Tonnen)

Jahr	Aussee	Hall/Tirol	Hallstatt/ Ebensee/Ischl	Hallein	Summe heutiges Österreich
1500	8.000	10.000	7.000	24.770	49.770
1550	10.000	15.000	12.000	26.000	63.000
1618	19.791	15.133	16.300	22.046	73.270
1660	12.390	10.055	14.000		
1700	12.371	12.274	22.100	22.240	68.985
1780	8.960		32.984	22.288	

Jahr	Aussee	Hall/Tirol	Hallstatt/Ebensee/Ischl	Hallein	Summe heutiges Österreich
1800	8.624	15.000	36.960	16.800	77.384
1830	11.820	11.143	20.893	8.206	52.062
1847	13.795	13.529	43.310	12.154	82.788
1937					80.093
1946					78.564
1950					90.894
1960					132.471
1970					224.928
2020					1.200.000

Quellen: Sandgruber, Roman: Ökonomie und Politik. Österreichische Wirtschaftsgeschichte vom Mittelalter bis zur Gegenwart (Wien 1995) 79; Statistik Austria, entsprechende Jahre.

Anmerkungen

1   Brunner, Karl: Herzogtümer und Marken. Vom Ungarnsturm bis ins 12. Jahrhundert (Österreichische Geschichte 2, hg. von H. Wolfram, Wien 1994) 34 f.
2   Wanderwitz, Heinrich: Studien zum mittelalterlichen Salzwesen in Bayern (München 1984) 24; Stadler, Franz: Salzerzeugung, Salinenorte und Salztransport in der Steiermark. In: Stadt und Salz (hg von Wilhelm Rausch, Linz 1988) 89 – 165; Dopsch, Heinz: Die Zeit der Karolinger und Ottonen. In: Geschichte Salzburgs. Stadt und Land I/1 (hg. von ders., Salzburg ²1983) 225.
3   Haider, Siegfried: Geschichte Oberösterreichs (Wien 1987) 28; Wolfram, Herwig: Die Gründungsurkunde Kremsmünsters. In: Die Anfänge des Klosters Kremsmünster (Mitteilungen des Oberösterreichisches Landesarchivs Erg.-Bd. 2, Linz 1978) 51 ff.
4   Brunner: Herzogtümer 35; Hoffmann, Alfred: Werden, Wachsen, Reifen. Wirtschaftsgeschichte des Landes Oberösterreich, Bd. 1: Von der Frühzeit bis zum Jahr 1848 (Linz 1952) 38; Srbik, Heinrich v.: Studien zur Geschichte des österreichischen Salzwesens (Innsbruck 1917) 10 ff.
5   Zit. n.: Schraml, Carl: Die Entwicklung des oberösterreichischen Salzbergbaues im 16. und 17. Jahrhundert. In: Jahrbuch es Oberösterreichischen Musealvereins 83 (Linz 1930) 168 f.; Kaltenegger, Marina: Die Solequellen von Gosau und der „Salzkrieg". In: Jahrbuch des Oberösterreichischen Musealvereins 126a (Linz 1981) 75 f.
6   Koller, Fritz: Hallein im frühen und hohen Mittelalter. In: Mitteilungen der Gesellschaft für Salzburger Landeskunde 116 (1976) 60 ff.; Palme, Rudolf: Alpine Salt Mining in the Middle Ages. In: Journal of European Economic History 19 (1990) 117–136; Hoffmann: Wirtschaftsgeschichte 38 f.; Srbik: Studien 42 ff.
7   Dopsch, Heinz: Die äußere Entwicklung. In: Geschichte Salzburgs. Stadt und Land I/1 (hg. von ders., Salzburg ²1983) 331 ff.; Koller, Fritz: Die innere Entwicklung. In: Geschichte Salzburgs. Stadt und Land I/1, (hg. von Heinz Dopsch, Salzburg ²1983) 637 ff.; Koller, Fritz: Hallein im frühen und hohen Mittelalter, Mitteilungen der Gesellschaft für Salzburger Landeskunde 116 (Salzburg 1976) 49 f.
8   Roth, Paul W.: Eisen, Silber, Salz und Kohle. Die Bergschätze der Steiermark. In: 800 Jahre Steiermark und Österreich 1192–1992 (hg. von Othmar Pickl, Graz 1992) 374; Hocquet, Jean-Claude: Weißes Gold. Das Salz und die Macht in Europa von 800 bis 1800 (Stuttgart 1993) 52 f., 70 ff.; Srbik, Studien 14 ff.
9   Riedmann, Josef: Mittelalter. In: Geschichte des Landes Tirol (hg. von Josef Fontana u. a., Bozen/Innsbruck 1985) 1, 510 f.
10 Hocquet: Weißes Gold 365 ff.; Bergier, Jean-François: Die Geschichte vom Salz (Frankfurt 1989), 52 ff. 124 ff., 200 f.
11 Koller: Entwicklung 649 ff.; Hattinger, Walter: Passau und das Salz. Begleitband zur Ausstellung des Lehrstuhls für Volkskunde der Universität Passau und des Oberhausmuseums Passau 1990, Passauer Studien zur Volkskunde Bd. 2 (Passau 1990) 44; Koller: Salzwesen 800 ff.
12 Idam, Friedrich: Pfannhaus Hallstatt. Unter der Idylle liegt die Fabrik. In: Blätter für Technikgeschichte (2001) H. 63, 149–172.
13 Idam, Friedrich: 13.000 Rohre für den Soletransport. In: industrie-kultur 4/2009 (Essen 2009) 16–17 ; Schraml,

Carl: Der Weg des Salzes von Hallstatt nach Linz. In: Blätter für Geschichte der Technik (1932) H. 1, 158–166

14 Hoffmann, Alfred: Die Salzmaut zu Sarmingstein in den Jahren 1480 bis 1487. In: ders.: Studien und Essays, Bd. 2 (Wien 1981) 188–204; Srbik, Studien 168 ff., 176 ff.

15 Hoffmann, Alfred: Thomas Seeauer und der Wasserweg von Hallstatt nach Prag. In: ders., Studien und Essays, Bd. 2 (Wien 1981) 205 ff.; Roman Sandgruber: Drei Wege nach Böhmen. In: Alte Spuren, neue Wege. Katalog zur Oberösterreichischen Landesausstellung 2013, Bd. 1 (Linz 2013) 91–102.

16 Vgl. etwa Bruckmüller, Ernst: Die habsburgische Monarchie im Zeitalter des Prinzen Eugen zwischen 1683 und 1740. In: Österreich und die Osmanen. Prinz Eugen und seine Zeit (hg. von Zöllner, Erich –Gutkas, Karl Wien 1988) 109.

17 Schraml, Carl: Das oberösterreichische Salinenwesen vom Beginne des 16. bis zur Mitte des 18. Jahrhunderts (Wien 1932); ders.: Das oberösterreichische Salinenwesen von 1818 bis zum Ende des Salzamtes im Jahre 1850 (Wien 1936); Pickl, Othmar: Die Salzproduktion im Ostalpenraum am Beginn der Neuzeit. In: Österreichisches Montanwesen. Produktion, Verteilung, Sozialformen (hg. von Mitterauer, Michael, Wien 1974) 11 ff.; Palme, Rudolf: Der Kampf um den böhmischen Salzmarkt in der frühen Neuzeit. In: Exportgewerbe und Außenhandel vor der Industriellen Revolution. FS für Georg Zwanowetz (hg. von Mathis, Franz – Riedmann, Josef, Innsbruck 1984) 211 ff.; Srbik, Studien 194 ff.

18 Tipka, Ernst (Universität Wien): Das Spinnverlagssystem der Linzer Wollzeugfabrik im Salzkammergut in der 2. Hälfte des 18. Jahrhunderts, Tagungsbericht Dissertant:innen-Tagung Wirtschafts-, Sozial- und Umweltgeschichte 2022, 24.02.2022–25.02.2022, Linz, in: H-Soz-Kult 26.05.2022.

19 Schultes, Joseph August: Reisen durch Oberösterreich in den Jahren 1794, 1795, 1802, 1803, 1804 und 1808, Teil 1 (Tübingen 1809) 30.

Herta Neiß

Von Reisenden und Bereisten

Sommerfrische im Salzkammergut

Der Begriff Sommerfrische taucht erstmals in einer Bozener Chronik aus dem 17. Jahrhundert auf und bezog sich auf die bürgerliche Gewohnheit, in unmittelbarer ländlicher Umgebung Erholung zu suchen.[1] Das deutsche Wörterbuch der Brüder Grimm definiert sie als „Erholungsaufenthalt der Städter auf dem Lande zur Sommerzeit".[2] Die Sommerfrische ist ein Phänomen, das sich sowohl in Österreich, Deutschland und Frankreich als auch in Italien manifestierte und beträchtliche Veränderungen mit sich brachte. Einheimische und Gäste unterschiedlicher sozialer Schichten trafen aufeinander. Verschönerungs- und Fremdenverkehrsvereine schufen eine adäquate Infrastruktur. Wanderwege und Aussichtswarten, Badeanstalten, Uferpromenaden, Kurparks und Musikpavillons wurden errichtet, Kaffeehäuser, Theaterbauten, Kioske und Tennisplätze geschaffen, und eine eigene Sommerfrische-Architektur mit Villen und Landhäusern veränderte die Ortsbilder.[3]

Die klassische Sommerfrische verbrachte man in Ischl, meinte Friedrich Torberg, und niemand führte wohl trefflicher aus, wie sich der Aufbruch in diese jährlich gestaltete: „Ich erinnere mich sehr genau an den seltsam erregenden Schwebezustand dieser Übergangstage, in denen man gewissermaßen gleichzeitig zu Hause und auf Sommerfrische war. Ich empfand sie als die schönsten der Ferienzeiten überhaupt, besonders wegen der Mahlzeiten im Restaurant, wo ich plötzlich gefragt wurde, was ich essen wollte."[4] In der Regel schloss die Sommerfrische neben der Familie auch das angestellte Personal und die sogenannte „Wirtschaft" mit ein. Das „bedeutete alle zur mehrmonatigen Führung eines Haushalts erforderlichen Geräte, unter denen weder Kaffeeservice noch Salatbesteck, weder Besen noch Staubtücher fehlen durften." Es kam „reichhaltige Garderobe hinzu, Wäsche und Kleidung für sonniges und regnerisches Wetter, Spielzeug für die Kinder, Studienmaterial für den Ältesten, Tennis-, Bade- und Wanderausrüstung und was es eben an vermeintlich Unentbehrlichem geben mochte."[5]

1

Auf der Esplanade, Postkarte 1895

Unterscheiden lässt sich eine großbürgerliche in der eigenen oder angemieteten Villa und eine kleinbürgerliche Sommerfrische in einfachen, meist bäuerlichen Unterkünften, die ihren Aufschwung in der Mitte des 19. Jahrhunderts fand.[6] Die Gastgeber*innen selbst gingen dabei meistens einem anderen Hauptberuf nach. Sie besserten sich durch die Vermietung ihr Einkommen auf. Typisch für die Sommerfrischler*innen war ihre mitunter jahrzehntelange Treue, jedes Jahr an denselben Ort zur selben Gastgeberfamilie zurückzukehren, wobei ein familiärer Anschluss an die Vermieter*innen nicht zwingend war.[7]

Die Sommerfrische machte den Urlaub für ein kapitalkräftiges Bürgertum zur alljährlichen Gewohnheit, die die ganze Familie, wenn auch die Väter meist nur an den Wochenenden nachreisten, einschloss. Typisch für die Sommerfrischler*innen war ein starker Bezug zur Natur, ohne sportlich aktiv zu werden. Man suchte Gemütlichkeit und ländliches Idyll. In den mondänen Kurbädern bot man im Gegensatz dazu aufwendige und vor allem kostspielige Vergnügungen an.[8] Die Aufenthaltsdauer war lang, meist den ganzen Sommer über. Sie reichte von einem bis zu drei Monaten. Wichtig war auch gutes Essen, ob zu Hause oder im Hotel, und auch Spaziergänge, Bootsfahrten und Kaffeehausbesuche waren beliebt. Sonnenschirme schützten dabei die modische Blässe. Abends ging es ins Theater oder zum Kurkonzert.[9] Den Höhepunkt dieser Freizeitvergnügungen bildete in Ischl das Flanieren auf der Esplanade, und „gegenseitiges Mustern und Betrachten, Bereden und Bekritteln sind jetzt Hauptaufgabe und Programm."[10] Die Sommerfrischeorte kehrten ihre Vorzüge deutlich hervor. So waren in Ischl die Häuser direkt an der Traun aufgrund der jodangereicherten Luft besonders beliebt, und die „Ischler Luft" wurde sogar in Flaschen abgefüllt und verschickt.[11]

Letztlich sind frühe Formen des Reisens seit dem Mittelalter bekannt. Pilger*innen, Kaufleute und auch Diplomaten verfolgten dabei das Ziel, möglichst rasch an ihre angestrebten Zielorte zu kommen, und nur vereinzelt war man an Sehenswürdigkeiten, Kunst und Natur oder Erholung interessiert. Ein kleiner, meist begüterter Kreis ging auf Bildungsreise oder adelige Kavalierstour. Mit den sich im ausgehenden 18. Jahrhundert rasch entwickelnden Kur- und Badeaufenthalten änderte sich das.[12]

Landpartien, ob zu Fuß, in der Folge mit dem Wagen oder der Eisenbahn und später mit dem Fahrrad, wurden zur großen Errungenschaft des 19. Jahrhunderts. Sonntags einen Ausflug zu machen, war beliebt. Die Landschaften wurden entdeckt, der südliche Wienerwald, Schneeberg und Rax und auch das Salzkammergut. 1862 erfolgte die Gründung des Alpenvereins und 1895 die der Naturfreunde.[13]

Durch den Ausbau der Eisenbahn erweiterten sich die für die Sommerfrische erschlossenen Räume beträchtlich. Noch Anfang des 19. Jahrhunderts dauerte eine Fahrt mit der Postkutsche von Wien nach Ischl dreieinhalb Tage. Ab 1826 kürzte ein Eilwagen dies ab, und mit der Verlängerung der Pferdeeisenbahn bis Gmunden war die Anreise nochmals schneller.[14] Ab 1839 verkehrte das erste Dampfschiff auf dem Traunsee und ab 1872 auf dem Mondsee.[15] 1925 wurde für kurze Zeit ein Saisonflugverkehr „Wien–Linz–Salzkammergut" aufgenommen, der aufgrund der schlechten wirtschaftlichen Lage bald wieder eingestellt werden musste.[16]

Der Adel entdeckt das Salzkammergut

Bis ins frühe 19. Jahrhundert beschränkten sich im Salzkammergut die Kontakte mit der Außenwelt auf den Salzhandel, und noch bis um 1800 benötigte man für die streng hermetisch abgeriegelte Region aufgrund der schützenswerten Salzproduktion einen Pass, der in Ischl in den 1820er Jahren abgeschafft wurde. Naturwissenschafter und Bildungsreisende zählten zu den ersten Gästen, die das Salzkammergut im 18. Jahrhundert bereisten, wie etwa Alexander von Humboldt. Durch ihre Berichte wurden hochgestellte Kreise am Wiener Hof auf die Naturschönheiten aufmerksam und wagten vereinzelt diese beschwerliche Reise, um danach von klaren Bergseen, wildreichen Nadelforsten und aufragenden Berggipfeln zu berichten und von der würzig-frischen Bergluft zu schwärmen.[17] Durch ihre Bilder und Reisebeschreibungen, wie etwa die von Carl Ludwig Vieböck in „Mahlerische Reise durch die schönsten Alpengegenden des österreichischen Kaiserstaates" aus dem Jahr 1821, wurde die Schönheit des Salzkammergutes bekannt.[18] Als der Salinen-Physikus Josef Götz erkannte, dass die in den Salzbergen gewonnene Sole eine ebensolche heilende Wirkung auf erkrankte Salinenarbeiter hatte wie die Bade-

②

Unbekannt, Verlobungsbild Kaiser Franz Joseph mit Elisabeth, Herzogin in Bayern 1853 in Ischl

und Trinkkuren der Seebäder, war dies die Geburtsstunde der Kur. In Fachkreisen waren diese Heilerfolge bereits seit dem Beginn des 19. Jahrhunderts bekannt. Daneben machte Götz sich im Kampf gegen die Pocken einen Namen. Nach einem Besuch des Wiener Prominentenarztes Franz de Paula Wirer in Ischl kamen 1822 bereits die ersten 40 Kurgäste; eine Badeanstalt wurde gebaut, um dessen Organisation sich Wirer selbst kümmerte, und Josef Götz übernahm neben seiner Funktion als Salinenarzt die Rolle eines „Tourismusdirektors" und kümmerte sich um die Verschönerung des Ortes und die Quartiersuche seiner Gäste.[19] Vom Hofe begünstigt und vom Salzamt gefördert, nahm die Bedeutung des Kurbetriebes stetig zu, und in den Badeanstalten, die unter Aufsicht des Salinenarztes standen, konnten rasch mehr als 100 Personen gleichzeitig Wannenbäder, Duschbäder, Schlammbäder und Inhalationen einnehmen. Eine Weltneuheit stellte das Sole-Dampfbad dar, das Wirer 1824 über der Sudpfanne des Sudhauses errichten ließ und dem ein eigenes „Kais. Königl. Salinen-Dampfbad" folgte, dessen Anwendungen bei Atemwegserkrankungen und bei Unterleibsleiden große Erfolge zeigten.[20]

Als 1824 erstmals Staatskanzler Metternich und Erzherzog Rudolf, der Bruder des Kaisers, kamen und 1827 schließlich der kinderlose Neffe des Kaisers, Franz Karl, mit seiner Frau und sich bald darauf Kindersegen einstellte, zeigte sich „die Welt" von der außerordentlichen Heilkraft der Ischler Soleanwendungen überzeugt. Auf Wirers Anregung hin ließ sich auch ein aus Wien stammender israelitischer Badearzt in Ischl nieder, der Mitglied der Kurkommission wurde.[21] Damit war der krisengeschüttelte Industrieort auf dem Weg zum Luxuskurort und sah sich bald mit einer großen Anzahl an Kurgästen konfrontiert, denn es gehörte beim Adel und dem gehobenen Bürgertum bald zum guten Ton, es dem Kaiserhaus gleichzutun und die Sommer in Ischl zu verbringen. Franz Joseph I. hielt sich zeit seines Lebens regelmäßig in Ischl auf und vermisste es ansonsten, nicht dort zu sein. „Doch trotz allen diesen Herrlichkeiten sehne ich mich ungeheuer nach […] dem lieben Ischl"[22], schrieb er etwa 15-jährig an seine Mutter.[23] Jedes Jahr war sein Aufenthalt in Ischl geprägt von Ausflügen, Wanderungen und von Jagden. Kaiser Franz Joseph bevorzugte die Jagdgebiete um den Traunstein, die Hohe Schrott, das Höllengebirge, das Gebiet um den Offensee, die Langbathseen, das Zimnitz- und Rettenbachgebiet, wo er teilweise auch Jagdhäuser besaß.[24] 1853 verlobte er sich in Ischl im Seeauer Haus, später Hotel Austria und heute Museum der Stadt Bad Ischl, mit seiner Cousine Elisabeth, Herzogin in Bayern, und ließ für sie 1854 die Villa Eltz zur Kaiservilla umbauen, wobei er weiterhin im Seeauer-Haus speiste, bis der Bau abgeschlossen war.[25] Auch Adalbert Stifter kam nach Ischl, wo er wiederholt Kaiserin Elisabeth traf, wie dies ein Brief an seinen Verleger bestätigt.[26] Ischl zog besonders wohlhabende jüdische Sommergäste an, die neben der Attraktivität der Region auch kamen, um ihre Staatstreue auszudrücken, und im Kaiser einen „Schutzpatron" ihrer Rechte und einen Gegner des Antisemitismus sahen.[27] Der mittlere und niedere Adel bevorzugte für seine Aufenthalte Goisern, Aussee, den Wolfgang- und Attersee oder auch den Mondsee. Der Attersee hingegen erlebte seinen Aufschwung erst gegen Ende des 19. Jahrhunderts, als vermehrt Dichter, Wissenschafter, Komponisten und Maler ihren Sommersitz dorthin verlegten.[28]

Das große Gästeaufkommen erforderte umfangreiche Investitionen in die Infrastruktur. Die bürgerliche Oberschicht orientierte sich an ihren bedeutenden Gästen, wodurch sich für Teile der Bevölkerung die Einkommensverhältnisse in den Sommermonaten verbesserten. Zahlreiche neue Dienstleistungen entstan-

Sesselträger vor der Trinkhalle, Mitte 19. Jahrhundert

④

Elefantenorden, überreicht 1897 durch den König von Siam

den, darunter etwa Sesselträger und Bergführer. Die Andenkenindustrie und ein vielfältiges Luxusgewerbe blühten auf. Prospekte machten auf Gaumenfreuden, Wanderwege, Theater und Konzerte, Sportmöglichkeiten und Ausflugsgelegenheiten, Kurpromenaden, Spielbanken und vieles mehr aufmerksam.[29] So verfügte Bad Ischl 1908 über nicht weniger als 15 Hotels, 22 Kaffeehäuser, 70 Gastwirtschaften und 72 Fiaker.[30] Darunter war auch das Hotel Austria, das mit der schönsten Lage an der Sophien-Esplanade, täglichen Kurkonzerten vis à vis auf der Esplanade, einem Salon, Billard, Blick auf das Gebirge vom Gastgarten aus und einer kleinen Villa im Garten warb.[31]

In Ischl empfing Kaiser Franz Joseph über Jahrzehnte hinweg Monarchen aus zahlreichen europäischen Ländern – dies begründete den Weltruhm Ischls endgültig.[32] Unter den Gästen war 1897 der König von Siam, Chulalongkorn der Große, der als Dank Johann Strauß und den Direktor des Hotel Bauer, Felix Hauptmann, mit dem Elefantenorden auszeichnete.[33] Dieser ist noch heute im Museum der Stadt Bad Ischl zu bewundern. Auch Sisi, die umtriebig reisende Kaiserin, war viel in Ischl und liebte es, ausgedehnte Wanderungen in die nähere Umgebung zu unternehmen.[34] Mit dem Ende der Monarchie kam der Fremdenverkehr vorerst zum Erliegen, denn der Adel und das reiche Bürgertum gab es in dieser Form nicht mehr. Die sich wirtschaftlich verändernden Gegebenheiten bewirkten eine Internationalisierungswelle, und die Inflation ermöglichte den „Neureichen" – Kriegs- und Inflationsgewinnlern und der Gruppe der Valutareisenden – einen kostengünstigen Aufenthalt.[35] Und Bad Ischl erwog, im Falle der Veräußerung der Kaiservilla diese samt Parkanlagen zu kaufen.[36]

Viele der alten Villenbesitzer*innen verkauften, und anstatt des Hofes dominierten die Operette und die Künstler*innen, die bereits bisher Ischl bevölkert hatten. Sie kauften oder mieteten sich ein, wie etwa Franz Lehár und Emmerich Kálmán, und ihre Bewunderer kreisten um die Meister wie einst um den Adel. Das jüdische Publikum nahm zu. Man war ihnen gegenüber vordergründig freundlich und dabei letztlich doch mitunter antisemitisch, wie sich in der Folge zeigte. Auch war schon in der Habsburgermonarchie der Sommerfrische-Antisemitismus ein Thema und nach 1918 kaum noch erfolgreich abzuwehren. Die jüdische Wochenzeitung „Die Wahrheit" etwa veröffentlichte als Warnung Listen von Orten, wo Juden und Jüdinnen nicht willkommen waren.[37] Auch die Art und Weise, wie jüdischer Besitz arisiert wurde, stellt im Salzkammergut einen Sonderfall dar, und eine Reihe von

Villenbesitzer*innen, die hofften, durch die Abgabe ihres Eigentums der Verfolgung zu entgehen, fanden den Tod im Holocaust. Nach dem Zweiten Weltkrieg sollte es ein mühevolles Unterfangen werden, sein rechtmäßiges Eigentum zurückzubekommen.[38]

Aufschwung durch den Fremdenverkehr

Dem Salzkammergut brachte der Fremdenverkehr ab der zweiten Hälfte des 19. Jahrhunderts neue Beschäftigungsmöglichkeiten und vor allem einen beträchtlichen Aufschwung, der auch notwendig war, waren doch die Zahlen der Arbeitssuchenden zwischen 1800 bis 1824 auf das Vierfache angestiegen.[39] Erfreut war man über die vielen Fremden nicht, sofern sie nicht dem Adel angehörten. Die Polizei wies die Ortsvorsteher an, Aufenthaltsdauer, Name und Stand der Betreffenden durch die Vermieter*innen in Fremdenlisten zu erheben und sie beim kleinsten Verstoß belehren zu lassen. Auch Aufzeichnungen darüber, warum sich wer an welchem Ort aufhielt, waren zu führen.[40] Diese Listen bildeten die Basis für die Berechnung der Ortstaxe, die in Ischl 1842 eingeführt wurde.[41] Ab 1875 erhob man die Kurgäste landesweit und seit 1890 das gesamte Fremdenverkehrsaufkommen[42] der Monarchie.[43] Die älteste bekannte Ischler Fremdenliste datiert in das Jahr 1839. Ihr zu entnehmen sind zahlreiche hochgestellte Persönlichkeiten, wie die Erzherzogin Maria Ludovica, regierende Herzogin zu Parma, Piacenza und Guastalla, Graf Esterhazy, die Fürstin Schwarzenberg sowie weitere Vertreter*innen des Adels. Darunter fand sich auch der Wiener Student Julius Ritter von Mannazetta, der am 8. Mai 1839 – zum Saisonstart – anreiste. Er wohnte beim Apotheker Krupitz. Wie lange er blieb, ist nicht bekannt. Bis zum 12. September, dem letzten Eintrag in der Liste, verzeichnete Ischl 1279 Gäste, davon 632 „Herrschaften" und 647 „Dienerschaften".[44] Der Aufenthalt Maria Ludovicas dürfte erfolgreich verlaufen sein, stiftete sie doch 1840 den Pavillon „Maria Louisen's Quelle".[45]

Mit der Sommerfrische verbindet sich die Kur, die vielerorts zeitgleich in Erscheinung trat und Badeorten zu Aufschwung verhalf.[46] 1880 gab es in den österreichischen Ländern bereits 214 Kurorte mit einem Gästeaufkommen von 166.160 Personen[47], darunter neun in Oberösterreich. Die meisten Gäste mit 26.450 Kurenden verzeichnete 1880 Karlsbad[48], das wie auch Ischl nicht aufgrund seiner heilkräftigen Quellen, sondern wegen seiner Attraktivität als Sommerfrischeort aufgesucht wurden.[49] Und auch in Ischl, das 1906 zu Bad Ischl wurde, stiegen die Zahlen der Kurgäste stetig an. Das zeigt sich auch nach der Hyperinflation von 1922 wieder.

Tabelle 1: Entwicklung der Kurgäste in Bad Ischl

Jahre	Kurgäste
1879	6.067
1889	13.872
1898	21.976
1909	24.918
1916	16.137
1922	8.240
1924	13.370

Quelle: Biffl: Fremdenverkehr 6–31; Statistik des Sanitätswesens (Wien 1873) XII; Salzkammergutzeitung 24. 6. 1928, 1.

Insgesamt waren bis ins Jahr 1913 die Kurgäste in Oberösterreich auf das Sechsfache angestiegen, und das Interesse blieb auch nach dem Ende der Monarchie ungebrochen.[50] Jedoch hatte man es verabsäumt, dringend notwendige Investitionen vorzunehmen, was den Neubau eines Kurmittelhauses erforderte, dessen Finanzierung in Inflationszeiten sich als große Herausforderung erwies. So wurden erste Gespräche bereits 1911 geführt, der Bau nach Plänen von Clemens Holzmeister aber erst 1929–1931 ausgeführt.[51] Für die notwendige Sanierung erwog die Gemeinde 1921 die Umwandlung der „Wirer-Stiftung in eine Aktiengesellschaft, damit nicht […] Bad Ischl auf das Niveau einer Sommerfrische herabsinkt"[52], so das Argument. Dahinter stand nicht die Ablehnung der Sommerfrische, sondern eine klare Positionierung auch zur Weiterführung des Kurbetriebes.

Mit den Zahlen der Kurgäste stiegen auch jene der Sommerfrischegäste. 1892 waren es bereits 16.280 und 1911 über 25.000 Fremde, was mehr als das Doppelte der Einwohner*innen Bad Ischls ausmachte.[53] Und auch bis in die Erste Republik blieben die Gästezahlen in Bad Ischl mit Schwankungen stabil, obwohl die 1000-Mark-Sperre 1933 als Wirtschaftssanktion Deutschlands gegen Österreich das Reisen nach Österreich massiv einschränkte, sodass in den westlichen Bundesländern eine Einbuße von 80 Prozent verzeichnet wurde. In Oberösterreich hingegen waren es 20 Prozent, wie auch die Tabelle 2 zeigt.[54] Als Novität führte man 1920 im Salzkammergut eine Wintersaison ein, Bad Ischl wurde Heilbad, und 1921 wurde das Theater kombiniert mit einem Kino wiedereröffnet. Den glanzvollen Höhepunkt stellte die neue Trabrennbahn in der Kaltenbachau dar,[55] und seit den 1930er Jahren unterteilte man das Gästeaufkommen in Sommer- und Wintersaison.[56] Auch in der Zeit des Nationalsozialismus kam der Tourismus nicht völlig zum Erliegen. Nach dem Anschluss an das Deutsche Reich und die „Kraft durch Freude"-Bewegung kamen zahlreiche Gruppenreisende in den „Gau Oberdonau".[57] 1944 wurde Bad Ischl zur Lazarettstadt, wodurch viele große Hotels, wie das Bauer, die Post, das Elisabeth und die Kaiserkrone, zu Krankenhäusern bzw. Lazaretten wurden.[58] Nach dem Zweiten Weltkrieg stiegen die Gästezahlen

Servierpersonal in der Trinkhalle 1922

jedoch rasch wieder auf das Vorkriegsniveau an. Das lag unter anderem daran, dass Österreich zu einem Billigreiseland geworden war, das ab 1947 von ausländischen Gästen wieder bereist werden durfte und für das bis 1952 Visumpflicht bestand. Da äußerste Lebensmittelknappheit bestand, waren die Lebensmittelmarken an den Urlaubsort mitzubringen. Ausländische Gäste erhielten die doppelte Ration, und damit dies nicht publik wurde, hatten Österreicher*innen meist keinen Zugang zu den Hotels, in denen ausländische Gäste untergebracht waren.[59]

Das Gästeaufkommen entwickelte sich in Oberösterreich weiterhin kontinuierlich positiv und stieg 1969 erstmals über 1 Million, und 1985 waren es bereits 1.512.927. Aktuell, nach den Corona-Krisenjahren, verzeichnete Oberösterreich 2021/22 2.663.092 Gäste[60], und auch das Salzkammergut verzeichnet Zuwächse. Noch immer begeistern die Schönheit der Landschaft, die Seen und Berge, sodass bis heute die Sommerfrische im Trend ist, wenn auch eher für Kurzurlaube – aktuell unter dem Motto „Ankommen, abtauchen und aufleben. Wer sie einmal [Anm. die Sommerfrische] erlebt hat, will immer wieder etwas davon"[61], so die Sommerkampagne 2023 des Tourismus im Salzkammergut.

Damit schließt sich der Kreis, denn auch die heutigen Sommerfrischler*innen besuchen die einmal entdeckten und erprobten Orte immer wieder, lernen sie kennen und registrieren jede Veränderung und wohlwollend alles Gleichbleibende. Auch daran hat sich seit damals nichts geändert. Und letztlich ermöglicht die

Werbekampagne Sommerfrische, OÖ. Genussfest in Wien 2023

Sommerfrische einen Diskurs zwischen Einheimischen und ihren Gästen in allen Facetten, Nuancen und Abhängigkeiten.[62]

Tabelle 2: Gästeaufkommen in Bad Ischl

Jahre	Gesamte Gästeanzahl
1924	26.631
1931/32	30.493
1932/33	34.675
1933/34	30.168
1934/35	27.355
1936/37	29.896
1941/42	8.322
1942/43	11.655
1948/49	27.524
1950/51	30.971

Quelle: Biffl: Fremdenverkehr, 148; Statistisches Handbuch für die Republik Österreich, VIII. Jg., (Wien 1927) 30; Statistisches Handbuch für die Republik Österreich, 1 Jg. (Wien 1950) 135; Statistisches Handbuch für die Republik Österreich, VIII. Jg. (Wien 1927) 30; Statistisches Handbuch für die Republik Österreich, 3 Jg. (Wien 1952) 144; Statistische Übersichten für den Reichsgau Oberdonau, 3 Jg. (Wien 1943) 58; Statistische Übersichten für den Reichsgau Oberdonau, 4 Jg. (Wien 1944) 44. Seit den 1930er Jahren werden die Sommer- und die Wintersaison gesondert erhoben.

Anmerkungen

1 Hachtmann, Rüdiger: Tourismusgeschichte (Göttingen 2007) 93.
2 Deutsches Wörterbuch der Brüder Grimm XVI (Leipzig 1905) 1526–1527.
3 Payer, Peter: Sommerfrische. Ein bürgerliches Ritual als Sehnsucht nach antiurbanen Sinnesreizen. In: Opll, Ferdinand – Scheutz, Martin (Hg.): Fernweh und Stadt. Tourismus als städtisches Phänomen (Innsbruck/Wien/Bozen o. J.) 81–83.
4 Torberg, Friedrich: Die Tante Jolesch oder der Untergang des Abendlandes in Anekdoten (München ¹²1988) 76–77.
5 Ebd. 77.
6 Hachtmann: Tourismusgeschichte 94.
7 Ebd. 94.
8 Ebd. 94–97.
9 Haas, Hanns: Die Sommerfrische – Ort der Bürgerlichkeit. In: Stekl, Hannes u. a. (Hg.): „Durch Arbeit, Besitz, Wissen und Gerechtigkeit". Bürgertum in der Habsburgermonarchie II (Wien/Köln/Weimar 1992) 369.
10 Stögner, Hans: Du liebes Ischl. Erlebtes, Geschautes und Erlauschtes. Skizzen und Erinnerungen aus vergangener Zeit II (Bad Ischl 1949) 57.
11 Schönthan, Gaby von u. a.: Konditorei Zauner Bad Ischl und das Salzkammergut. Eine kleine Kulturgeschichte (München 1982) 13.
12 Sandgruber, Roman: Ökonomie und Politik. Österreichische Wirtschaftsgeschichte vom Mittelalter bis zur Gegenwart (Wien 1995) 283.
13 Ebd. 284.
14 Brusatti, Alois: 100 Jahr österreichischer Fremdenverkehr. Historische Entwicklung 1884–1984 (Wien 1984) 23.
15 Schumacher, Martin – Sandgruber, Roman: Die kleine Tourismusgeschichte des Salzkammergutes. In: Sandgruber, Roman (Hg.): Salzkammergut. OÖ Landesausstellung 2008 (Linz 2008) 90.
16 Kreuzer, Bernd: Ins Salzkammergut fahren – eine kleine Verkehrsgeschichte des Salzkammergutes. In: Sandgruber, Roman (Hg.): Salzkammergut. OÖ Landesausstellung 2008 (Linz 2008) 65.
17 Meixner, Erich Maria: Wirtschaftsgeschichte des Landes Oberösterreich. Männer, Mächte, Betriebe von 1848 bis zur Gegenwart II (Salzburg 1952) 103.
18 Feichtinger, Karin: Bad Ischl lebt und stirbt mit dem Fremdenverkehr. Die Entwicklung des Fremdenverkehrs in Bad Ischl unter besonderer Berücksichtigung der Zwischenkriegszeit (Dipl.-Arb. Univ. Salzburg 1992) 34.
19 Kurz, Michael: 240 (175) Jahre Dr. Josef Götz (Mitteilungen des Ischler Heimatvereines 33, Ischl 2014) 18–25.
20 Savel, Alexander: 200 Jahre Kurort Bad Ischl. Das älteste Solebad des Kaisertums Österreich und der Monarchie 1822–2022 (Bad Ischl 2022) 21–27.
21 Wagner, Verena: Eine jüdische Gemeinde in Bad Ischl (hg. v. OÖ. Landesarchiv, Linz 2023) 14.
22 Schnürer, Franz (Hg.): Briefe Kaiser Franz Josephs I. an seine Mutter 1838–1872 (München 1930) 52–58.
23 Butz, Ursula: Habsburg als Tourismusmagnet. Monarchie und Fremdenverkehr in den Ostalpen 1820–1910 (Wien/Köln/Weimar 2021) 33.
24 Ebd. 34.
25 Wilkie, James: Die Kaiservilla (Graz 2004) 36–37.
26 Ischlstöger, Hans Peter: Der Dichter Adalbert Stifter in Ischl (Mitteilungen des Ischler Heimatvereine 34, Ischl 2015) 72–73.
27 Wagner: Jüdische Gemeinde 13.
28 Schumacher – Sandgruber: Tourismusgeschichte 89–90.
29 Sandgruber: Ökonomie 287.
30 Adreßbuch und Häuserverzeichnis nebst Handels- und Gewerbe-Anzeiger von Bad Ischl Salzkammergut (Bad Ischl 1908) 36–45.
31 Bad Ischl im Salzkammergut. Ältestes Solbad in Österreich. Ein Führer für Kurgäste, verfasst von den Mitgliedern der Kurkommission (Linz o. J. [verm. 1905]) 91.
32 Schumacher – Sandgruber: Tourismusgeschichte 89.
33 Sachslehner, Johannes: Bad Ischl. K. u. k. Sehnsuchtsort im Salzkammergut (Wien/Graz/Klagenfurt 2012) 147.
34 Den Ischler Kur- und Fremdenlisten zu entnehmen sind ihre Aufenthalte in den Jahren 1853 bis 1855, 1857 sowie 1865 bis 1898.
35 Feichtinger: Bad Ischl 66.
36 Salzkammergut-Zeitung 1. 6. 1919, 5–6.
37 Vgl. dazu: Die Wahrheit. Oesterreichische Wochenzeitung für jüdische Interessen (Wien 1927).
38 Arnbom, Marie-Theres: Die Villen von Bad Ischl. Wenn Häuser Geschichten erzählen (Wien 2017) 13–15.
39 Brusatti: Fremdenverkehr 21.
40 Meixner: Wirtschaftsgeschichte 105–106.
41 Brusatti: Fremdenverkehr 21.
42 Die Kurgäste wurden erst ab dem Jahr 1924 in die Fremdenverkehrsstatistik einbezogen.
43 Biffl, Anna: Der Fremdenverkehr in Österreich von 1875 bis 1985 (unveröffentlchtes Manuskript, Wien 1987) 9.
44 Ischler Heimatverein: Fremdenliste Ischl 1839.
45 Ischlstöger, Hans Peter: Bericht über die Fremdenliste 1839 in Ischl (Mitteilungen des Ischler Heimatvereine 35, Ischl 2016) 43–44.
46 Sandgruber: Ökonomie 284.
47 220 Kurorte mit 150.496 Gästen im Jahr 1878 und mit 161.536 Gästen im Jahr 1879. K. k. statistische Central-Com-

48 mission (Hg.): Oesterreichische Statistik III (Wien 1883) H. 1, XIV.
48 Ebd. 104.
49 Torberg: Tante Jolesch 66.
50 Biffl: Fremdenverkehr 6–31.
51 Achleitner, Friedrich: Österreichische Architektur im 20. Jahrhundert, Bd. 1 (Salzburg/Wien 1980) 30–31.
52 Schreiben an die OÖ. Landesregierung vom 7. 10. 1921, o. S. (Gemeindearchiv Bad Ischl), dem nicht stattgegeben wurde.
53 Feichtinger: Bad Ischl 40–41.
54 Sandgruber, Roman: Fremdenverkehrsland Oberösterreich. In: Oberösterreichische Wirtschaftschronik (Wien 1994) 125–144.
55 Feichtinger: Bad Ischl 62–63.
56 80 Prozent der Gäste kamen im Sommer.
57 Schumacher – Sandgruber: Tourismusgeschichte 93.
58 Savel: 200 Jahre 130.
59 Neiß, Herta: Aus den Trümmern zur Stadt des Wiederaufbaus. Tourismus in Linz 1945–55. In: Geteilte Stadt (Salzburg 2015) 211.
60 Biffl: Fremdenverkehr 183–188; Land Oberösterreich: Statistik – Tourismus. URL: https://www.land-oberoesterreich.gv.at/202588.htm (aufgerufen am 30. 11. 2023).
61 Salzkammergut.at: Sommerfrische. URL: https://www.salzkammergut.at/sommerfrische.html (aufgerufen am 30. 11. 2023).
62 Krasny, Elke: Frische und Kühle nehmen. In: Hauenfels, Theresia – Jorda, Thomas (Hg.): Wohnen im Sommer. Das Phänomen Sommerfrische (St. Pölten/Salzburg 2009) 12.

Andreas Praher

Sehnsuchtsorte und Spannungsfelder
Von den Anfängen des Sommer- und Wintersports im Salzkammergut

Der Dachstein als Sehnsuchtsort und Forschungsobjekt

Wissenschaftliches Interesse, gepaart mit Neugier und dem Bedürfnis, sich die Umwelt anzueignen, führten im 19. Jahrhundert zur Eroberung der Alpen. Im Winter 1842 bestieg Friedrich Simony erstmals den Hohen Dachstein, ein Jahr darauf ließ er die erste Schutzhütte erbauen, ein winziger Unterstand im Wildkar unterhalb der heutigen Simonyhütte, von den Zeitgenoss*innen liebevoll „Simony-Hotel" genannt. Der Geologe und Naturforscher kam erstmals 1840 auf seiner ersten Reise durch die Alpen nach Hallstatt.[1] Zu diesem Zeitpunkt galt der Dachstein nicht mehr als unbezwingbar. Dennoch wurde seine Besteigung als tollkühn angesehen, vor allem im Winter. „Die Einheimischen schmunzeln deshalb nur, als sie hören, daß ein ‚Zuagroaster' auf die hohe Dachsteinspitze im Hallstätter Schneegebirge will, wie das Dachsteinmassiv damals genannt wurde", schreibt der Simony-Biograf Rudolf Lehr.[2]

Der Dachstein ließ Simony nicht mehr los. Der Berg, der die Grundlage für seine Forschungen bildete, wurde gleichzeitig zum Sehnsuchtsort. Im Jänner 1847 erklomm Simony erneut das Dachsteinmassiv im Winter.[3] Die Wiener Zeitung berichtete im Februar 1847 unter dem Titel „Eine Winterwoche auf dem Hallstätter Schneegebirge" über die Expedition.[4] In dem dort abgedruckten Brief an Bergrat Haidinger schildert Simony seine Motive für die Besteigung des Dachsteins. Er hält darin fest, dass er „den Bergriesen des Salzkammergutes zum Zwecke naturwissenschaftlicher Beobachtungen" erkundet habe. Dabei sei ihm das anhaltende, trockene Wetter zugutegekommen. Simony konnte sich außerdem auf die Erfahrung der beiden lokalen Bergleute Franz Aschauer und Joseph Danner aus Hallstatt verlassen. Das zeigt, dass er nicht allein unterwegs war, sondern immer wieder Unterstützung vor Ort fand. Schon bei seinen ersten Erkundungen im Salzkammergut in den frühen 1840er Jahren wurde er begleitet, damals vom Hallstätter Bergführer

Johann Wallner, der zu seinen engsten Berggefährten werden sollte.[5] Wallner war es auch, der Simony im September 1842 auf seiner ersten Überquerung des Dachsteingipfels von Ost nach West begleitete. Mit seinen wissenschaftlich motivierten Erkundungstouren gilt Simony als einer der ersten systematischen Erforscher einer Hochgebirgsgruppe.[6]

Alpinismus im Spannungsfeld von Sport, Politik und Tourismus

Während die Bergtouren von Simony und seinen großteils männlichen Zeitgenossen noch wissenschaftlich motiviert waren, änderte sich der Alpinismus ab Mitte des 19. Jahrhunderts, und das Bergsteigen entwickelte sich ausgehend von England zu einer Sportart, bei der die körperliche Leistung und das Ausloten und Überwinden von physischen Grenzen im Vordergrund standen.[7] In diese Phase fiel auch die Gründung des Österreichischen Alpenvereins im Jahr 1862, die mit dem Ausbau der Eisenbahn und der touristischen Infrastruktur ab den 1860er Jahren einherging.[8] Diese Entwicklungen machten auch vor dem Salzkammergut nicht halt, und die Berge wurden verstärkt zu einem sportlichen Betätigungsfeld für die städtische Oberschicht. Dennoch wurde das Bergsteigen im Alpenverein, anders als im britischen Alpine Club, noch mehr als Mittel zu einem höheren Zweck verstanden.[9] Im Fokus des Interesses stand zumindest in der Gründungsphase die wissenschaftliche Erforschung der Alpen. Schließlich fand die Gründungsversammlung am 19. November 1862 in der Akademie der Wissenschaften in Wien statt, und ein Großteil der honorigen Mitglieder entstammten, wie Simony, der Wissenschaft.[10] Bis zum Ersten Weltkrieg war der Alpenverein damit eine „gehoben-bürgerlich-mittelständische Organisation mit einer deutlichen Tendenz zum akademischen Bildungsbürgertum", schreibt Rainer Amstädter.[11] Da bildeten die Sektionen Goisern und Bad Ischl des Salzkammergut-Alpenvereins keine Ausnahme.

Das wissenschaftliche Interesse wurde in der zweiten Hälfte des 19. Jahrhunderts jedoch von touristischen und bewegungskulturellen Motiven abgelöst, und mit der Anbindung an die Eisenbahn wurde auch der Fremdenverkehr in den Alpentälern zu einem wirtschaftlichen Faktor. Schon in den späten 1880er Jahren organisierte das Speditions- und Reise-Bureau Josef Pammer aus Ischl Omnibusfahrten nach Strobl und Weißenbach am Attersee sowie von Steeg am Hallstättersee zum Gosauschmied im Gosautal und vom Traunsee zum Langbathsee.[12] Das Dachsteinmassiv bildete dabei den Hauptanziehungspunkt des frühen, bürgerlich und aristokratisch geprägten Alpintourismus. Den Ausgangspunkt für Unternehmungen bildete der Gasthof Gosauschmied. Dieser wurde Anfang des 20. Jahrhunderts vom Brandwirt in Gosau regelmäßig mit einem Art Tälerbus angefahren, der an die Postbuslinie Richtung Abtenau angebunden war.[13] Damit konnten Gäste aus dem Salzburgischen und von weiter weg bis an den Gosausee und Gosaugletscher herangebracht werden.

Das Anlegen von Wegen und der Aufbau einer Hütteninfrastruktur schlug sich nun auch verstärkt im Programm des Alpenvereins nieder. Im Sommer 1903 sollte ein Geh- und Reitweg vom Hinteren Gosausee zum Dachsteineisfeld angelegt werden.[14] Fünf Jahre nach der Wegerrichtung konnte 1908 die Adamekhütte eröffnet werden.

Die Erschließung der Alpen war aber ebenso von einer kulturhistorischen Mission geprägt. So sahen sich die führenden Funktionäre des Österreichischen Alpenvereins, der ab 1874 als Deutscher und Österreichischer Alpenverein firmierte, als Vertreter einer elitär-deutschen Kultur, die bis in die entlegensten Täler vordringen sollte.[15] Die Eroberung und Bezwingung der Alpen waren damit seit dem späten 19. Jahrhundert „deutschvölkisch" determiniert, und die Alpen wurden als deutscher Kulturraum verstanden. Der Alpenverein galt als eine nahezu homogene Gemeinschaft bürgerlicher, meist deutschnational ausgerichteter Bergfreunde.[16] Die in den bürgerlichen Vereinen wie dem Alpenverein mehrheitlich vertretene deutschnationale Geisteshaltung äußerte sich 1921 in der Einführung des „Arierparagrafen", dem Ausschluss der Sektion Donauland und im Sommerfrische-Antisemitismus, der nicht selten von Alpenvereinsfunktionären vertreten wurde, die gleichzeitig in Verschönerungsvereinen saßen.

Ab dem beginnenden 20. Jahrhundert spielte im Alpenverein, vor allem bei der jüngeren Generation, die sportliche Betätigung eine immer größere Rolle, und die Sektionen im Salzkammergut traten als Veranstalter oder Mitveranstalter von Wettbewerben auf.[17] Dass der leistungsmäßig betriebene Bergsport in den Ostalpen vor Beginn des Ersten Weltkriegs einen massiven Boom erlebte, war auch im Salzkammergut zu spüren. So zog es den Wiener Kletterer Paul Preuß ins Dachsteingebiet. Er stürzte beim Versuch, die Mandlkogel-Nordkante im Dachsteingebirge im Alleingang zu begehen, am 3. Oktober 1911 tödlich ab.[18]

Neben dem Dachstein spielten das Tote Gebirge und das Höllengebirge eine wichtige Rolle in der alpinistischen Erschließung. Schon vor dem Ersten Weltkrieg errichtete die Alpenverein-Sektion Gmunden die Kranabeth-Sattelhütte (Kranabethhütte) auf dem Feuerkogel, und in den 1920er Jahre erbaute die Alpenverein-Sektion Vöcklabruck das Schutzhaus auf dem Hochlecken (Hochleckenhaus).[19]

Aus der Fabrik in die Berge

Neben dem Alpenverein, dessen Schutzhütten die Alpen mit einem regelrechten Netz überzogen, setzten die sozialistisch gesinnten Naturfreunde ab 1900 im Salzkammergut ihre ersten Initiativen in der alpinistischen Erschließung. Noch vor dem Ersten Weltkrieg engagierten sich in der Region ansässige und befreundete Naturfreunde-Ortsgruppen aus dem Flachland im Wege- und Hüttenbau und erschlossen unter anderem unzugängliche Höhlensysteme für die Öffentlichkeit. So eröffnete die Ortsgruppe Linz Urfahr bereits im Sommer 1912 die Koppenbrüllerhöhle in Obertraun, die zu einem beliebten Ausflugsziel der arbeitenden Schicht wurde.[20]

Ideologisch stand die Naturfreunde-Bewegung der Sozialdemokratischen Arbeiterpartei Österreichs nahe. Eines der Hauptmotive war, der Arbeiterschaft die

1
Naturfreunde-Mitglieder bei einer gemeinsamen Wanderung in den 1920er Jahren

Erholung in der Natur zu ermöglichen.[21] Wandern und Bergsteigen boten dabei eine Möglichkeit, den harten Arbeitsbedingungen in den Fabriken und den beengten Wohnverhältnissen in den Arbeiterwohnsiedlungen der 1890er Jahre zu entfliehen.

Neben dem geforderten freien Zugang zur Natur und der sportlichen Betätigung in dieser war das proklamierte Ziel der Naturfreunde die Schaffung einer klassenbewussten Organisation als Gegenentwurf zum konservativen, bürgerlichen Korsett.[22] Aus diesen Motiven heraus bildeten Arbeiter aus Ebensee Anfang des Jahres 1909 eine Naturfreunde-Ortsgruppe, die im Februar 1909 noch vor der offiziellen Vereinsgründung 48 Mitglieder umfasste. Die Salzkammergut-Zeitung berichtete in diesem Zusammenhang über die Vereinsgründung der Naturfreunde Ortsgruppe Ebensee Folgendes: „Zu den vielen Vereinen, die schon in Ebensee existieren, kommt nun wieder ein neuer Verein, nämlich eine Ortsgruppe des großen allgemeinen Vereines ‚Naturfreunde' wird in Ebensee entstehen, wozu sich bereits 48 Mitglieder im voraus gemeldet."[23] Der Bau einer Schutzhütte wurde als eines der Ziele ausgegeben. 25 Jahre später konnte diese im Jahr 1924 mit dem Hochkogelhaus auf über 1500 Meter Seehöhe im Toten Gebirge realisiert werden.[24] Die Hütte bot Quartier für mehrtägige Bergtouren durch das Tote Gebirge[25] und war auch ein beliebtes Ziel für Skitouren im Winter.[26] Das heute noch bestehende Ebenseer Hochkogelhaus, das sich gegenwärtig im Eigentum der Naturfreunde befindet, war im April 1925 eine von acht seit Jänner 1924 errichteten oder noch in Planung bzw. Bau befindlichen Naturfreunde-Schutzhütten in den österreichischen Ostalpen. Demgegenüber hatte der Deutsche und Österreichische Alpenverein von Jänner 1924 bis April 1925 insgesamt 33 Schutzhütten errichtet bzw. befanden sich diese in Planung und Bau.[27] Diese Zahlen zeigen das Kräfteverhältnis zwischen den beiden alpinen Organisationen auf bürgerlicher und proletarischer Seite bis in die 1920er Jahre, wobei die Naturfreunde-Bewegung im Jahr 1923 mit 200.000 Aktiven sogar vor dem Alpenverein lag[28] und sich damit zu einer bedeutenden Massenorganisation entwickelte. Diese hatte bis zum Verbot der Sozialdemokratie 1934 für die Arbeiter*innen ein politisches Gewicht innerhalb der sozialdemokratischen Bewegung und wurde als Bühne für die politische Agitation genutzt. Das zeigte sich mitunter in der Eröffnung des Traunsteinhauses bzw. der Naturfreundehütte auf dem Traunstein im August 1927 durch den sozialdemokratischen Wiener Bundesrat Theodor Körner.[29]

Sommerfrische zu Wasser

Geografisch bedingt und sozialhistorisch in der Entwicklung des Sommerfrische-Tourismus begründet, kann neben dem Bergsport der Segelsport auf eine längere Geschichte im Salzkammergut zurückblicken. Im späten 19. Jahrhundert gelangte der Segelsport ausgehend von Wien in die Kronländer der Monarchie, und es entstanden an den großen österreichischen Seen erste Yacht- und Segelklubs. Eine besondere Stellung nahm dabei der Union-Yacht-Club ein, der im April 1886 in Wien gegründet wurde und noch im selben Jahr Zweigvereine am Wörthersee und Attersee etablieren konnte, wobei jener am Attersee am 10. Juli 1886 als zweiter Zweigverein gegründet wurde.[30] Neben dem Union-Yacht-Club am Attersee entstanden im Salzkammergut mit dem UYC Traunsee, Wolfgangsee und Mondsee noch drei weitere Zweigvereine vor dem Ersten Weltkrieg. Der Union-Yacht-Club Traunsee folgte 1888, jener am Wolfgangsee im Jahr 1901 und der am Mondsee 1908.[31]

Der Attersee entwickelte sich zu einem bedeutenden Segelrevier, wobei der UYC Attersee schon bald eine rege Regattatätigkeit entfaltete. Das erste vom UYC Attersee ausgeschriebene Rennen fand am 14. August 1886 statt, und ab 1887 fand bei Litzlberg die „Attersee-Woche" als jährliche Regattaserie statt. Die ersten Boote waren Nachbauten aus Wien, es folgten die ersten Segeljollen und getakelte Ruderboote. Auf Letzteren zog es die Sommerfrischegäste auf den See hinaus. Ab

Mitglieder der Naturfreunde-Ortsgruppe Scharnstein vor dem Naturfreundehaus auf dem Traunstein um 1930

Segelausflug auf dem Traunsee um 1900. Im Hintergrund der beliebte Seegasthof Hoisn

1908 besaß der UYC Attersee sein eigenes Clubhaus mit einem Bootsschuppen, der als Winterlager für die Yachten diente.[32]

Im April 1914 schrieb die Zeitschrift „Sport und Salon" in diesem Zusammenhang über den Segelsport im Salzkammergut und am Attersee folgende Zeilen: „Zwar nicht in bezug auf den Fremdenverkehr, dafür aber wegen der sehr günstigen Windverhältnisse und seiner Größe muß der Attersee besonders hervorgehoben werden, welcher darum auch alljährlich von einigen auswärtigen Seglern mit ihren Jachten besucht wird."[33] Der Attersee stand demnach vor dem Ersten Weltkrieg nicht nur bei Seglern aus der Monarchie hoch im Kurs, sondern auch bei ausländischen Gästen. Interessant ist, dass dem Fremdenverkehr am Attersee, im Vergleich zum Wörthersee, in der Zeitschrift keine große Bedeutung zugeschrieben wurde, und das, obwohl sich seit den 1870er Jahren ein Sommerfrische-Tourismus zu etablieren begann, der unter anderem den Segelsport befeuerte. So waren es die ersten Sommerfrischegäste, die für die Gründung des Union-Yacht-Clubs am Attersee sorgten.

Adelige Segelfreuden und internationale Bewerbe

Wie schon am Wörthersee spielte auch am Attersee der Sommerfrische-Tourismus eine bedeutende Rolle in der Entwicklung des Vereins und des Segel- und

Yachtsports. Der in Wien geborene Diplomat adeliger Herkunft Eugen von Ransonnet-Villez, der ein großes Interesse an Naturwissenschaften hatte und sich für seine Unterwassererkundungen eine Taucherglocke hatte bauen lassen, war als Marineoffizier und leidenschaftlicher Segler Mitbegründer des UYC Attersee. Die Sommermonate verbrachte Ransonnet-Villez in Nußdorf am Attersee, wo er sich schon in den frühen 1870er Jahren eine Villa erbauen ließ und auch den lokalen Verschönerungsverein mitbegründete.[34]

Der Segelsport blieb bis zur ersten Hälfte des 20. Jahrhunderts eine elitäre Freizeitbeschäftigung. Noch bis in die Zwischenkriegsjahre stammten die Mitglieder der Union-Segelvereine aus dem Bildungsbürgertum, waren Ärzte oder Rechtsanwälte, entstammten dem ehemaligen österreichisch-ungarischen oder mitteleuropäischen Adel oder waren Staatsbeamte auf höherer Ebene.[35] Der Segelsport am Attersee war besonders mit der schweizerisch-österreichischen Familie Meiss-Teuffen verbunden, die in der Habsburgermonarchie zu den oberen Gesellschaftsschichten zählte. Oskar von Meiss-Teuffen war als Staatsbeamter in der Verwaltung sowie als Kulturpolitiker in der oberösterreichischen Landesregierung tätig. In seiner Freizeit war der Fecht- und Segelfunktionär in der Zwischenkriegszeit über mehrere Jahre zunächst zweiter und dann erster Vizepräsident des UYC Attersee.[36] Sein Sohn Hans Meiss-Teuffen war in der Nachkriegszeit ein erfolgreicher Einhandsegler.[37]

Der Attersee blieb bis in die Zwischenkriegszeit jener Salzkammergutsee, dem aus segelsportlicher Hinsicht am meisten Bedeutung zukam. Auf dem größten Salzkammergutsee wurden zahlreiche internationale Wettbewerbe ausgetragen, die mit einem prestigeträchtigen Teilnehmerfeld besetzt waren. Ab den 1920er Jahren gewann der Segelsport immer mehr an touristischer Bedeutung, gleichzeitig steigerte sich die Anzahl der Bewerbe auf nationaler und internationaler Ebene.[38]

Das Innere Salzkammergut als Terrain für den alpinen Skilauf und Wintersport

Gegen Ende des 19. Jahrhunderts wurde das Salzkammergut ebenso wie andere alpine Regionen von einer allgemeinen Wintersportbegeisterung erfasst, die ausgehend von Skandinavien den Alpenraum erreichte und ab den 1890er Jahren zu einer ersten Gründungswelle von Skivereinen in Österreich-Ungarn führte.[39] Mit der Gründung der ersten Skivereine erlebte der Skisport vorerst in bürgerlichen und aristokratischen Kreisen einen enormen Aufschwung, und schon bald wurden die ersten Skirennen ausgetragen.[40] Die Bahn beförderte den Ausbau eines touristisch orientierten Wintersportbetriebes vom Arlberg bis zum Semmering.[41] Der Wintersport in den Alpen entwickelte sich zum Gegenstück der Sommerfrische. Es entstanden erste Hotelanlagen, die neben einem Sommerbetrieb auch auf einen Wintersportbetrieb ausgerichtet waren. Die Grandhotels dienten „als Laufsteg für

Avantgarde-Lifestyle [...], denn Sport im Winter war bis zum Ersten Weltkrieg ein elitäres Modephänomen",[42] schreibt der Kulturhistoriker Wolfgang Kos.

Auch das Innere Salzkammergut, vor allem die Region rund um Goisern und Bad Ischl sowie das Ausseerland, stand schon gegen Ende des 19. Jahrhunderts und am Beginn des 20. Jahrhunderts im Interesse bürgerlicher und adeliger Skikreise. Die ersten vereinsmäßigen Zusammenschlüsse sind für Goisern und Bad Ischl nachweisbar. Bereits am 6. April 1907 kam es zur Gründung des Wintersportvereins Goisern und nur ein paar Monate später fand am 16. November 1907 die Gründungsversammlung des Skiklubs Bad Ischl statt. Zum Fahrwart wurde Rudolf Lettner gewählt, der im Februar 1908 als Obmann die Leitung des Vereins übernahm[43] und in den 1930er Jahren mit der Entwicklung der Stahlkante die Skitechnik revolutionieren sollte.[44] Lettner war es auch, der von der ersten Begehung des Skiwegs von Hallstatt zur Adamekhütte durch drei Mitglieder des Skiklubs Bad Ischl am 2. März 1912 berichtete.[45]

Der mitgliederstärkste Skiverein im oberösterreichischen und steirischen Salzkammergut vor dem Ersten Weltkrieg war der Skiklub Bad Ischl mit 78 Mitgliedern, gefolgt von den Wintersportvereinen Aussee mit 75 und Goisern mit 50 Mitgliedern. Neben der Phyrn-Priel-Region und der Umgebung von Linz und Steyr zählte das Salzkammergut zu jenen Gebieten im Kronland Oberösterreich, die als Erstes skitechnisch erschlossen wurden. Durch seine strategisch günstige Lage, den Eisenbahnanschluss und die klimatischen Bedingungen bot Goisern ideale Voraussetzungen für den alpinen Skilauf. Das „Jahrbuch des Wintersportes" spricht in der Saison 1911/12 von einer über fast sechs Monate hindurch bestehenden zwei bis drei Meter hohen Schneedecke. Zudem verfügte Goisern bereits zu dieser Zeit über zwei Sprungschanzen, mehrere markierte Skitouren, auch für geübte Skifahrer mit längeren Abfahrten ins Gosautal sowie in den Ort Goisern, und über Rodelbahnen. Eine Besonderheit stellte die drei Kilometer lange Kunstrodelbahn von der Trockentannalpe dar, die ein Gefälle von bis zu 20 Prozent aufwies.[46] Während Bad Goisern also bereits vor dem Ersten Weltkrieg über eine gut ausgebaute wintersportliche Infrastruktur verfügte, wurde Bad Ischl besonders als Ausgangspunkt für Skitouren in das umliegende Tote Gebirge und die Prielgruppe genutzt.[47] Neben den beiden Wintersportvereinen in Bad Ischl und Goisern etablierte der 1910 gegründete Wintersportverein St. Wolfgang das Areal der heutigen Postalm als frühes Ski- und Skitourengebiet. Im „Jahrbuch des Wintersportes 1912/13" wurde besonders das Dachsteingebiet als geeignetes Terrain für den Skilauf im späten Frühling von Mai bis Juni hervorgehoben und beworben. In dem Bericht wurden erstmals auch Gletscherrennen auf dem Dachsteinmassiv in Aussicht gestellt. Dabei orientierten sich die Veranstalter an den Skisportveranstaltungen in der Schweiz. „Es wäre durchaus nicht ausgeschlossen, daß sich auf den beiden großen Gletschern des Dachsteins nach bekanntem Schweizer Muster Sommer-Skirennen veranstalten ließen."[48] Diese damals noch als Vision skizzierte Idee fand ab 1935 in den Maiskirennen seine Entsprechung.

Im Inneren Salzkammergut war es der Wintersportverein Goisern, der die ski- und wintersportlichen Aktivitäten bestimmte. Das Arbeitsgebiet des Vereins, der sich dem Ski- und Rodelsport verschrieben hatte, umfasste die Gegend rund um Goisern südlich bis zum Plassen, nördlich bis nach Lauffen sowie im Osten bis zum Pötschenpass und zum Hohen Sarstein und im Westen bis zum Gamsfeld.[49] Neben unterschiedlichen Skisportwettbewerben für Frauen und Männer veranstaltete der Verein Rodel- und Skijöringbewerbe.[50]

Im Zuge der touristischen Erschließung des Salzkammergutes und der gestiegenen Bedeutung der bürgerlichen „Winterfrische" als Pendant zur Sommerfrische bemühten sich regionale Initiativen ab dem beginnenden 20. Jahrhundert auch um bessere Eisenbahnverbindungen im Winter.[51]

Mit dem alpinen Skiboom der 1920er Jahre rückte Bad Ischl ins Zentrum des Wintersporttourismus. Im „Jahrbuch des Wintersportes" für 1924 wurde der Kurort als „aufstrebender Wintersportplatz" beschrieben.[52] Dass nur ein Jahr zuvor, im Oktober 1923, auf der Vertreterversammlung des ÖSV in Bad Ischl mit der Einführung des „Arierparagrafen" ein folgenschwerer Beschluss gefasst wurde, der allen „nicht-arischen" und damit jüdischen Sportler*innen die Mitgliedschaft in ÖSV-Vereinen verwehrte,[53] war zwar Thema in der zeitgenössischen Presse, aber nicht in dem touristisch gefärbten Bericht. Hervorgehoben wurden darin vor allem der Zugang zu Skitouren im Höllengebirge, Toten Gebirge sowie im Dachstein- und Postalmgebiet, das gemäßigte Winterklima, die Bahnanbindung sowie die komfortablen Hotels und Pensionen und das Solebad. Weiters wurden die neu erbaute Skisprungschanze am Siriuskogel erwähnt, auf der Meisterschaften ausgetragen werden konnten. Daneben warb Bad Ischl mit Naturrodelbahnen, Eisschießbahnen und einer Schlittenrennbahn.[54]

Auch im Salzkammergut wurden mithilfe öffentlicher Beteiligungen Infrastrukturprojekte zur Erschließung lanciert. Über die 1927 erbaute Seilschwebebahn auf den Feuerkogel bei Ebensee hieß es in einem Bericht von Ernst Hanausek über „Seilbahn-Abfahrten in Österreich" im Jahr 1935: „Diese Bahn darf für sich den Ruf beanspruchen, die schneidigste Bergbahn Österreichs zu sein. Die ungeheure Spannweite, die gewaltige Höhe, in der die Kabine durch die Luft segelt – 300 Meter über dem festen Boden –, dazu der großartige Tiefblick auf den Traunsee machen diese Fahrt zu jeder Jahreszeit zu einem besonderen Erlebnis."[55]

(4) Winterurlaub im Salzkammergut, Plakat aus der Zwischenkriegszeit

(3) Josef Bradl (3. v. l.) mit der österreichischen Skisprungnationalmannschaft im Olympia-Jahr auf dem Feuerkogel-Plateau zu Ostern 1936

Die Feuerkogelbahn diente zwar in erster Linie touristischen Zwecken und dem Wandertourismus im Sommer, wurde aber im Winter ebenso für den Skisport genutzt. So gelangten im Winter Skitourengeher auf die Hochebene des Höllengebirges, um von dort die Überquerung bis zum Hochleckenhaus anzutreten und im Weißenbachtal wieder abzufahren. Auf der Ski-Abfahrt, die von der Bergstation zur Talstation führte, tummelten sich die ersten Skiläufer.[56]

In der Verbandsschrift des ÖSV hieß es 1935 zum Skisport im Salzkammergut: „Der Sportbetrieb der Salzkammergut-Vereine breitet sich von Jahr zu Jahr aus und bringt vor allem einen gesunden, sportfreudigen Nachwuchs hervor, der unsere Farben ehrenvoll zu vertreten verstehen wird."[57]

Anmerkungen

1   Amstädter, Rainer: Der Alpinismus. Kultur – Organisation – Politik (Wien 1996), 32–33.
2   Rudolf Lehr hat die Biografie von Friedrich Simony 1996 erstmals wissenschaftlich aus unterschiedlichen Perspektiven beleuchtet und untersucht. Siehe Lehr, Rudolf: Friedrich Simony (1813–1896). Ein Leben für den Dachstein. In: Stapfia (1996) H. 43, 9–41.
3   Hofmann, Thomas: Friedrich Simony: Erforscher des Salzkammerguts. URL: https://www.derstandard.at/story/2000128174576/friedrich-simony-erforscher-des-salzkammerguts (aufgerufen am 15. 10. 2023).
4   Wiener Zeitung 8. 2. 1847, 315.
5   Lehr: Friedrich Simony, 21.
6   Amstädter: Alpinismus, 37.
7   Ebd. 33.
8   Ebd. 37.
9   Der 1857 in England gegründete Alpine Club sah die Eroberung der Alpengipfel vor dem Hintergrund eines sportlichen Wettbewerbs, wie er von der deutschsprachigen Alpinbewegung zu dieser Zeit noch mehrheitlich abgelehnt wurde. Zum britischen Alpine Club siehe u. a. Pils, Manfred: „Berg frei". 100 Jahre Naturfreunde (Wien 1994) 11.
10 Amstädter: Alpinismus, 41.
11 Ebd. 52–53.
12 Ischler Bade-Liste 26. 8. 1886, 4.
13 Ischler Wochenblatt 4. 7. 1909, 6.
14 Salzkammergut-Zeitung 21. 6. 1903, 18.
15 Pils: „Berg frei" 14.
16 Gärtner, Monika – Ritter, Stefan: Organisierter Alpinismus. In: Achrainer, Martin (Hg.): Berg Heil! Alpenverein und Bergsteigen 1918–1945 (Köln/Weimar/Wien 2011) 319–328, hier 319.
17 Ischler Wochenblatt 12. 1. 1908, 4.
18 Mailänder, Nicholas: Spitzenbergsport. In: Achrainer,

Martin (Hg.): Berg Heil! Alpenverein und Bergsteigen 1918–1945 (Köln/Weimar/Wien 2011) 87–174, hier 98.

19 Egger, Franz: Geschichte des Skisports im oberösterreichischen Salzkammergut (Hausarbeit Univ. Salzburg 1980) 40.
20 Pils: „Berg frei" 49; Ischler Wochenblatt 14. 8. 1910, 5.
21 Zur Entstehungsgeschichte der Naturfreunde-Bewegung siehe Pils: „Berg frei" 19–28.
22 Zum Arbeitersport siehe u. a. Praher, Andreas: Sport-, Bewegungs- und Körperkulturen in Steyr. Entwicklungslinien und Streiflichter aus sporthistorischer Perspektive (1860–1960) in: John, Michael – Neiß, Herta (Hg.) Arbeit. Wohlstand. Macht. Oberösterreichische Landesausstellung 2021 (Linz 2021) 299–317, 306–307.
23 Salzkammergut-Nachrichten 14. 2. 1909, 7.
24 Siehe hier die Geschichte der Naturfreunde Ortsgruppe Ebensee unter URL: https://ebensee.naturfreunde.at/ueber-uns/geschichte/verein/ (aufgerufen am 22. 10. 2023).
25 Steirische Alpenpost 26. 8. 1927, 2.
26 Linzer Volksblatt 16. 3. 1932, 5.
27 Zum Stand der Schutzhütten in den österreichischen Ostalpen im Frühjahr 1925 siehe den Bericht „Neuerbaute Schutzhütten in den österreichischen Alpen" in Grazer Tagblatt 5. 4. 1925, 23.
28 Pils, „Berg frei" 76.
29 Siehe Chronik Traunsteinhaus unter URL: http://www.traunsteinhaus.at/index.php/haus/chronik (aufgerufen am 22. 10. 2023).
30 Union-Yacht-Club. Jahrbuch (Wien 1929) 21; Aichelburg, Wladimir: Festschrift 100 Jahre Union Yacht Club. K u. K. Yachten und Yachtclubs Österreich-Ungarns in alten Photographien (Wien 1986) 14.
31 Union-Yacht-Club. Jahrbuch (Wien 1929) 21.
32 Festschrift 100 Jahre Union Yacht Club, 25.
33 Sport und Salon 18. 4. 1914, 13.
34 Eugen von Ransonnet-Villez, geboren 1838 in Wien, zählte zu den ersten Sommergästen am Attersee. Er stammte aus einer französischen Adelsfamilie und studierte an der Akademie der bildenden Künste sowie Rechtswissenschaften. Im Alter von 20 Jahren trat er 1858 in den diplomatischen Dienst ein und war Mitglied der österreichisch-ungarischen Ostasienexpedition. Er bereiste Palästina, Ägypten, Indien, Japan und Länder in Südostasien und betätigte sich als Maler und Reiseschriftsteller. Bekannt wurde er auch durch seine Unterwasserskizzen und -gemälde. 1871 kam er nach Nußdorf und ließ sich dort eine Villa errichten. Ein Themenweg in Nußdorf am Attersee erinnert an das Leben von Ransonnet-Villez. Jovanovic-Kruspel, Stefanie: The life and work of the Austrian underwater-painter & explorer, Eugen von Ransonnet-Villez (1838–1926). URL: https://www.oceano.org/wp-content/uploads/2022/03/105_Ransonnet_Jovanovic-Kruspel_EN.pdf (aufgerufen am 15. 10. 2023).
35 Siehe die Zusammensetzung des Vereinsvorstandes im September 1927, Salzkammergut-Zeitung 11. 9. 1927, 14.
36 Vorstandsmitglieder des Gesamt-UYC siehe URL: https://www.uyc-traditionsverband.at/der-traditionsverband/der-gesamt-uyc (aufgerufen am 15.10.2023).
37 Meiss-Teuffen, Hans: Ziel im Aufwind. Auf Fahrt durch Länder und Meere (Wien 1951).
38 Linzer Tages-Post 10. 4. 1931, 6.
39 Rödling, Alexander: Zur Geschichte des Österreichischen Ski-Verbandes. In: Der Skilauf in Österreich. Jahrbuch des Österreichischen Skiverbandes (Wien 1927) 13–107, 16–19. Zur Verbreitung des aus Skandinavien beeinflussten Skilaufs in den europäischen Alpen gegen Ende des 19. Jahrhunderts siehe u. a. Denning, Andrew: Alpine Modern: Central European Skiing and the Vernacularization of Cultural Modernism, 1900–1939. In: Central European History 46 (2014), 850–890, hier 851–852.
40 Frank, Heinrich: Die Entwicklung von Alpinistik und Wintersport in Österreich. In: Bruckmüller, Ernst – Strohmeyer, Hannes (Hg.): Turnen und Sport in der Geschichte Österreichs (Wien 1998) 105–132, 119–120.
41 Dettling, Sabine – Schoder, Gustav – Tschofen, Bernhard (Hg.): Spuren. Skikultur am Arlberg (Bregenz 2014) 20; Kos, Wolfgang: Der Semmering. Eine exzentrische Landschaft (Salzburg/Wien 2021) 195.
42 Kos: Semmering 195.
43 Egger: Geschichte 12–13.
44 Frank: Entwicklung 127.
45 Peege, Emil – Moissl, Rudolf (Hg.): Jahrbuch des Wintersportes 1924 (Wien 1924) 354.
46 Noggler, Josef – Peege, Emil (Hg.): Jahrbuch des Wintersportes 1911–12 (Wien 1912) 127.
47 Ebd.
48 Noggler, Josef – Peege, Emil (Hg.): Jahrbuch des Wintersportes 1912–13 (Wien 1913) 145.
49 Ebd. 146.
50 Ischler Wochenblatt 12. 1. 1908, 4.
51 Der Fremdenverkehr 10. 10. 1909, 10.
52 Peege – Moissl (Hg.): Jahrbuch 1924 396.
53 Praher, Andreas: Österreichs Skisport im Nationalsozialismus. Anpassung – Verfolgung – Kollaboration (Berlin 2021) 119
54 Peege – Moissl (Hg.): Jahrbuch 1924 396–397.
55 Hanausek, Ernst: Seilbahn-Abfahrten in Österreich. In: Skileben in Österreich. Jahrbuch des Österreichischen Skiverbandes (Wien 1936) 47–54, hier 50.
56 Ebd. 50–51.
57 Skileben in Österreich. Jahrbuch des Österreichischen Skiverbandes (Wien 1935) 25.

Bernd Kreuzer

Die Verkehrsgeschichte des Salzkammerguts

Zwei wirtschaftliche Faktoren bestimmten im Laufe der Jahrhunderte den Verkehr im Salzkammergut: das Salz und der Tourismus.[1] Als die Bedeutung des Salzes nachließ, kam der Aufstieg des Tourismus gerade recht.[2] Beide verhalfen dem eher abgelegenen Gebiet zu einer vergleichsweise modernen und engmaschigen Verkehrsinfrastruktur, die freilich besonders an die Bedürfnisse der Salzwirtschaft und des Tourismus angepasst war.

Vormoderner Verkehr: Salz und Wasser

Jahrhundertelang prägte das Salzwesen die Wirtschaft und damit auch den Verkehr im Salzkammergut. Das in den Salinen von Hallstatt, später auch von Ischl und Ebensee gewonnene Salz wurde hauptsächlich über die Traun abtransportiert. Zwar stellten sich der Schifffahrt zahlreiche Schwierigkeiten entgegen, und es bedurfte von Anfang an künstlicher Wasserbauten, um die beträchtlichen Mengen an Salz reibungslos transportieren zu können, doch der Landweg war demgegenüber kaum eine Alternative: Zwischen Gosaumühle und Hallstatt gab es lange gar keinen Fahrweg und zwischen Traunkirchen und Ebensee nicht einmal einen Fußpfad. Der Fluss wurde zur Hauptverkehrsader des Salzkammergutes, an ihm und auf ihm pulsierte das Wirtschaftsleben. Im Winter ruhte die Traunschifffahrt. Um Holz zu sparen, ging man zu Beginn des 16. Jahrhunderts dazu über, die Zillen am Endpunkt ihrer Fahrt nicht mehr zu zerlegen, sondern wieder flussaufwärts zu ziehen („treideln"), beladen mit Lebensmitteln oder Holz. Für den Gegentrieb wurden eigene Treidelwege längs der Traunufer angelegt.

Das zwischen Hallstatt und der Donau mehrmals notwendige Umladen des Salzes, der Gegentrieb und die Erhaltung des Schifffahrtsweges machten den Salztransport extrem teuer, sodass immer wieder nach Alternativen gesucht wurde. 1815 wies ein Beamter des Salzoberamtes erstmals auf die durch den Bau einer Pferdeeisenbahn nach englischem Vorbild erzielbaren Kosteneinsparungen hin, vorerst freilich ohne Erfolg.[3]

Der Personenverkehr auf der Traun war vermutlich gering. Wer aus dem Salzkammergut etwa nach Wien reisen musste, fuhr auf einer der zahlreichen Zillen mit. Eine solche Schifffahrt war nicht zwangsläufig ein Vergnügen, wie uns ein Bericht Franz Sartoris von 1811 vermittelt: „So sanft und angenehm die Fahrt auf dem Hallstätter See war, so übel bekam mir die auf der Traun. […] Da nun der Fluß sehr reissend ist, so wird oft das Schiff mit aller Gewalt an die Wehren angeworfen, daß es kracht, als ob es bersten wollte, und so geht es nun hinab über die Abschüsse in die Tiefe, und die Wellen schlagen in das Schiff".[4] Vier Tage musste man um 1800 für die Fahrt von Gmunden bis Wien rechnen, zurück deutlich mehr. Frauen war das Betreten der Salzschiffe verboten, damit sich die „Schiffer nicht verplauderten".[5]

An den Seen kam der Überfuhr eine große Bedeutung zu. Sie war an die „Urfahrsgerechtigkeit", also das Recht zur Beförderung von Tieren, Menschen und Gütern, gebunden und erfolgte mit sogenannten Fischer- oder Waidzillen und Einbäumen. Fast jedes Haus am Ufer besaß für den Privatgebrauch eine eigene Zille. Sie war das wichtigste Verkehrsmittel an den Seen. An Sonntagen fuhren die Gläubigen aus Ebensee mit dem Schiff zur Messe nach Traunkirchen. Das ganze innere Salzkammergut war bis 1859 von Norden her nur auf dem Wasserweg erreichbar.

Moderner Verkehr im Zeitalter des Tourismus: Dampfkraft[6]

Ende des 18. Jahrhunderts verbreitete sich als Gegenbewegung zur adeligen Vergnügungsreise zu Pferd oder mit der Kutsche eine neue bürgerliche Gehkultur des Wanderns und Spazierengehens, die in den Ideen der Aufklärung, dem Wunsch nach Bewegungsfreiheit und der ästhetischen Entdeckung der Natur und ihrer Schönheiten wurzelte. Obwohl es weiterhin einer besonderen Anmeldung beim Salzoberamt bedurfte, um das Salzkammergut zu betreten, und jeder Besucher streng auf seinen Pass kontrolliert wurde, kamen im ausgehenden 18. Jahrhundert die ersten Touristen, darunter 1797 Alexander von Humboldt. Josef August Schultes besuchte das Salzkammergut zwischen 1794 und 1808 nicht weniger als sechs Mal und hielt seine Eindrücke in seinen „Reisen durch Oberösterreich" fest. Sie machten die bislang unbekannte Gegend in Wien und anderswo bekannt. Den aufgeklärten Bildungsreisenden folgten die Romantiker, die Literaten, die Maler: Franz Sartori, Nikolaus Lenau, Jakob Gauermann, Thomas Ender, Ferdinand G. Waldmüller, Jakob und Rudolf Alt. Die Zahl der Reiseführer und -beschreibungen nahm rasch zu. 1822 begann der Aufstieg Ischls als Kurort und touristisches Zentrum des Salzkammerguts aufgrund der ersten Heilerfolge und der Anwesenheit der kaiserlichen Familie. Innerhalb weniger Jahre avancierte der Salzort zum Modebad. Kuraufenthalt und Sommerfrische vermischten sich zusehends. Hier traf sich alles, was Rang und Namen hatte – und dies, obwohl die Anreise weiterhin mehr als mühsam blieb. Ein nennenswerter Personenverkehr entwickelte sich erst langsam. Gmunden kam die Rolle eines Einfallstores in das Salzkammergut zu: Jeden Mittwoch

1

Dampfschiff auf dem Traunsee, kolorierter Stich von Alois Greil, 1878

ging der Postwagen von hier nach Linz ab und kehrte Donnerstag morgens wieder zurück. In Ischl wurde erst 1807 die erste Poststation errichtet, ab 1827 verkehrte zweimal in der Woche ein Eilwagen von Wien über Gmunden nach Ischl. Dieser musste allerdings zwischen Traunkirchen und Ebensee mit dem Schiff übersetzen.

Von Wien nach Ischl war es ein weiter Weg: „Man suchte im Mittelpunkt bis Linz irgend einen Ort, wo gutes Nachtquartier zu haben war; die zweite Nacht brachte man in Linz, die dritte in Gmunden zu. Von dort fuhr man in einer großen Plätte über den Traunsee und von Ebensee mit Extrapost, nach viertägiger Reise, nach Ischl. Minder Bemittelte machten diese letzte Strecke im sehr unbequemen Stellwagen, dessen Dreigespann sie genügend gerüttelt und geschüttelt, wenn's gut ging, in zwei Stunden im Posthof zu Ischl ablud."[7]

Eine spürbare Verbesserung und Beschleunigung brachte erst die Pferdeeisenbahn im Verein mit der Dampfkraft. 1836 war die Fortsetzung der Budweis-Linzer Pferdeeisenbahn bis nach Gmunden eröffnet worden. Dieser Südflügel war ursprünglich als reine Güterbahn für den Transport des Salzes Richtung Böhmen konzipiert, als Ergänzung und Ersatz für die Traunschifffahrt, die infolgedessen tatsächlich einen raschen Niedergang erlebte. Bereits im ersten Betriebsjahr (1836) wurden fast 75.000 Personen befördert, 1845 schon 145.000.[8] Gmunden war zwar nun von Linz aus in sechseinhalb, später fünfeinhalb Stunden erreichbar, immerhin drei Stunden schneller als mit dem Eilwagen der Post. Von Wien nach Gmunden fiel dieser an sich deutliche Zeitgewinn bei einer Gesamtreisezeit von drei Tagen allerdings nicht mehr allzu sehr ins Gewicht. Erst die Möglichkeit einer kombinierten Anreise mit Pferdeeisenbahn *und* Dampfschiff (1837/39), dann die Umstellung der Pferdeeisenbahn auf Dampfbetrieb 1855/56 und eine damit einhergehende weitere Beschleunigung brachten einen spürbaren Gewinn an Reisezeit und Bequemlichkeit und damit eine Förderung des Tourismus. Auch das Ende des Passzwanges (1857) spielte eine Rolle.

Für die Anreise aus Wien kristallisierte sich in den 1840er Jahren eine beliebteste Variante heraus, die bis zur Eröffnung der Salzkammergutbahn im Jahr 1877 Bestand hatte und für die man ungefähr 40 Stunden benötigte. Traditionelle und modernste Verkehrsmittel griffen hier ineinander: Seit 1837 wurde die Donau zwischen Wien und Linz fahrplanmäßig mit dem Dampfschiff befahren, seit 1839 auch der Traunsee zwischen Gmunden und Ebensee, während von Ebensee bis Ischl immer noch der Pferdewagen herhalten musste. „(Donnerstag, 28. August) In der Früh reisten wir mit dem Dampfschiff nach Linz. Wir brachten auf dem Dampfschiff auch die Nacht zu. (Freitag, 29. August) Um 10 Uhr in der Früh kamen wir in Linz an, fuhren von dort mit der Pferdeeisenbahn nach Gmunden, wo wir um 3 Uhr Nachmittag ankamen. Wir speisten dort, fuhren auf dem See nach Ebensee und dann nach Ischl zur guten Mama […]", notierte der damals zwölfjährige Erzherzog Carl Ludwig 1845 in sein Tagebuch.[9] Diese intermodale Wegekette aus Schiff, Bahn und Pferdewagen ersparte den Reisenden lange Wartezeiten beim Umsteigen. „Wie wir [in Ebensee] ankumen seyn, war's Dampfschiff von Gmunden a schon da, und i hab nit so viel Zeit g'habt, daß i das herrliche Sudhaus ang'schaut hätt. In zehn Minuten seyn wir abg'fahrn […]", schrieb Hans-Jörgel 1841 an seinen Schwager.[10] Die Dampfschifffahrt auf dem Traunsee war ganz eindeutig eine Folge der Pferdeeisenbahn, denn die beiden Engländer John Andrews und Joseph Prichard, auf deren Initiative auch die Gründung der Donau-Dampfschifffahrts-Gesellschaft zurückging, erkannten das Fahrgastpotenzial und erwarben ein Privileg für die Dampfschifffahrt auf den oberösterreichischen Seen. Die „Sophie" bediente ab 1839 von März bis Oktober ein bis vier Mal am Tag die Strecke Gmunden–Ebensee. In den Wintermonaten blieb das innere Salzkammergut aber weiterhin nur mühsam erreichbar.

Zwar bediente die Dampfschifffahrt primär die steigende touristische Nachfrage, doch die Tatsache, dass Einheimische nur den halben Fahrpreis bezahlten und man sich auch um die Übernahme des Salztransportes bemühte, belegt, dass allein der Tourismus offensichtlich (noch) keine ausreichende Auslastung bot. Auf den übrigen Salzkammergutseen begann die Ära der Dampfschiffe erst mit einiger Verspätung.

Die Eröffnung der Kaiserin-Elisabeth-Westbahn 1858/60 brachte als großen Vorteil neben einer weiteren ungeheuren Zeitersparnis auch die Möglichkeit eines durchgehenden Verkehrs von Wien bis Attnang-Puchheim, das sich als neuer Verkehrsknoten etablierte. Die 1877 fertiggestellte Kronprinz-Rudolf-Bahn (Salzkam-

mergutbahn) von Attnang-Puchheim über Gmunden, Ischl und Aussee nach Stainach-Irdning machte die bequeme Anreise per Bahn perfekt. Nun war die Region endlich adäquat in das europäische Verkehrsnetz eingebunden – spät, in Anbetracht der touristischen Bedeutung Ischls und des Salzkammerguts, andererseits durchaus zeitgleich mit vergleichbaren Schweizer Tourismusorten und -regionen wie Interlaken im Berner Oberland, die immer wieder als Vorbild herangezogen wurden.

Bahnhof Ischl, Ansichtskarte um 1900

Die Initiativen der 1880er Jahre zum Bau von Lokalbahnen bewirkten, dass auch die Gebiete abseits dieser Hauptachse an das Verkehrsnetz angeschlossen werden konnten: 1882 Vöcklabruck–Kammer, 1893 Salzburg–Ischl mit Abzweigungen nach Mondsee und Richtung St. Wolfgang (Salzkammergut-Lokalbahn),[11] 1907 Unterach–See als Verbindung zwischen Mondsee und Attersee, 1913 Vöcklamarkt–Attersee. Ein überaus dichtes und modernes Verkehrsnetz war entstanden. Für Orte wie Goisern, Unterach oder St. Gilgen bedeutete der Anschluss an die Eisenbahn oder das Dampfschiff erst den Beginn des Fremdenverkehrs. Eine Vielzahl weiterer Bahnlinien war geplant, gelangte aber vor allem wegen des Ersten Weltkrieges und seiner Auswirkungen nicht mehr zur Ausführung.

Straßen und Wege am Beginn des Autotourismus[12]

Hand in Hand mit der Entwicklung des Tourismus und dem Ausbau des Bahnnetzes erfolgte die Erschließung der Bergwelt. Touristenwege ergänzten die bestehenden Almwege und Jägersteige. Einer der ersten war der vom Touristenklub Gmunden

1878 errichtete Miesweg am Steilabfall des Traunsteins. 1893 wurde die nach dem Vorbild der schweizerischen Rigibahn gebaute Zahnradbahn auf den Schafberg eröffnet und damit der „Rigi Österreichs" für den Tourismus erschlossen. Nicht minder spektakulär war die 1927 eröffnete Seilbahn auf den Feuerkogel bei Ebensee. Sie war nach der Raxbahn die zweite Seilbahn Österreichs. Die anderen Bergbahnen (Dachstein, Grünberg, Kathrin, Gosaukamm, Wurzeralm, Kasberg) ebenso wie zahlreiche Sessel- und Schlepplifte entstanden jedoch erst nach 1950.

Selbst im Zeitalter der Eisenbahn erfuhren auch die Straßen entscheidende Verbesserungen: Mit der 1833 fertiggestellten Straße St. Gilgen–Scharfling wurde eine direkte Verbindung zwischen Wolfgangsee und Mondsee geschaffen. Im gleichen Jahrzehnt entstand eine Straße am Ostufer des Attersees und zwischen Gmunden und Traunkirchen. Ab 1859 stand dann endlich auch eine Fahrstraße zwischen Traunkirchen und Ebensee zur Verfügung, 1875 jene zwischen Gosaumühle und Hallstatt, als deren logische Folge wiederum 1890/91 die Seestraße durch den Ortskern von Hallstatt gebaut wurde. Dies kam einem Dammbruch gleich: Erstmals besaß Hallstatt eine Anbindung an die Straße. Knapp vor der Jahrhundertwende schließlich wurde die Kienbergwand am Südufer des Mondsees durchbrochen.

Das Straßennetz war Grundlage und Voraussetzung für die individuelle touristische Eroberung des Salzkammerguts mit dem Fahrrad und dem Automobil. In Ischl war der Wiener Schauspieler Alexander Girardi einer der ersten, der mit seinem Automobil die Straßen mit Lärm erfüllte, und auch die ersten Buslinien nahmen schon in den Jahren vor dem Ersten Weltkrieg ihren Betrieb auf.

Nach dem Krieg kamen immer mehr Gäste mit dem eigenen Automobil angereist. Der Direktor des Österreichischen Verkehrsbüros brachte dies 1925 auf den Punkt, als er feststellte, „daß in erster Linie der vermögende Ausländer das uns besonders erwünschte Publikum darstellt. Dieser zahlungskräftige Ausländer aber macht seine Reisen vielfach nur mit dem Auto."[13] Das neue Verkehrsmittel, das ein

(3)
Mondsee, Kienbergwandtunnel, Ansichtskarte, 1906

4

Alexander Girardi mit seinem neuen Puch-Automobil, Fotografie, 1911

individuelles Reisen unabhängig von Fahrplänen ermöglichte, passte gut zu einem geänderten Urlaubs- und Freizeitverhalten, das sich vollends nach dem Zweiten Weltkrieg durchsetzte. An die Stelle der mehrwöchigen oder gar monatelangen Sommerfrische der High Society und des Großbürgertums trat der Tages- oder Wochenendausflug und Kurzurlaub etwas breiterer Gesellschaftsschichten. Der Ausflugsverkehr nahm an manchen Wochenenden wie etwa zu Pfingsten rasch ungeheure Ausmaße an. Als Antwort auf die 1935 fertiggestellte Großglockner-Hochalpenstraße plante man eine Autostraße zu den Dachsteinhöhlen. Hallstatt bemühte sich um eine Anbindung an den Automobilverkehr, die schließlich 1933 gelang. Die Großalmstraße wurde ausgebaut und die bisher gesperrte Straße zu den Gosauseen für den Kraftfahrzeugverkehr geöffnet, wenn auch als Mautstraße. Dem Ausbau der Seeuferstraßen wurde große Aufmerksamkeit geschenkt, Engstellen wurden beseitigt, Straßen begradigt. Besonders Bergstraßen übten einen großen Reiz auf die Reisenden aus.

Der Straßenbau kam auch dem Reisen im Autobus zugute. Neue Buslinien waren deutlich auf den Tourismus ausgerichtet, und sie boten gleichzeitig auch weniger bemittelten Kreisen das Erleben der Landschaft vom Auto aus. Unbestritten ist, dass der Autobus wesentlich zur Popularisierung des Automobils beitrug. Die Werbung hatte keinen geringen Anteil an diesem allmählichen Umschwung: Die

5

Gosautal mit Gosaukamm. Im Vordergrund ein Steyr 50 „Baby" mit steirischem Kennzeichen, Ansichtskarte, gelaufen 1939

Postverwaltung ließ in den 1920er Jahren eigene Werbefilme für ihre Ausflugsfahrten produzieren, darunter zwei über das Salzkammergut.

Noch viel moderner und elitärer als selbst das Automobil, aber vielleicht nicht unbedingt bequemer war die Anreise mit dem Flugzeug. Sie blieb eine kurze Episode, als das Salzkammergut in der zweiten Hälfte der 1920er Jahre mit Wasserflugzeugen in das nationale und internationale Flugnetz eingebunden war und auch Rundflüge über den Seen stattfanden. Die Eisenbahn geriet demgegenüber unter Druck, auch wenn die Salzkammergutbahn durch die sehr frühe Elektrifizierung (1922–1924) einen Modernisierungsschub erfuhr. „Elektrisch reisen" bedeutete eine erhebliche Komfortsteigerung und Rationalisierung des Betriebs.

Das Zusammenspiel von Tourismus und Verkehr war in der Zeit des Nationalsozialismus besonders augenfällig. Einerseits gab es Planungen, das Salzkammergut als „Erholungsraum für den Gau Oberdonau", als Zentrum des „Kraft-durch-Freude"-Tourismus zu positionieren, andererseits sollte die 1938 in Angriff genommene Reichsautobahn Salzburg–Wien ganz bewusst nahe am Seengebiet vorbeiführen, um es optimal anzubinden und „automobilistische Blicke" in das Gebirge und auf die Seenlandschaft zu ermöglichen. Nachteile für den Schwerverkehr nahm man hingegen bewusst in Kauf. Für die Wiederaufnahme der Bauarbeiten in der Zweiten Republik (1954) waren neuerlich die Argumente der Tourismusbranche von großer Bedeutung. 1968 war die Autobahn von Wien bis ins Salzkammergut durchgehend befahrbar. Der Tagestourismus erfuhr dadurch zweifellos einen nochmaligen Schub. Es wurde schick, von Linz aus für einen Nachmittag ins Salzkammergut zu fahren oder von Wien aus für das Wochenende zum Zweitwohnsitz mit Seeblick.

Die Salzkammergut-Lokalbahn (Ischlerbahn) wurde in der allgemeinen Motorisierungseuphorie 1957 eingestellt, sie galt nicht mehr als zeitgemäß.

Umbrüche der Nachkriegszeit

Der wirtschaftliche und gesellschaftliche Wandel der Nachkriegszeit spiegelt sich im Verkehr wider. Die Konsum- und Freizeitgesellschaft bedingt ein stark erhöhtes Verkehrsaufkommen, und die in hohem Maße arbeitsteilige Wirtschaft ruft starke Pendlerströme hervor. Aus der intermodalen Anreise mit verschiedenen, großteils aufeinander abgestimmten Verkehrsmitteln in der Mitte des 19. Jahrhunderts wurde in der Regel eine monomodale nur mit dem privaten Auto. Damit ging allerdings auch die Qualität und Dichte des öffentlichen Verkehrs erheblich zurück. Die Massenmotorisierung der 1950er und 60er Jahre brachte nicht nur eine Beschleunigung, Individualisierung und Flexibilisierung der Mobilität, sondern auch die leichtere Erreichbarkeit anderer Reiseziele auf Kosten des Salzkammerguts.

Anmerkungen

1. Dieser Beitrag stellt die aktualisierte, überarbeitete und gekürzte Fassung meines 2008 erschienenen Katalogbeitrags dar: Kreuzer, Bernd: Ins Salzkammergut fahren – eine kleine Verkehrsgeschichte des Salzkammergutes. In: Sandgruber, Roman (Hg.): Salzkammergut. OÖ Landesausstellung 2008 (Linz 2008) 56–67. Siehe auch Kreuzer, Bernd: A Landscape Reshaped by Transport: The Austrian Salzkammergut from Salt Economy to National Leisure Region. In: National Identities 16 (2014) 239–252.
2. Zum Tourismus als Modernisierungsfaktor siehe Kreuzer, Bernd: Tourism as a Factor of Modernization: The Austrian Salzkammergut Transport System During the Second Half of the 19th Century. In : Humair, Cédric u. a. (Hg.) : Le tourisme comme facteur de transformations économiques, techniques et sociales : une approche comparative, 19e–20e siècles (Neuchâtel 2014) 163–178 ; und Dirninger, Christian: Tourismus als Faktor der Transformation des Salzkammergutes seit der Mitte des 19. Jahrhunderts. In: Luger, Kurt – Rest, Karl (Hg.): Alpenreisen. Erlebnis, Raumtransformationen, Imagination (Innsbruck/Wien 2017) 365–380.
3. Schraml, Carl: Das oberösterreichische Salinenwesen von 1750 bis zur Zeit nach den Franzosenkriegen (Wien 1934) 251–252.
4. Sartori, Franz: Neueste Reise durch Oesterreich ob und unter der Ens, Salzburg, Berchtesgaden, Kärnthen und Steyermark, Bd. 1 (Wien 1811) 310.
5. Zit. n. Pfeffer, Franz: Salzkammergutfahrt zu Urgroßvaters Zeiten. In: Heimatland. Illustrierte Beilage zum „Linzer Volksblatt" (1930), Nr. 14, 213.
6. Zur Verbindung von Eisenbahn und Tourismus siehe Hoffmann, Robert: Reisen unter Dampf. Die touristische Erschließung Salzburgs durch die Eisenbahn. In: Haas, Hanns u. a. (Hg.): Weltbühne und Naturkulisse. Zwei Jahrhunderte Salzburg-Tourismus (Salzburg 1994) 38–44; sowie Scharf, Katharina: Motor der Fremdenindustrie. Eisenbahn und regionale Tourismusentwicklung in Salzburg. In: Luger, Kurt – Rest, Karl (Hg.): Alpenreisen. Erlebnis, Raumtransformationen, Imagination (Innsbruck 2017) 127–148.
7. Krupitz, Franziska: Aus Alt-Ischl (Wien 1909) 20.
8. Vgl. Riehs, Wilhelm: Die Pferdeeisenbahn Budweis-Linz-Gmunden mit besonderer Berücksichtigung der Südstrecke Linz-Gmunden (1836–1859). In: Jahrbuch des Musealvereines Wels 16 (1969/70) 169–192.
9. Zit. n. Praschl-Bichler, Gabriele: Die Habsburger in Bad Ischl (Graz/Stuttgart 1997) 49–50.
10. Reiseabentheuer des Hans-Jörgels von Gumpoldskirchen […] (Wien 1841) 110.
11. Vgl. Slezak, Josef Otto: Von Salzburg nach Bad Ischl. Geschichte der Salzkammergut-Lokalbahn (Wien ³1997).
12. Vgl. Kreuzer, Bernd: Straßen für den Fremdenverkehr. Das Salzkammergut in der Zwischenkriegszeit. In: Oberösterreichische Heimatblätter 53 (1999) 195–211; sowie ders.: Straßen als Voraussetzung und Attraktion für den modernen Alpentourismus. In: Luger, Kurt – Rest, Karl (Hg.): Alpenreisen. Erlebnis, Raumtransformationen, Imagination (Innsbruck 2017) 167–184.
13. Strafella, Franz: Österreich und der Fremdenverkehr. Unsere Straßen und die Arbeitslosen (Graz 1925).

Marija Wakounig

Monarchie im Salzkammergut

Das Salzkammergut kann – analog zur adriatischen (österreichischen) Riviera[1] – als sommerlicher Sehnsuchtsort der besseren Gesellschaft des 19. und des beginnenden 20. Jahrhunderts bezeichnet werden. Die naturräumliche Schönheit lud jene zur Sommerfrische in den Monaten Juli und August ein, die ihren Aufenthalt an der französischen Riviera[2] den kälteren Jahreszeiten vorbehalten konnten. (Bad) Ischl wurde erst unter Kaiser Franz Joseph I. (1830–1916) zum sommerlichen Nobelkurort und blieb es über die Zwischenkriegszeit bis nach 1945, als dort auch etliche (hoch-)adelige Familien vorübergehende Bleibe fanden, nachdem sie infolge der Beneš-Dekrete und der kommunistischen Machtübernahme in der Tschechoslowakischen Republik (ČSR, von 1960–1990 Tschechoslowakische Sozialistische Republik/ČSSR) enteignet worden waren.[3]

Der folgende Beitrag spannt einen Bogen vom 13. Jahrhundert bis zum Ausbruch des Ersten Weltkrieges 1914, in dem die Monarchie im Salzkammergut zu Besuch war.

Die Anfänge

Nachdem es den Habsburgern ab 1282 gelungen war, sich im Salzkrieg gegen das Erzbistum Salzburg im *Ischlland* durchzusetzen und den Salzabbau mittels Wehrtürmen (Rudolfsturm) abzusichern, begann die über 700-jährige enge Beziehung der österreichischen Dynastie mit dem *Salz*kammergut. Die Haupteinnahmequelle Salz, das weiße Gold, hat Elisabeth (geb. Görz-Tirol), die Witwe nach Albrecht I., im Jahr 1311 als Kammergut nachhaltig (letztlich bis ins 20. Jahrhundert) monopolisieren lassen.[4]

Erstmalig wurde das Gebiet als *Salzkammergut* im Reformationslibell von 1656 erwähnt, das es quasi mit einem Betretungsverbot bis 1825 belegte.[5] Die unberührte landschaftliche Schönheit des Salzkammergutes erkundeten davor wenige Reisende; 1791 wurde es im „Geographischen Handbuch" beschrieben.[6]

Der Ort Ischl[7], dessen Ursprünge wahrscheinlich in die Hallstatt- und Latènezeit reichen, erlebte unter den Habsburgern ab Ende des 14. Jahrhunderts einen

①

Elisabeth, Herzogin in Bayern, Franz Seraph Hanfstaengl, 1853

ersten Aufschwung, wurde 1466 von Friedrich III. (1415–1493) zum Markt erhoben; das wurde von seinem Sohn Maximilian I. (1459–1519) 1514 bestätigt. 1563 eröffnete Ferdinand I. (1503–1564) den Untertagebau des Ischler Salzbergwerks[8] und billigte 1564 den Vorschlag eines verbesserten Salztransportes auf der Traun; Leopold I. (1640–1705) weilte dort zur Jagd und Inspektion, Franz II./I. (1768–1835) ließ sich öfter sehen und besichtigte neue Stollen (1808, 1814, 1828) – einer ist nach seiner Gemahlin Maria Ludovika (1787–1816) umbenannt worden[9].

Für den Hype um das Salzkammergut und die Prosperität des verschlafenen Bergdorfes Ischl sorgten die Heilquellen, die bereits seit Maximilian I. bekannt waren. Ab 1804 verbrachten auch Angehörige des habsburgischen Kaiserhauses den Sommer in Ischl, etwa Erzherzog Ludwig (1784–1864) oder Erzherzog Johann (1782–1859), die jüngeren Brüder von Kaiser Franz II./I. Unter den ersten Probekurgästen in Ischl befand sich auch der jüngste Bruder des Kaisers, Rudolph (1788–1831), Kardinal und Erzbischof von Olomouc (Olmütz).[10] Bei seinem Aufenthalt im Jahr 1827 erkrankte er schwer an einer Lungenentzündung, von der er vollständig genesen konnte. Dieses Ereignis wurde am 9. September in Ischl groß gefeiert.[11] In dem Jahr war er mit seinem Bruder Erzherzog Franz Karl (1802–1878) und dessen Gemahlin Sophie (1805–1872) gekommen. Die beiden hofften seit der Vermählung im November 1824 und nach mehreren Fehlgeburten seit Jahren auf (männlichen) Nachwuchs, zumal ihnen dieser mittelbar den Weg zum habsburgischen Kaiserthron ebnen sollte. Tatsächlich erwiesen sich die auf Anraten von Franz de Paula Augustin Wirer (später Ritter von Rettenbach, 1771–1844) durchgeführten verschiedenen Kuranwendungen in den Ischler Solebädern (1827–1829) als sehr wirkungsvoll. Sophie bekam ab 1830 nacheinander drei Söhne, eine Tochter und etwas später den vierten Sohn. Da die Kinder jeweils nach Kuraufenthalten in Ischl geboren wurden, nannte man sie liebevoll die Salzprinzen.[12] Den Reigen der Salzprinzen eröffnete Franz Joseph am 18. August 1830, der seinen ersten Geburtstag bereits in Ischl feierte, wohin sich die Eltern in den Sommermonaten des Jahres 1831 zurückzogen. Ab 1849 wurde dann eine Tradition begründet, die mit längeren Unterbrechungen (phasenweise von 1919 bis in die Nachkriegszeit) heute noch in Bad Ischl anachronistisch feierlich begangen wird, nämlich „Kaisers Geburtstag".[13]

Franz Karl und Sophie verbrachten viel Zeit in Ischl, wo sie zunächst keinen festen Wohnsitz hatten. Ab etwa 1834 (bis 1878) mieteten sie sich für ihre obligatorische Sommerfrische bei der Salinenmeisterfamilie des Wilhelm Desiderius Seeauer (1808–1867) ein. Mit ihm und dem habsburgischen Erzherzogspaar unter dem Dach (ab 1880 Hotel Austria) ist der Aufstieg Ischls zum Kur- und Fremdenverkehrsort nicht unwesentlich verbunden, schließlich konnten etliche Maßnahmen zum Wohle des Marktes (ab 1850 Marktgemeinde) einfacher durch- und umgesetzt werden. Während Seeauers Amtszeit als Bürgermeister wurde die Gemeinde konstituiert, der Gendarmerieposten (1850) und das Telegrafenamt (1855/56) wurden eingerichtet, die Straße Ebensee-Traunkirchen (1855) ausgebaut sowie die Sparkasse Ischl gegründet.[14] Erzherzog Franz Karl, der oft alleine zur Jagd ins Salzkammergut fuhr, wurde zum großen Mäzen des Ischler Theaters, das er mit dem Aufkaufen von Karten und der Vorstreckung von Gagen für die Schauspieler*innen finanziell großzügigst unterstützte, womit er auch seinem Hofstaat nahezu Privatvorstellungen ermöglichte.[15]

Franz Joseph setzte die von den Eltern empathisch vorgelebte enge Beziehung zum Salzkammergut fort und internalisierte sie auf ganz besondere Weise. Er verbrachte von 1831 bis 1914 jeden Sommer dort. Nahezu alle wesentlichen Ereignisse im Leben des Monarchen fanden in Ischl statt bzw. viele wichtige Entscheidungen wurden dort getroffen.[16] Als der junge Kaiser von Österreich am 16. August 1853 seine Cousinen Helene (Nené, 1834–1890) und Elisabeth (Sisi, 1837–1898) von Wittelsbach bei einem arrangierten Treffen in Ischl wiedersah, verliebte er sich augenblicklich in die Jüngere, hielt an seinem 23. Geburtstag

Kaiservilla, Postkarte ohne Datierung

um ihre Hand an, verlobte sich tags darauf (19. August) und heiratete sie ein Jahr später in der Wiener Augustinerkirche.[17]

Das Salzkammergut mit Ischl als zentralem Ort wurde nun zu dem Raum, in dem sich das junge Paar während seiner dort verbrachten Aufenthalte näher kennenlernte, wo es sich ohne zu viel Etikette und Protokoll bewegen konnte und wo es auch die Grenzen der Gemeinsamkeiten auslotete.[18]

Die Monarchie zu Besuch

Obwohl auch Kaiser Ferdinand 1835 in Ischl zur Kur weilte, zog erst mit Franz Joseph I., der im Dezember 1848 als Kaiser von Österreich sein Nachfolger wurde, sozusagen jeden Sommer das Nervenzentrum der Monarchie bis 1914 ins Salzkammergut. Er kam in Begleitung seiner Entourage, schließlich war es nicht vorgesehen, dass das Amt des Kaisers während des Sommers zusperrte bzw. auf Urlaub ging. Der Ischler Aufenthalt des österreichischen Kaisers wirkte sich merkbar aus, einerseits als sozioökonomischer Booster und andrerseits als raumsoziologisch gliederndes Element. Die infrastrukturelle Erschließung löste eine „Verkehrsrevolution" aus; der Ausbau des Straßennetzes und vor allem die Eisenbahn erhöhten ab 1877 die Gästezahl im Kurort Ischl erheblich.[19] Diese Frequenzsteigerung führte zur regen Bautätigkeit von gewerbetreibenden Hoteliers und Privaten und veränderte das Sozial- und Erwerbsleben nachhaltig.[20]

Mit der Monarchie kamen auch Mitglieder europäischer Regierungshäuser ins Salzkammergut.[21] So „krönten" Ischl zum 50. Geburtstag Kaiser Franz Josephs im Jahr 1880 der deutsche Kaiser Wilhelm II. (1859–1941) und die beiden Könige Carol I. von Rumänien (1839–1914) und Milan I. von Serbien (1854–1901).[22] Der britische König Edward VII. (1841–1910) besuchte Franz Joseph drei Mal (1905, 1907 und 1908). 1908, zum 60. Regierungsjubiläum, hatte der Besuch des Monarchen als Gratulant einen offiziellen Charakter. „Der König mußte deshalb den gleichen Empfang finden, der allen anderen Fürstlichkeiten zu teil geworden ist […], es fand eine große Hoftafel statt und hat der Kaiser die Serenade des Wiener Männergesangvereines genehmigt. Was im engen Rahmen des Ischler Hoflebens geboten werden konnte, wurde aufgewendet, um den König von England zu begrüßen", berichtete das lokale „Ischler Wochenblatt".[23] Bei diesem Anlass genossen beide eine gemeinsame Autofahrt.

Die Monarchie im Salzkammergut offerierte Angehörigen adeliger Familien auch unerwartete Möglichkeiten. So nützte die seit 1904 wieder in Krain lebende Herzogin Marie Mecklenburg-Schwerin (1856–1929, geb. Windisch-Graetz) die Verwandtschaft und Nähe zum österreichischen Kaiserhaus dazu aus, sich bei den prähistorischen Grabungen in Hallstatt einen kaiserlichen Blankoscheck ausstellen zu lassen – an der Zentralkommission vorbei selbstverständlich, die ihr keine Bewilligung erteilt hatte. Die Amateurarchäologin fädelte die Sache geschickt ein, indem sie Kaiser Franz Joseph im Appartement des Hotels Bauer bei einer mehr-

(3) Im Hotel Bauer stiegen gekrönte Häupter und Adelige gerne ab

stündigen Jause (3. 7. 1907) einen überzeugend-begeisternden Vortrag über die Hallstätter Funde hielt und ihm nach seiner Abreise zu den Manövern ein „herrliches Rosenbukett" senden ließ.[24] Der Kaiser traf die allerhöchste Entscheidung und wies an, „für Ihre Hoheit die Ausgrabungen zu veranstalten", das bedeutete: Die ersten zwei Septemberwochen des Jahres 1907 wurden 22 Arbeiter, die dritte Woche elf Arbeiter und „jeweils zwei bis drei Salinenbeamte" beschäftigt.[25] Marie hat auch in Hallstatt die Funde aus der Erde geborgen, war jeden zweiten Tag mit ihrem Kammerdiener vor Ort, hielt sich grabend bis spätabends auf und verstand es ausgezeichnet, sich medial in Szene zu setzen.[26]

Der Himmel auf Erden: Die private Kaiservilla und die Jagd

Zum Rückzugs-, Erholungs- und auch Dienstort wurde das Hochzeitsgeschenk der Bräutigammutter Sophie, nämlich die 1853 um 31.440 Gulden erworbene Biedermeiervilla Eltz-Mastalier, die um die zweifache Summe (von Antonio Legrenzi und Franz Rauch) im neoklassizistischen Stil um- bzw. beträchtlich ausgebaut und aus dem Privat- und Familienfond finanziert wurde; dies sollte sich nach 1918 als sehr vorausschauend erweisen. Eingefädelt und verhandelt hat den Ankauf der Villa samt Gesamtgrundstück die Mutter von Franz Joseph, die eine ganz klare Vorstellung von einer kaiserlichen Sommerresidenz in Ischl hatte. Im Juni 1854 wurden weitere, angrenzende Grundstücke am Abhang des Jainzenberges im Kauf- und teilweise Tauschweg erworben. Zwischen 1853/54 und 1860 wurden sowohl die Villa wie auch alle erforderlichen Betriebsgebäude (u. a. Küchen, Dienstwohnungen, Werkstätten, Glashäuser, Stallungen, Remisen und Parkanlagen) fertiggestellt und auf dem weitläufigen Grundstück unter Bäumen so positioniert, dass sie von außen nicht das Gesamtambiente der kaiserlichen Sommerresidenz störten.[27] Das Personal war bis zur Fertigstellung in Unterkünften in Ischl, danach in den Betriebs-

4

Die kaiserliche Familie um 1882

gebäuden untergebracht, damit die kaiserliche Familie in der geschmackvoll, jedoch relativ bescheiden eingerichteten Villa unter sich blieb. Alle Gäste, auch der jeweilige Minister des kaiserlichen Hauses, der zugleich das Amt des Außenministers bekleidete, wurden bei ihren Besuchen in die Zimmer über den Stallungen ausgelagert.

Die Villa und das angrenzende Grundstück können als Hommage an die Kaiserin interpretiert werden, deren Ausgestaltung und Einrichtung sie wesentlich beeinflusst hat. Die malerische und bergige Umgebung kam der naturverbundenen Gemahlin Franz Josephs sehr entgegen, da sie ihren Leidenschaften (Reiten, rasches Bergwandern, Schwimmen, Schreiben, Lesen) frönen und die Erziehung der jüngsten Tochter selbst beaufsichtigen konnte. Im eigens erbauten Cottage (Marmorschlössl), das als Spiel- und Teehaus auch für die Kinder ideal war, hielt sie sich tagsüber gerne auf. Bis auf ein paar Ausnahmen in den 1860er Jahren verbrachte Elisabeth bis zu ihrer Ermordung in Genf 1898 jeden Sommer in Ischl und unternahm mit Franz Joseph täglich Spaziergänge im Park; sie zog sich dort auch trauernd zurück, als ihr geliebter Sohn, Kronprinz Rudolf (1858–1889), aus dem Leben geschieden war. Damals kam die kaiserliche Familie früher als gewohnt nach Ischl.

Die Kaiserfamilie verbrachte den Sommer zwar in ihrem Refugium, lebte aber nicht abgeschottet von der Ischler Bevölkerung bzw. den Gästen. Man traf sich bei verschiedenen Anlässen wie dem Einkaufen, bei Theater- und Musikaufführungen, beim Kirchengang oder beim Radeln (Bicykeln). Ischl besaß offensichtlich einen hohen Sicherheitsfaktor, denn der Kaiser besuchte die Gottesdienste „stets zu Fuß und ohne Begleitung".[28] Als die jüngste Tochter des Kaiserpaares, Marie Valerie (1868–1924), am 31. Juli 1890 ihren Vetter Franz Salvator (1866–1939) ehelichte, waren viele adelige Hochzeitsgäste in Ischl zugegen, die Anton Bruckners Orgelspiel, das eine Art Medley aus Händels Halleluja und Haydns Kaiserhymne darstellte, lauschten. Die Ischler Bevölkerung war von diesem Ereignis nicht ausgeschlossen, sondern nahm an den folgenden einwöchigen Festlichkeiten selbstverständlich teil.[29]

Die temporäre Residenz des österreichischen Kaisers in Ischl, die in erster Linie als Sommerfrische für den Monarchen und seine Familie gedacht war, machte ab den 1870er Jahren, als sich die politische Lage in Europa zunehmend veränderte, eine striktere Trennung zwischen Privat und Staat erforderlich. Um dies möglich zu machen, war eine kluge „Bewirtschaftung" des öffentlichen Raums im Kurort notwendig geworden. Im zwischen 1873 und 1875 erbauten Kurhaus (Architekt Hyzinth Michael) empfing der Kaiser seine ausländischen Gäste, veranstaltete Hoftafeln und gab Audienzen – damit wurde die kaiserliche Residenz sozusagen in die Marktgemeinde verlängert, ohne die Privatsphäre einzubüßen. Die kaiserlichen Gäste wurden in Hotels untergebracht und nur selten in der privaten Villa empfangen.[30]

Für Franz Joseph war Ischl der „Himmel auf Erden". Hier feierte er von 1831 bis 1913 jeweils am 18. August seinen Geburtstag, verbrachte Zeit mit seiner Familie und genoss vor allem die ritualisierte (Gams-)Jagd im Salzkammergut, deren Revier er „Meine Jagd" nannte.[31]

Der „göttliche Ischler Séjour" wurde Ende Juli 1914 abrupt beendet, als der Kaiser einen Monat nach dem Attentat in Sarajevo (dem Thronfolger Franz Ferdinand und seine Gemahlin Sophie zum Opfer fielen) die Kriegserklärung gegen Serbien unterschrieb[32] und im Manifest „An meine Völker" den Kriegszustand erklärte.[33] Der Unterschrift und dem Manifest waren hektische Tage in Ischl vorausgegangen, die das Telefon und den Telegrafenschreiber heiß laufen ließen – beides Einrichtungen, die der Kaiser ausgiebig nützte, obwohl er technischen Neuerungen skeptisch gegenüberstand.[34] Am 30. Juli 1914 unterbrach Franz Joseph zum zweiten Mal seinen Sommeraufenthalt in Bad Ischl, um mit dem Morgenzug nach Wien zu fahren. Am Bahnhof versammelte sich eine große Menschenmenge, die den Kaiser mit der Hymne verabschiedete.[35] Es war ein Abschied für immer, denn er sollte nie wieder zurückkehren.

Kaiser Franz Joseph in Jagdkleidung, ohne Datierung

Anmerkungen

1. Rezent zur Adria siehe Ramhapp, Britta: Sehnsuchtsorte an der Adria. Grado, Triest, Piran, Portorož, Pula, Opatija (Graz 2022); ferner Sechslehner, Joachim: Abbazia. K. u. k. Sehnsuchtsort an der Adria (Graz 2011); oder Rapp, Christian – Rapp-Wimberger, Nadia (Hg.): Österreichische Riviera. Wien entdeckt das Meer (Ausstellungskatalog des Wien Museums, Wien 2013, siehe dazu: https://issuu.com/wienmuseum/docs/wien_museum_ausstellungskatalog_oes, aufgerufen am 15. 10. 2023).
2. Siehe dazu Seccombe, Thomas (Hg.): Smolett, Tobias. Travels Through France and Italy (London 1919); Liége-ard, Stéphe: La Cote d'Azur. Ancienne Maison Quantin (Paris 1887).
3. Zu den Beneš-Dekreten siehe u. a. Brandes, Detlef: Großbritannien und seine osteuropäischen Alliierten 1939–1943. Die Regierungen Polens, der Tschechoslowakei und Jugoslawiens im Londoner Exil vom Kriegsausbruch bis zur Konferenz von Teheran (Veröffentlichungen des Collegium Carolinum 59, München 1988).
4. Frieß, Edmund: Elisabeth von Görz-Tirol, die Stammmutter des Hauses Habsburg-Lothringen. Vortrag gehalten an dem Festabend des Vereines für Landeskunde von Niederösterreich, 13. Dezember 1889. In: Festgabe des Vereins für Landeskunde von Niederösterreich aus Anlaß des fünfundzwanzigjährigen Jubiläums 1864–1889 (Wien 1890) 109–168, hier 139.
5. Kurz, Michael: Von der Grundherrschaft zur Tourismusdestination. 350 Jahre Salzkammergut. In: Oberösterreichische Heimatblätter 60 (2006) H. ¾, 139–152, hier 139, 144.
6. Siehe dazu Luca, Ignaz de: Geographisches Handbuch von dem oesterreichischen Staate, Bd. 1: Das Erzherzogthum Oesterreich (Wien 1791) 486–489.
7. 1791 beschreibt Luca: Geographisches Handbuch 482, den Ort knapp: „Ischl, ein Markt, und Pfarre im Salzkammergut gelegen. Hier ist ein Kommerzialgrenzzollamt."
8. Bad Ischl, Salzkammergut: Bad Ischl und das Salz. URL: https://badischl.salzkammergut.at/geschichte/bad-ischl-und-das-salz.html (aufgerufen am 15. 10. 2023).
9. Ischler Heimatverein: Kaiserin Maria Ludovika Stollen. URL: https://www.ischler-heimatverein.at/kleindenkmaeler/kaiserin-maria-ludovika-stollen_20346/ (aufgerufen am 15.10.2023).
10. Auch Erzherzog Johann tauchte in den Ischler Kurlisten vereinzelt auf. Butz, Ursula: Habsburg als Touristenmagnet. Monarchie und Fremdenverkehr in den Ostalpen 1820–1910 (Wien/Köln/Weimar 2021) 31, 54.
11. Österreichischer Beobachter 11. 9. 1827, 1145. An Rudolf, den großen Förderer von Ludwig van Beethoven, erinnert heute ein Denkmal in Bad Ischl; siehe dazu Urbanitsch, Peter: Rudolph (Rudolf) Johann Josef Rainer, Erzherzog von Österreich. In: Neue Deutsche Biographie 22 (Berlin 2005) 180 f.; Wüst, Marcus: Rudolph von Österreich. In: Biographisch-Bibliographisches Kirchenlexikon 43 (Nordhausen 2021) 1363–1367.
12. Siehe dazu Die kaiserliche Familie in Ischl. Ein Gedenkblatt zum Regierungs-Jubiläum, Ischler Wochenblatt 6. 12. 1908, 1 f.; vgl. u. a. Sachslehner, Johannes: Bad Ischl. K. u. k. Sehnsuchtsort im Salzkammergut (Wien/Graz/Klagenfurt 2012) 18.
13. https://www.kaiservilla.at/index.php/de/kaiservilla-def/kaisers-geburtstag (aufgerufen am 20. 10. 2023; siehe auch die Programmvorschau für 2024: Bad Ischl, Salzkammergut: Kaisertage in Bad Ischl. URL: https://badischl.salzkammergut.at/bad-ischl-bietet/kaiserliches-ischl/kaisertage.html (aufgerufen am 20. 10. 2023). Wie Kaisers Geburtstag anno dazumal zelebriert wurde, ist anschaulich im Ischler Wochenblatt 21. 8. 1910, auf mehreren Seiten beschrieben.
14. Mentschl, J.: Seeauer, Wilhelm Desiderius (1808–1867). Salzfertiger und Politiker. In: Österreichisches Biographisches Lexikon 12 (Wien 2001) 95, URL: https://www.biographien.ac.at/oebl/oebl_S/Seeauer_Wilhelm-Desiderius_1808_1867.xml (aufgerufen am 15. 10. 2023).
15. Da rezentere und seriöse Forschungen zu Franz Karl fehlen, ist man auf die nicht ganz zuverlässigen Daten und Fakten bei Wurzbach, Constantin von: Habsburg, Franz Karl Joseph. In: Biographisches Lexikon des Kaiserthums Oesterreich 6 (Wien 1860) 257, angewiesen; vgl. auch Franz Karl (Joseph). In: Österreichisches Biographisches Lexikon 1 (Wien 1957) 353. Siehe u. a. auch Neue Freie Presse 9. 3. 1878, Feuilleton Der alte Herr, 1–3.
16. Emely Nobis: Traditionelles Bad Ischl. In: Österreich Magazin online. URL: https://österreichmagazin.de/bad-ischl/ (aufgerufen am 15. 10. 2023); Österreichische Eisenbahn-Zeitung 4. 4. 1880, Digitalisat unter Anno, URL: https://anno.onb.ac.at/cgi-content/anno?aid=eiz&datum=18800404&seite=13&zoom=33&query=%22Hofzug%22&ref=anno-search (aufgerufen am 15. 10. 2023).
17. Für die hartnäckige Behauptung, die ältere Cousine sei als Braut von Franz Joseph vorgesehen gewesen, fehlen Belege; rezent dazu Sepp, Christian: Ludovika. Sisis Mutter und ihr Jahrhundert (München 2019) 232; sowie Praschl-Bichler, Gabriele: Unsere liebe Sissi. Die Wahrheit über Erzherzogin Sophie und Kaiserin Elisabeth. Mit bislang unveröffentlichten Briefen (Wien 2008) 17, 68–80.
18. Nobis: Bad Ischl; Sachslehner: Bad Ischl 31.
19. Butz: Habsburg 97–98. Zur Salzkammergutbahn vgl. Selzer, Erika: 125 Jahre Salzkammergutbahn. Eine weitblickende Initiative. In: Da schau her, die Kulturzeitschrift

aus Österreichs Mitte 23 (2002) H. 2, 3–6; zur Streckenführung der Kronprinz-Rudolf-Bahn siehe Enzyklopädie des Eisenbahnwesens 7 (Berlin/Wien 1915) 2–3; zum 117,32 Meter langen kaiserlichen Hofzug vgl. Knaur, Karl Heinz – Breu, Zita – Pilz, Barbara: Der Hofsalonwagen der Kaiserin Elisabeth (Wien 2002).

20 Zur Veränderung des Ischler Ortsbildes infolge des Fremdenverkehrs siehe Butz: Habsburg 85–86, 89 (Tabelle) 103–104, (Kurinfrastruktur) 108. – Die Kurlisten geben einen ziemlich guten Einblick in die Frequenzstatistik. Siehe dazu Streicher, Kristian: Kurlisten als neue sozialgeschichtliche Quellen und deren Auswertungsmöglichkeiten am Beispiel Bad Ischl. In: Jahrbuch des Oberösterreichischen Musealvereines 165 (Linz 2020) 381–402, hier 385, 387–388.

21 Butz: Habsburg 117–118.

22 Die Kaiserbegegnung in Ischl. In: Ischler Wochenblatt 15. 8. 1880, 2.

23 Der König von England in Bad Ischl. In: Ischler Wochenblatt 15. 8. 1908, 2.

24 Ischler Wochenblatt 8. 9. 1907, 4; Neues Wiener Abendblatt 7. 9. 1907, 3; Fingernagel-Grüll, Martha: Zur Geschichte der österreichischen Denkmalpflege. Die Ära Helfert, Teil 2: 1892 bis 1910 (Studien zu Denkmalschutz und Denkmalpflege 25/2, Wien/Köln/Weimar 2020) 318.

25 Fingernagel-Grüll: Denkmalpflege 316.

26 Kern, Anton: Herzogin von Mecklenburg 1856–1929. In: Kern, Anton u. a. (Hg.): Salz – Reich. 7000 Jahre Hallstatt (Veröffentlichungen der Prähistorischen Abteilung 2, Wien 2008) 152 f., hier 153.

27 https://www.kaiservilla.at/index.php/de/kaiservilla-def (aufgerufen am 15. 10. 2023).

28 Butz: Habsburg 124.

29 Das Ischler Wochen Blatt 3. 8. 1890, berichtete ausführlich von der Vermählung in Ischl auf vier Seiten; https://www.kaiservilla.at/index.php/de/kaiservilla-def/das-leben-in-ischl (aufgerufen am 15. 10. 2023).

30 https://www.kaiservilla.at/index.php/de/kaiservilla-def (aufgerufen am 15. 10. 2023).

31 Brügger, Ramona: Kaiserliche Jagdpassion. Franz Joseph I. und Wilhelm II. In: Krethlow, Carl Alexander: Hofjagd, Weidwerk, Wilderei. Kulturgeschichte der Jagd im 19. Jahrhundert (Paderborn 2015) 89–193, Zitat hier 89–95; Schmöckel, Sonja: Bad Ischl – Der Himmel auf Erden. In: Die Welt der Habsburger. URL: https://www.habsburger.net/de/kapitel/bad-ischl-der-himmel-auf-erden (aufgerufen am 15. 10. 2023).

32 Telegramm in claris an das serbische Ministerium des Äußeren mit dem Text der Kriegserklärung, Entwurf, Österreichisches Staatsarchiv (ÖstA) / Haus-, Hof- und Staatsarchiv (HHStA), URL: https://wk1.staatsarchiv.at/diplomatie-zwischen-krieg-und-frieden/kriegserklaerung-oesterreich-ungarns-an-serbien-1914/index.html#/?a=../../index.html#artefactgroup69 (aufgerufen am 20. 10. 2023).

33 Wiener Zeitung 29. 7. 1914, 1.

34 Zum Kommunikationsnetz vgl. Butz: Habsburg 111.

35 Abreise des Kaisers von Bad Ischl. In: Ischler Wochenblatt 2. 8. 1914, 4.

Irene Wögerer

Kunst im Alpenraum

Eine Motivgeschichte des Salzkammergutes

Dieser Beitrag begibt sich mit künstlerischen Beispielen des 19. Jahrhunderts bis in die Gegenwart auf einen Streifzug durch das Salzkammergut und unternimmt dabei einen Exkurs zu zeitgenössischer Thematisierung von Hochgebirgsmalerei. Der Scheinwerfer wird dabei punktuell auf einzelne Schauplätze, exemplarische Leistungen in den bildenden Künsten und deren Akteur*innen gelegt, die in ihren Motiven, Ideengeschichten oder Biografien mit der Region verbunden sind.

Zwischen Schönheit und Verklärung – ein Guckkasten für den Kaiser?

Durch die Gründung des Kaisertums Österreich 1804 entsteht ein vermehrt patriotischer Gedanke, in dem Kaiser Franz I. seine Stilisierung als guter Landesfürst pflegt. Für ein derartiges Vorhaben stellen künstlerische Mittel die besten Bedingungen bereit. In einem Prozess steter Nationswerdung sollen die kulturellen und landschaftlichen Schönheiten des Reiches dem Volk von ihrer besten Seite vor Augen geführt werden.

Nach der Aufklärung treten zudem religiöse Motive in der bildenden Kunst vermehrt in den Hintergrund, und neben die dynastische Repräsentation des Kaiserhauses rücken zunehmend territoriale Präsentationen in den Vordergrund. Arkadische Landschaften, die eine ortsungebundene Ideallandschaft als zeitlose Idylle wiedergeben, weichen nun konkreten Orten in präzisen Topografien. Diese Darstellungen sollen den Patriotismus stärken und wecken in der ersten Hälfte des 19. Jahrhunderts vermehrt die Reiselust der „Oberschicht" in die Region des Salzkammergutes.[1]

Das gesteigerte Bedürfnis der Bürger*innen, sich zu Hause vor den bildlichen Reproduktionen in die Landschaften zu träumen, und die zunehmenden Aufträge seitens des Kaiserhauses verschaffen Künstler*innen über viele Jahre ein sicheres Einkommen. Der Kronprinz und ab 1835 herrschende Kaiser Ferdinand I. erteilt den Auftrag für den sogenannten *Guckkasten* unter anderem an Jakob von Alt, Leander Russ und Eduard Gurk. Die Aufgabe, Gesamtansichten, aktuelle Ereignisse, techni-

1
Die Esplanade in Ischl um 1840, Rudolf von Alt

sche Errungenschaften, Feste und Landschaften als Schönheiten des Kaiserreiches festzuhalten, sollte an die zwanzig Jahre in Anspruch nehmen und wurde nicht abgeschlossen. Die Revolution von 1848 setzte dem Vorhaben ein vorzeitiges Ende.

Erst im Jahr 1991 wurden 300 großformatige Aquarelle aus dem Bestand für den sogenannten *Guckkasten* in der Wiener Hofburg, der Albertina und der Österreichischen Nationalbibliothek wiederentdeckt. Davon konnten 170 Blätter dem aus Frankfurt stammenden Jakob von Alt (geb. 1789 in Frankfurt, gest. 1872 in Wien) zugeordnet werden.[2] Beispielhaft für dieses Großprojekt ist hier das Blatt mit der Darstellung der Esplanade in Bad Ischl von 1840. Es zeigt die linke Achse an der Stadtbrücke und das heutige Museum der Stadt Bad Ischl (ehem. Hotel Austria), in dem das Werk in einem hochqualitativen Faksimile in der neu gestalteten Dauerausstellung zu sehen ist. Signiert wurde das Aquarell von Jakob von Alt, heute gilt die Zuschreibung an seinen hochtalentierten Sohn Rudolf von Alt (geb. 1812 in Wien, gest. 1905 ebenda) als gesichert. Der Sohn half beim Auftrag mit und war bereits sehr früh mit dem Vater in den Sommermonaten im Salzkammergut arbeitend unterwegs.[3]

„Ich hab's mir ärger vorgestellt […]" – Kaiser Franz Joseph I. und Gustav Klimt auf Sommerfrische[4]

Wenige Jahre vor der Verlobung 1853 mit seiner Cousine Elisabeth von Bayern im heutigen Museum der Stadt Bad Ischl hielt sich Kaiser Franz Joseph I. regelmäßig im Salzkammergut auf. Insgesamt verbrachte er 83 von 86 Sommer in der Stadt, die er zu seinem zweiten Residenzsitz machte.⁵ Nicht nur Aristokrat*innen und das Großbürgertum suchten fortan die Nähe des Kaisers und schätzten die örtliche Sommerfrische, sondern bekanntermaßen auch Künstler*innen wie Gustav Klimt (geb. 1862 in Baumgarten bei Wien, gest. 1918 in Wien) lernten die Gegend, abseits des Trubels von Ischl, rund um den Attersee als Rückzugsort und wegen neuer Motive für ihre Werke zu schätzen. Den ersten Sommer verbrachte der Maler allerdings 1898 in St. Agatha bei Steeg am Hallstättersee, wie wir aus einer spöttischen Tagebuch-Suite von Alma Schindler erfahren: „Per Rad nach Gosaumühle über St. Agatha und Steeg. In St. Agatha war der Kl[imt] mit seiner geliebten Schwägerin [Anm.: Emilie Flöge]. Na – wenn sie sich nur gut unterhalten haben."⁶

Gemeinsam mit seinem Bruder Ernst Klimt und Franz Matsch arbeitet Gustav Klimt in der *Künstlercompagnie* in der Tradition des Historismus eines Hans Makart an Ausstattungsaufträgen im Zuge des Ringstraßenbaus. Für die Wandmalereien der Zwickel und Interkolumnien des Stiegenhauses des Kunsthistorischen Museums Wien ist die „allerhöchste kaiserliche Anerkennung" überliefert. Die einprägsamen Landschaftsbilder von den Aufenthalten am Attersee entstehen nach der Abspaltung von der zu dieser Zeit als zwanghaft empfundenen Ausrichtung der Gesellschaft Bildender Künstler Wiens im Künstlerhaus und im Zuge der Gründung der Wiener Secession 1897. In deren Statuten werden die Hebung des Kunstsinnes und eine internationale Kunstpolitik für Österreich gefordert, die das Land aus seiner über ein Jahrhundert andauernden Isolation befreien soll.⁷ In der ersten Ausstellung werden Werke des „internationalen" Symbolismus und Jugendstils von Khnopff, Segantini oder Böcklin neben Werken von Klimt, Moll und sogar jenen des 86-jährigen Rudolf von Alt gezeigt, der in seiner steten Aufgeschlossenheit als Ehrenpräsident der Wiener Secession fungiert. Der Kaiser hat bekanntlich die Rolle des Kurators an der Wiener Akademie der Bildenden Künste inne, die als Kunstbehörde der Nation gilt und die er von dem 1848 abdankenden Fürst Metternich in seine Befugnisse übernimmt.⁸ Vor diesem Hintergrund erscheint es erstaunlich und erfreulich, fast lustig, dass der 68-jährige Kaiser Franz Joseph I. die erste Ausstellung der Wiener Secession besucht und mit den Worten quittiert: „Ich hab's mir ärger vorgestellt!"⁹

Gustav Klimt residiert dann zunächst am Nordufer des Attersees in Litzlberg bei Seewalchen in der Villa Paulick und dem Bräuhof, es folgen Stationen in der Villa Oleander in Kammer 1908 und schließlich im Forsthaus am Eingang zum Weißenbachtal. An die vierzig von fünfzig bekannten Landschaftsdarstellungen Klimts geben Zeugnis von Motiven der Landschaft um den Attersee.¹⁰

Naturansichten als stille Zeugen einer verschwindenden Landschaft

Die Abwendung von religiösen Motiven in den Künsten im Zuge der Aufklärung und die territorialen Manifestationen des Hauses Habsburg im frühen 19. Jahrhundert führen zur gleichzeitigen Etablierung der Gattung Landschaft in der offiziellen Bildproduktion in Österreich.

Der Altausseer See mit dem Dachstein um 1827, Friedrich August Mathias Gauermann

Die Landschaft soll über fast ein Jahrhundert die beliebteste Gattung bleiben, der auch an der Akademie Rechnung getragen wurde. Neben Thomas Ender zählt Friedrich Gauermann (geb. 1807 in Miesenbach bei Wiener Neustadt, gest. 1862 in Wien) zu den prägendsten Alpenmalern der ersten Generation, der in diesem Beispiel des Altausseer Sees von 1827 die reine Landschaft in markanten Motiven des Dachsteins als den höchsten Gletscher Österreichs ins Große steigert.[11] In sanften Grün-, Grau- und Brauntönen schildert er eine Natur, in die sich der Mensch einfügen muss. Die lockere und skizzenhafte Ausführung, der Standpunkt und Bildausschnitt vermeiden eine Dramatik des romantisch Erhabenen.

Darstellungen dieses Formats von Gauermann vermögen die Sehnsucht nach dem Salzkammergut als schmerzliches Verlangen angesichts seiner Abwesenheit im Menschen zu wecken. Vor dem Einsetzen der Fotografie – und parallel zu dieser noch viele Jahre danach – zählen Aquarelle, die vor der Natur entstehen und im Atelier oftmals in Ölbilder transferiert werden, neben atmosphärischen Schilderungen ebenfalls zu den wissenschaftlichen Dokumentationen des aufkommenden Alpinismus.

Das Gegenbild zu einer als idyllisch empfundenen Rezeption von Landschaft und Natur im österreichischen Alpenraum kann man bei Thomas Bernhard (geb. 1931 in Heerlen/NL, gest. 1989 in Gmunden) in dessen 1963 erschienenem Romandebüt *Frost* nachlesen. In dem zur Gattung der negativen Heimatliteratur

Der weiße Rest aus der Serie „Weltschmelz", 2021, Anna Meyer

zählenden Roman beschreibt Bernhard einen symptomhaften Hass auf die Natur anhand eines erkrankten, zurückgezogenen Kunstmalers in einem abgeschiedenen Bergdorf. Die Vorgänge und die lebensfeindliche Umgebung der Handlung werden u. a. als Folgen einer auf Natur- und Menschenbeherrschung gegründeten Rationalität gewertet, in welcher der Protagonist Strauch im Laufe der Handlung stellvertretend verlorengeht.[12]

Die negativen Auswirkungen des Menschen auf die Natur sind ebenfalls ein wiederkehrendes Thema in den figurativen Bildzyklen der Künstlerin Anna Meyer (geb. 1964 in Schaffhausen/CH). In der großformatigen Bildserie mit dem Titel *Weltschmelz* stellt die Künstlerin die vom Menschen verursachte Klimakrise auf ironische Weise als Sackgasse dar. Meyer setzt sich in ihren zeitgenössischen Kompositionen mit bekannten Sujets aus dem Bereich der Landschaftsmalerei und der als patriarchal definierten Kunstgeschichte des 19. Jahrhunderts auseinander. Der Zustand der österreichischen Bergwelt zwischen Massentourismus und Gletscherschmelze findet sich in detailreichen Versionen alpiner Naturräume und geologischen Formationen wieder, die darin anthropomorphe Züge erhalten. Die Bildtitel und in den Tableaus integrierten Texte wie „Hothouse", „Weltuntergang wir arbeiten dran" oder „Skischleuder" sind humorvolle sowie kritische integrierte Elemente ihrer Kunst. Die Werkgruppe *Weltschmelz* zeigt eine temporäre Außeninstallierung auf drei großformatigen und fünfzehn kleineren Gebirgsschildern auf Panoramatafeln, die den Besucher*innen üblicherweise vor Ort in den Alpen Information und Auskunft zu der davor befindlichen Gebirgslandschaft geben sollen. Die Verwendung der Panoramatafeln als künstlerische Bildträger irritieren die Betracher*innen in deren Sehgewohnheiten, und Erwartungshaltungen können dabei hinterfragt werden.[13]

Die Wiederentdeckung einer Künstlerin – Elisabeth Söderberg-Weixlgärtner

„Die St. Wolfganger Zeit am ‚Moarbauernhof' ungefähr 20 Jahre hindurch zusammen mit meinen geliebten Eltern, kurz auch mit meinem Mann, war die schönste Zeit meines Lebens, nach der ich mich sehne bis zu meinem Ende"[14], schreibt Elisabeth Söderberg-Weixlgärtner in Erinnerung an die Sommeraufenthalte zwischen 1926 und 1941 am Wolfgangsee.

Neben dem „Moarbauernhof" ist es der sogenannte „Adamhof", auf dem Künstler*innen unterschiedlicher Kunstrichtungen und politischer Interessen in der Zwischenkriegszeit, vermehrt während der Sommermonate, Quartier bezogen haben, was schließlich nach und nach 1932 in der Gründung der Zinkenbacher Malerkolonie durch die Wiener Runde von Ernst Huber, Franz Kitt, Franz von Zülow, Sergius Pauser und Josef Dobrowsky mündet. Die zuvor im Mühlviertel verweilenden Künstler*innen zog es an den Wolfgangsee, was in einem Brief Ernst Hubers an Franz von Zülow deutlich zum Ausdruck kommt: „Hirschbach ist schön – aber Zinkenbach ist als Sommerort noch schöner – baden – rudern – fressen. Also hurrah! Kommt gleich."[15]

Diese lustvolle Aufforderung legt vor dem Hintergrund der historischen Ereignisse beredtes Zeugnis über das Aufblühen des Künstlerlebens abseits von Wien ab. Die Situation im einstigen Kunstzentrum der ehemaligen Weltmetropole wurde im Zuge des Ersten Weltkrieges schlagartig unattraktiv. Nicht nur für Künstler*innen, sondern auch für viele andere bedeutete dies existenzielle Not, die eine Stadtflucht aus der als geistig verwahrlost und sozial entfremdet empfundenen Stadt auslöste. Der Zusammenbruch der einstigen Weltmacht Österreich-Ungarn wirkte sich ebenfalls auf die Kunst aus. Vormalige Mäzene aus dem Bürgertum und Adel fielen vielfach als Kunstsammler*innen und Förderer*innen aus. Kriegsanleihen und die Inflation von 1920 und 1924 vernichteten Vermögenswerte und trieben somit viele in den Ruin.

Seit dem Tod von Klimt, Schiele, Gerstl, Moser und den prägenden Figuren der kanonisierten Kunstgeschichte nach der Jahrhundertwende bestand auf dem Gebiet der bildenden Kunst – bis auf die Neukunstgruppe und den Hagenbund sowie den verbliebenen, außerordentlichen Mitgliedern der Secession – eine Leere. Es entstanden vielfach Künstlerkolonien, Vereine und Zusammenschlüsse in den österreichischen Provinzen. Von dort erhoffte man sich in der Kunstszene Vitalität und Aufschwung; die Ausstellungen in Wien wurden von den nunmehr ländlichen Gebieten mit Kunstwerken beschickt.[16] Künstlerinnen hatten es besonders schwer. Das bestätigt beispielsweise das 1926 erschienene *Handbuch des Kunstmarktes*: Von 513 in Wien hauptberuflich als Maler*innen tätigen Personen waren nur 25 Frauen.[17] Elisabeth Söderberg-Weixlgärtner (geb. 1912 Wien, gest. 1991 Göteborg) steht, neben Lisel Salzer und Hilde Spiel, als Künstlerin mit der Zinkenbacher Malerkolonie in Austausch. Mit ihrem Vater Arpad Weixlgärtner – dem Leiter der

4

Meine Eltern 1946, Elisabeth Söderberg-Weixlgärtner

Gemäldegalerie des Kunsthistorischen Museums – und ihrer jüdischen Mutter und Bildhauerin Josefine (geb. Neutra) verbringt sie ab 1926 jährlich viele Wochen am Wolfgangsee.

Söderberg-Weixlgärtner ist Schülerin an der Wiener Kunstgewerbeschule und studiert anschließend Grafik und Malerei bei Wilhelm Dachauer, Ferdinand Andri und Karl Sterrer. Die bäuerliche Lebenskultur mit Blick auf die weiblich konnotierten Tätigkeiten der Frauen am Bauernhof wie Kindererziehung und Spinnen der Wolle, ausdrucksstarke Porträts, Landschaften, Stillleben und im Spätwerk religiöse Sujets zählen zu den Hauptthemen im Schaffen der Künstlerin. Nach dem Anschluss wird der Vater als Museumsdirektor in Wien suspendiert und seine Wohnung samt Kunstsammlung und Bibliothek in Brand gesteckt. Elisabeth, die seit 1937 mit ihrem Mann, dem Komponisten Karl Söderberg, in Schweden lebt, kann die Emigration ihrer Eltern durch Unterstützung des schwedischen Königs erwirken. Unter dem Druck der Nationalsozialisten löst sich die Zinkenbacher Malerkolonie 1938 auf.

Die Werke von Elisabeth Söderberg-Weixlgärtner befinden sich u. a. in der Albertina und dem Belvedere Wien. Ihr Stil entwickelt sich aus dem Realismus in die Neue Sachlichkeit und vor allem in ihrem Spätwerk in eine deutliche Abstraktion. Das Gemälde „Meine Eltern" von 1946 spiegelt den Wechsel der Schaffensphase im Stil der Jahre deutlich wieder.[18]

 o. T., 2023, Elfie Semotan

Machtspiele oder das Kräftemessen von Individualität und Pose im Politikerporträt der Bürgermeister*innen im Salzkammergut

Denkt man an das Salzkammergut, ist dieser Gedanke bekanntlich bis in die Gegenwart mit dem „ewigen" Kaiser Franz Joseph I. und der Donaumonarchie auf kritische sowie nostalgische Weise verknüpft. Heute haben andere das Sagen. Mit der Veränderung der politischen Herrschaftssysteme und der Machtverhältnisse gehen auch Bildtraditionen und visuelle Begabungen in demokratischen Strukturen kontinuierlich andere Wege. Der Genese des klassischen Herrscherbildnisses zum Politiker*innen-Porträt bleibt jedoch stets die politische Aussage in Darstellungen inhärent, deren Akteure niemals nach den Motiven von Beliebigkeit und Zufälligkeit agieren. Die Wahl des Mediums, der ausführenden Künstler*in und des Standortes trifft bereits eine Aussage über die Funktion und die Werte von Amtsträger*innen sowie deren Bedingungen. Die Aufgabe und Herausforderung eines solchen Porträts bleibt es daher, die überzeitliche Repräsentation von Amt und Würde über Legislaturperioden hinaus darzustellen. Die persönliche Präferenz für bestimmte Künstler*innen bedeutet Identifikation mit dem jeweiligen Stil. Es ist ein Zugeständnis, dass man sich durch diese Mittel bestmöglich repräsentiert sieht. Wichtig ist daher nicht nur die reine Existenz eines Politiker*innen-Porträts, sondern auch dessen Form!

So hat sich Kaiser Franz Joseph I. beispielsweise in späten Jahren gerne vom österreichischen Maler Tom von Dreger porträtieren lassen, was diesem den entscheidenden Durchbruch zum anerkannten Porträtmaler in einschlägigen Kreisen brachte. Im Frühjahr 1913 empfing ihn der Kaiser, und nach Besichtigung einiger Gemälde, die dieser von ihm erworben hatte, porträtierte Dreger den Kaiser im Morgenrock (dem sogenannten Bonjourl).[19] Hier war man auf der sicheren Seite, da der Maler nie eine eigene Handschrift ausbildete. Die Darstellungen eines volks-

nahen, diplomatischen Herrschers zählen in den späten Jahren zu den beliebtesten Repräsentationsformen des Kaisers.[20]

Die Genese des Politiker*innen-Porträts reicht in diesem Sinn zurück zu dynastischen Bildtraditionen und geht über eine Elitenbildung bis hin zu individualisierenden Repräsentationen, die man in den Ahnengalerien von Parteien oder beispielsweise in den Darstellungen von Bürgermeister*innen in Rathäusern studieren kann. Vor diesem Hintergrund ist das Gruppenporträt der 23 Bürgermeister*innen aus den Kulturhauptstadtgemeinden des Salzkammergutes von Elfie Semotan eine außergewöhnliche und zeitgemäße Bildfindung dieser Gattung.

Die international tätige Künstlerin Elfie Semotan (geb. 1941 in Wels) zählt seit den aufsehenerregenden Werbekampagnen für Römerquelle und Palmers ab den 1970ern zu den wichtigsten zeitgenössischen Fotografinnen. Neben Modestrecken für Helmut Lang und Magazine wie „Vogue" und „Harper's Bazar" ist Semotan für ihre sensible Porträtfotografie bekannt. Dabei lichtete sie Kolleg*innen wie Maria Lassnig, Franz West oder Marina Abramović ab.[21] Im Rahmen der Gmunden.Photo 2023 mit dem Ausstellungstitel *Powerplay*, die sich in sechzehn künstlerischen Positionen als ein sportliches Kräftemessen in den Bereichen Identität, Diversität und kultureller Vielfalt dem Aufbrechen von tradierten Bildstrukturen widmete, gestaltet Semotan mit der Leica die Porträtserie der lokalen Oberhäupter.[22]

Die Herangehensweise an ein Porträt findet bei Semotan in einem intensiven und einfühlsamen Austausch mit ihrem Gegenüber statt, in der gelernte Perspektiven und deren Chiffre hinterfragt werden. Im Gespräch lässt sie die Modelle frei posieren und fängt dadurch den besonderen Augenblick ihrer Individualität und Haltung ein, was in den Bürgermeister*innen-Porträts besonders zum Ausdruck gelangt. Konzeptuelle Entscheidungen bestehen bei Semotan nur in der Vermeidung und nicht durch Herstellung von Szenen. Der sorgfältige Umgang mit Licht sei in der komplexen Porträtfotografie ihr zentrales Arbeitsmittel, dadurch könne man Gesichter erst erfinden oder zusammenfassen, diese aber auch zerstören.[23]

Während in den städtischen Ahnengalerien der Rathäuser und Gemeindeämter durch den Standort eine Austauschbarkeit und Anschlussfähigkeit demokratisch legitimierter Amtsinhaber demonstriert wird, zeigt Semotan hier die Politiker*innen verschiedener Parteien in einer Montage aus einzelnen Porträtfotos als Zusammenschluss in einer originellen Vielfalt in der Einheit, der ihre ursprüngliche Gestaltung raffiniert in den Hintergrund stellt.

Mit einem Augenzwinkern kann in den verspielten, selbstbewussten Posen der Bürgermeister*innen aus den Kulturhauptstadtgemeinden des Salzkammergutes ein permanentes Ringen von Interessen als demokratischer Akt für das Einende im Hier und Jetzt gelesen werden. Eine pathosbefreite und lustvolle Auseinandersetzung mit traditionellen und zeitgenössischen Motiven ermöglicht es schließlich, sich der Erinnerung und Vorstellungskraft des Salzkammergutes als einzigartigem Kultur- und Lebensraum durch Kunst zu vergewissern und diese stets zu erweitern.

Anmerkungen

1 Natalie Lettner verweist im Zusammenhang der Schauplätze auf die damalige Neuheit der heute so ikonischen Motive, beispielsweise des Dachsteinblicks, deren massenhafte Verbreitung unsere Vertrautheit mit der Region geprägt hat. Lettner, Natalie: Kunst in Österreich. Von der Venus von Willendorf bis Maria Lassnig (Wien 2023) 288–290.

2 Koschatzky, Walter: Des Kaisers Guckkasten. Eine Sammlung alt-österreichischer Ansichten aus der Wiener Hofburg (Salzburg 1991) 5–24.

3 Da Jakob von Alt der Auftragnehmer war, signierte er in der finalen Durchsicht alle Blätter. Nicht zuletzt anhand der, durch den fließenden Pinselstrich und durch die energischen Tupfen hergestellte Lebendigkeit, in der Rudolf von Alt das Aquarell zu einer Meisterschaft führte, kann eine Zuschreibung sichergestellt werden. Zudem existiert eine nahezu idente Vorstudie von 1839, die von Rudolf von Alt selbst unterzeichnet wurde. Koschatzky: Guckkasten 120. Das Blatt war zudem angesichts des guten Erhaltungszustandes wahrscheinlich nicht im Guckkasten in Verwendung: Weder Spuren einer Aufspannung noch Lichtschäden aus einer solchen Präsentation sind am Original sichtbar.

4 Lettner: Kunst 355–360.

5 Sandgruber, Roman: Von der Vielfalt des Salzkammergutes zur Konzeption einer Ausstellung. In: Sandgruber, Roman (Hg.): Salzkammergut. OÖ Landesausstellung 2008 (Linz 2008) 11–13.

6 Horncastle, Mona – Weidinger, Alfred (Hg.): Gustav Klimt. Die Biografie (Wien 2018) 153.

7 Frodl, Gerbert (Hg.): Geschichte der Bildenden Kunst in Österreich. 19. Jahrhundert V (München 2002) 322–329.

8 Ebd. 13–16.

9 Lettner: Kunst 355–360.

10 Tretter, Sandra – Weinhäupl, Peter (Hg.): Gustav Klimt. Sommerfrische am Attersee 1900–1916 (Wien 2015) 13–17.

11 Frodl (Hg.): Geschichte 309.

12 Huber, Martin – Schmidt-Dengler, Wendelin (Hg.): Thomas Bernhard Werke, Frost I (Frankfurt a. M. 2018) 354–356.

13 Wellmann, Marc: Anna Meyer. Hopesters (Berlin 2021).

14 Aus einem Brief an den St. Wolfganger Kapellmeister Robert Zeppetzauer, mit dem die Künstlerin eine lebenslange Freundschaft verband. Diesem stiftete sie kurz vor ihrem Tod 1991 eine Vielzahl an Zeichnungen, die während ihrer Aufenthalte entstanden, mit der Auflage diese der Öffentlichkeit zugänglich zu machen.

15 Brief vom 11. Juli 1932 aus dem Nachlass Zülow, zit. n. Barta, Bernhard (Hg.): Das Malschiff (Wien 2007) 32.

16 Über eine solche Secessionsausstellung wird berichtet, dass die Gäste aus den Provinzen Stil aufgrund der gemeinsamen Lebensgrundlage haben würden. Die bildenden Künste (Wien 1920).

17 Melichar, Peter: Der Wiener Kunstmarkt der Zwischenkriegszeit. In: Österreichische Zeitschrift für Geschichtswissenschaften 17 (2006) H. 2/3, 244.

18 Ich danke Elisabeth Nowak-Thaller, die mir Einsicht in ihre Forschungserkenntnisse zu Elisabeth Söderberg-Weixlgärtner ermöglicht hat.

19 Dreger schuf mehrere Porträts von Kaiser Franz Joseph und des Nachfolgers und letzten Kaisers Karl als Oberst-

leutnant, Oberst, Kaiserhusar, Erzherzog und als Kaiser Karl I. Dabei wurde auch eine Variante als Friedenskaiser in Auftrag gegeben. Diese Gemälde wurden für Reproduktionszwecke der Monarchie geschaffen. Dreger, Tom von: Sehen (Wien 1946) 18.

20 So z. B. Franz Joseph in Galauniform eines englischen Feldmarschalls mit Kette des Hosenbandordens als Angebinde für den damaligen königlich-großbritannischen Botschafter Sire Leighton Cartwright in Schönbrunn mit Ausblick auf flanierendes Volk im Schlosspark vor der Gloriette (Kaiser Franz Joseph in roter Galauniform, 1913, heute im Belvedere).

21 Wipplinger, Hans-Peter (Hg.): Elfie Semotan (Krems 2013) 191–192.

22 Die Gmunden.Photo 2023 wurde von Lisa Ortner-Kreil kuratiert, die in der Wahl des spielerischen Ausstellungstitels *Powerplay* Synergien von Kunst, Mode und Musik in hinterfragenden Stellungnahmen zeitgenössischer Fotografie zu vereinen wusste. URL: http://www.gmunden.photo/#13 (aufgerufen am 19. 9. 2023).

23 Interview mit der Künstlerin in Wipplinger (Hg.): Elfie Semotan (Krems 2013).

Raphaela Hemetsberger

Sommerfrischearchitektur im Salzkammergut

Das Phänomen der Sommerfrischevillen

Wir alle kennen die Sommerfrische als kulturgeschichtliches Ereignis, das bis heute stark in unserer Ferien- und Urlaubskultur verankert ist. Etabliert wurde sie in Österreich während der Habsburgermonarchie unter Kaiser Franz Joseph I. ab Mitte des 19. Jahrhunderts. Die wohl berühmtesten Domizile der kaiserlichen Auszeit sind das Salzkammergut[1] mit seinem üppigen Seenvorkommen und der Semmering[2] mit seiner südlich gelegenen Einbettung in der sanften Berglandschaft zwischen Niederösterreich und der Steiermark. Dort, wo der Kaiser und die Kaiserin sich zu ihrer sommerlichen Erholung niederließen, wollte auch die gut situierte Bevölkerung Ruhe und Entspannung finden. Industrielle, k. u. k. Hofbedienstete, Adelige und Künstler*innen – sie alle waren Suchende und entflohen dem städtischen Leben in das Naturidyll.[3] Diese Flucht führte zu einer Bauwelle verschiedenster Villen und Landhäuser, die das Phänomen der Sommerfrische architektonisch manifestierten. Doch was steckt hinter diesen eindrucksvollen Villen, die im Zuge der Entwicklung der Sommerfrische im Salzkammergut entstanden sind? Was ist die Funktion dieser Architektur, die Historie und Moderne prägen?

Die Pluralität und Funktion der Sommerfrischevillen

Diese kurz vorgestellten Beispiele, die einen Einblick in die Sommerfrischearchitektur im Salzkammergut geben, zeigen die breite architektonische Diversität und Pluralität der Villen und Zweitwohnsitze. Sie sind Zeugen dafür, dass es nicht die eine Architektur der Sommerfrische gab und gibt, sondern man von der Vielfalt verschiedener Trends und Stile sprechen muss, die sich in den Villen und Gärten[4] widerspiegeln und somit auch die gesellschaftlichen Transformationen im Lauf der Zeit präsentieren. Die Villen der Sommerfrische im Salzkammergut sind mittlerweile zu einem kunst- und architekturgeschichtlichen Kulturgut geworden. Die Häuser präsentieren in jeder Hinsicht Geschichte. Zu Beginn der Sommerfrische im 19. und frühen

Bad Ischl — Villa Wiederhofer

Ansichtskarte, Salzkammergut, Bad Ischl, Villa Wiederhofer

20. Jahrhundert entstand durch die Begeisterung der Städter für die Landschaft ein romantisches Idealbild, wobei die Villa zu einem pittoresken[5] Bestandteil derselben gemacht werden sollte. Diese Synthese aus Landschaft und Architektur sollte durch Großartigkeit bestechen.[6] Im Inneren befinden sich oft große Hallen, die als Repräsentationsräume dienten, während die Wohnräume selbst eher klein sind und schattenseitig gelegen sind – Repräsentation und Privatsphäre gehen Hand in Hand.

Bei der Gestaltung der Villen wurde gerne auf historische Vorbilder zurückgegriffen. Neben der Interpretation des historistischen Schlösschens in Form der Turmvilla wurde im 19. Jahrhundert häufig das Schweizer Haus zitiert. Die städtischen Bewohner*innen inszenierten und interpretierten so die von ihnen als ländlich bewertete Architektur. Eine fundierte Auseinandersetzung mit der bäuerlichen Architektur oder eine Neuinterpretation dieser blieb fast vollständig aus[7], wie Erich Bernard feststellte. „Wie man das Landleben gestaltet, ob zurückgezogen und einsam, oder heiter und festlich, ob getragen vom Glauben an den sittlichen Wert der agricultura, wie im Italien des Cinquecento, oder ob man, ohne zu pflügen, ohne zu säen, allein zu seinem Vergnügen lebt, dort lebt, um frische Luft zu atmen, in elegischem Nichtstun, schwärmerischer Naturverbundenheit, exzessiver Jagdbegeisterung, dies hängt ab vom Verhältnis des Villenbewohners zur Stadt und zur Natur und bestimmt die Gestalt und Anlage der Villa"[8], schreibt Monika Oberhammer, die hiermit die Pluralität der Sommerfrischearchitektur vordenkt. Es ging darum, dass ein romantisch evoziertes Bild von Natur und Geschichte aus dem Haus heraus gelebt werden sollte.[9]

Die moderne Haltung der Landhäuser, die Anfang des 20. Jahrhunderts aufkamen, könnte als Versuch der Strukturierung in den romantischen malerischen

Idealbildern gelesen werden,[10] doch sehe ich hier vielmehr den stärker werdenden Drang einer natürlichen Symbiose zwischen Haus und Natur. Letzten Endes ist auch die Imitation der lokalen Land- und Bauernhäuser eine Inszenierung, die im Inneren nicht die Systeme des traditionellen Bauernhauses aufnimmt, sondern sich den Bedürfnissen des Großbürgertums anpasst. All diese Villen und Landhäuser haben die Funktion der Repräsentation, der Selbstdarstellung der Bauherren und der Demonstration von Ländlichkeit und Natürlichkeit. Die aristokratische Gesellschaft präsentierte seit jeher ihren Reichtum[11] in der Villa, und das urbane Großbürgertum begann es ihm gleich zu tun. Jeder wollte mit seiner Villa nicht nur ein architektonisches, sondern auch ein gesellschaftliches Exempel statuieren und ein entsprechendes Image bilden. Garten und Architektur wurden zu Instrumenten der Reputation mit dem Ziel, Erholung und Vergnügen[12] zu gewährleisten. Der Zweckbau des Einfamilienhauses wurde durch eine Kunstform transformiert und zu einem Ort der künstlerischen Impression der Bürger*innen.[13]

Ab den 1920er Jahren entfernte man sich von den historischen Villen und Landhäusern. Landschaft, Lage, Licht, Sonne und Seeblick wurden nun von einer neuen, modernen Architektur geprägt. Die Klarheit der Baukörper, neue Dachformen und der Verzicht auf dekorative Ornamente schaffen ein schlichteres Bild in der Landschaft.[14] Die explizite Bezeichnung der Villa wird kaum mehr verwendet. Glas, Beton und Holz wurden und sind in der Moderne des 20. und 21. Jahrhunderts wesentliche Merkmale. Vermögende Auftraggeber*innen und deren Architekt*innen zeigen mehr und mehr eine Leidenschaft der Moderne für Flachdächer

Ansichtskarte, Salzkammergut, Bad Ischl, Villa Landauer

und schwebende Obergeschoße.¹⁵ Auf Repräsentation wird allerdings nicht verzichtet, sie wird lediglich einem gestalterischen Wandel unterworfen. Sie zeigt sich nicht mehr mit Erkern, historistischen Ornamenten und Türmchen, sondern wird in einer klaren Architektursprache formuliert. Industrielle, Ärzt*innen und Politiker*innen präsentieren sich in gestalterisch reduzierten Häusern. Die Verwendung von Beton und Glas präsentiert eine andere Materialästhetik und betont die Zurschaustellung von moderner Architektur und Fortschrittlichkeit ihrer Eigentümer*innen. Der repräsentative Charakter bleibt *die* Funktion der Sommerfrischearchitektur.

Villa Mitzi am Mondsee

Der Bauherr Monsieur Louis Coiseau (1846–1909) ließ 1902 die Villa Mitzi in St. Lorenz am Mondsee errichten. Bald ging das Eigentumsrecht der Villa auf seine Frau über, Maria Coiseau¹⁶, deren Spitzname Mitzi Inspiration für die Namensgebung war.¹⁷ Coiseau war für sein Mitwirken beim Bau des Antwerpener Hafens, des Suezkanals und 1873 als Oberingenieur bei der Donauregulierung in Wien bekannt.¹⁸ Leider konnten nach intensiver Recherche keine Angaben zur damals ausführenden Person der baumeisterlichen Arbeiten oder zur genauen Bauzeit ermittelt werden. Die Gemeinde geht davon aus, dass diese Unterlagen der Aktenvernichtung während des Zweiten Weltkrieges zum Opfer fielen.

Das Haus weist einen regen Eigentümerwechsel auf – unter anderem war es in Besitz von Anton Habsburg-Lothringen –, was dem Mauerwerk eine ganz eigene Geschichte einhaucht.¹⁹ Seit 2001 hat die Villa Mitzi einen neuen Hausherrn, der seither mit seiner Familie dort lebt.²⁰ So spannend die wechselnden Besitzver-

St. Lorenz am Mondsee, Villa Mitzi, 1902, Fotografie einer Erinnerungskarte

Seewalchen am Attersee, Villa Paulick, 1877, Friedrich König und Rudolf Feldscharek

hältnisse wären, so überraschend ist die Architektur der Villa, die bislang in keiner Publikation Erwähnung findet.

Die Villa Mitzi liegt nicht in direkter Ufernähe, sondern auf einer Anhöhe unterhalb der fulminanten Drachenwand. Sie steht auf einem zweistufig terrassierten und gerundeten Gelände und ist in nordöstliche Richtung orientiert. So bietet sich der beste Blick über den Mondsee, während die Villa gleichzeitig vom gewaltigen Hintergrund der Drachenwand geprägt wird. Das Gebäude liegt im oberen Teil des Grundstücks und ist durch eine lange Allee mit der Straße verbunden. Während der Auffahrt präsentiert sich die Villa von allen Seiten. Nicht nur die freistehende Allansicht ist ein gemeinsames Merkmal, das sich die Villa Mitzi mit der Villa Paulick[21] am Attersee (1876–1877) teilt, sondern auch der asymmetrische Grundriss.[22] Die Schuppendeckung gliedert den westlichen Teil der Fassade und lässt sie silbrig glänzen.²³ Das Erdgeschoß und das Souterrain der Villa Mitzi sind in einem imposanten Polygonmauerwerk ausgeführt. Dazu hebt sich die Schuppendeckung durch eine leichte Auskragung von dem Mauerwerk ab. Im Kontrast stellt der Fassadenbereich, der das Haus im Norden und Süden betont, ein Spiel zwischen dunkler Holzverkleidung und gelber Wandfarbe mit weißen Eckquaderungen, ausgeführt in Diamantform, dar. Zusammen mit den vielen Balkonen, Loggien, einer Veranda und der vielseitigen Fassadengestaltung präsentiert die Villa von außen eine architektonische Dynamik. Das kräftige Mauerwerk wiederholt sich im arkadenartigen Freisitzbereich im Nordosten. Filigrane Holzdekorationen in den Balkonbrüstungen, Fensterläden, Fensterrahmen, Blumenkästen und Dachelementen geben der Villa ein beinahe märchenhaftes Erscheinungsbild. Die floralen und ornamentalen Durchbrechungen des Holzes bilden bei richtigen Lichtverhältnissen wandernde Schattenbilder an der Fassade.²⁴ Ein vorspringendes, nordöstlich ausgerichtetes Satteldach weist einen verzierten Ortgang und Pfeffenbretter auf und wird am Dachfirst von einer Essglocke bekrönt. Solch hölzerne Glockentürme findet man eigentlich auf dem First von Bauernhäusern, wo die Glocke den Feldarbeiter*innen als Signal zum Essen geläutet wurde. Die Spitze des Turmes wurde dort oft mit einem Wetterhahn oder Kreuz versehen.²⁵ Bei den Villen der Sommerfrische wurde die Essglocke stattdessen gerne als zusätzliches Dekor eingesetzt, das eine Nähe zum romantischen Bauernhaus im Naturidyll erzeugen sollte. Noch heute kann man das helle Läuten der Glocken mancherorts hören.

Die Villa Mitzi ist ein Gesamtkunstwerk und zwingt die Besucher*innen, einen Rundgang zu machen. Passend zum malerischen, romantisierenden Idyll fügt sich die Villa im Schweizer Stil in die Landschaft ein, die erhöhte Lage wird zur Bühne für ein pittoreskes Schauspiel zwischen Berg und See. Der bäuerlich alpine Touch der Architektur betont dieses Bild.²⁶ Sie ist ein ebenso vom Malerischen und Stimmungshaften bestimmter Bau, wie Monika Oberhammer es für die Villa Paulick formulierte. Die vorgelagerte Terrasse beziehungsweise die Veranden, Loggien, Balkone und Erker am Gebäude selbst erzeugen einen gestuften Übergang von innen nach außen. Materialvielfalt, eine bewegte Dachlandschaft, die Verunklärung des Grundrisses und die gesamte Ausschmückung verleihen der Villa einen verspielten Rhythmus.²⁷ Einerseits hat das Bauwerk etwas Städtisches an sich, und doch erkennt man andererseits eine gewisse Landromantik – das prachtvolle Eigenheim am Land, das in die Umgebung eingegliedert wurde. Gestalterische Intention war es, Repräsentation und Reichtum über die Architektur auszustrahlen.

Bade- und Ferienhäuser von Luger & Maul

Der Trend zur Villa wird in der Moderne nicht mehr aufgegriffen, wie Ernst Anton Plischke (1903–1992) wegweisend mit dem Haus Gamerith²⁸ am Attersee, erbaut 1933/34, präsentierte.²⁹ Da in diesem Artikel die Abhandlung der Architektur zwischen 1934 und 2010 zu umfangreich wäre, kommen wir mit dem Architektenduo

 Unterach am Attersee, Badehaus Familie S., 2010, Luger & Maul

Max Luger und Franz Maul in die zeitgenössische Moderne, die eine Neuauflage der Bade- und Bootshausarchitektur erlebt, deren Architektur durch eine zeitbezogene Synthese aus Alt und Neu besticht.[30] Die Badehäuser D. und S. definieren eine neue Form der Sommerfrische-Architektur im Salzkammergut.

Das Badehaus D. wurde 2015 am Mondsee errichtet und nimmt die Kleinteiligkeit der bestehenden Badehüttenbebauung auf. Das Gebäude ist zweifach unterteilt: einerseits in das mit Satteldach ausgestattete Bootshaus, das auf die umliegenden Nachbarsbauten reagiert, andererseits in das flachgedeckte Badehaus. Letzteres ist nach Osten hin als eine offene Spange konstruiert. Die beiden unterschiedlichen Bauteile sind durch eine Glasfuge getrennt. Transparente Abschlüsse im Norden und Süden bieten einen Ausblick über den See beziehungsweise auf den Garten. Die Architektur ist von einem Changieren zwischen extrovertierter und introvertierter Nutzung und Sicht geprägt.[31]

Im 2010 erbauten Badehaus der Familie S. wurde der Bestand einer ehemaligen kleinen Zimmerwerkstätte integriert und unter Wahrung der Baukörperdimensionen zur zeitgemäßen Nutzung als Bade- und Freizeithaus adaptiert.[32] Das Haus liegt direkt am Westufer des Attersees, von wo aus sich gegenüberliegend das Panorama von Höllengebirge bis Schafbergmassiv präsentiert. Das Blickfeld von Wasser und Landschaft sollte in das Badehaus geholt werden, das im Einklang mit den räumlichen Strukturen des offenen zweigeschoßigen Raumes steht. Senkrechtes Lattenwerk legt sich wie eine Kleidungsschicht um den Baukörper.[33] Flexible Falt- und Schiebemechanismen geben die Aussicht frei und lassen Licht in das Hausinnere strömen.[34]

Die Architektur von Luger & Maul birgt folgende Charakteristika, die sich eben beispielhaft am Badehaus der Familie S. wiederfinden: Durch den Einsatz von Holz,

5
Ansichtskarte, Salzkammergut, Bad Ischl von Villa Starhemberg aus

Glas und Sichtbeton mit Schalungsoptik herrscht eine klare Ästhetik, die Räume selbst sind hell und lichtdurchflutet und stehen im Spannungsfeld zwischen Transzendenz und Privatheit. Die Badehäuser stehen oftmals auf kleinen Grundstücken mit direktem Seezugang, was eine präzise Verwendung der vorhandenen Fläche erfordert. Die Häuser zeigen reduzierte und funktionale Elemente, dekorative Komponenten entstehen durch die Schalungsoptik, die Holzfassade und deren Maserung.[35]

Die Villen im Salzkammergut

Die verschiedenen Baustile, das Zusammenspiel von Natur und Architektur, romantische Ideale und das Verhältnis von Aristokratie und Bürgertum prägen diese Villen und Badehäuser. Behalten Sie im Kopf, dass wir bei unserer kleinen Villenreise einen Blick vom frühen 20. Jahrhundert bis in das 21. Jahrhundert geworfen haben. Veränderungen in der Architektursprache beschreiben einen Entwicklungsprozess von Diversität und Pluralität der Villenarchitektur, die man an den kurz beschriebenen Architekturbeispielen gut beobachten kann. Die Villen sind prädestiniert für die Veranschaulichung der Heterogenität der Architektur der Sommerfrische im Salzkammergut, da sie sich jeweils anderer Stile bzw. Stilelemente bedienen und somit jedem Haus ein Stück weit Individualität einhauchen.

Anmerkungen

1 Vgl. Arnbom, Marie-Theres: Die Villen von Bad Ischl. Wenn Häuser Geschichten erzählen (Wien ³2017) 11.
2 Vgl. Buchinger, Günther: Semmering Architektur. Villenarchitektur am Semmering II (Wien 2006).
3 Vgl. Arnbom: Villen 12.
4 Zur Gartengestaltung der Villenarchitektur vgl. Kluckert, Ehrenfried – Toman, Rolf (Hg.): Gartenkunst in Europa. Von der Antike bis zur Gegenwart (Köln 2015) 354–359.

5 Zur Darstellung des Pittoresken vgl. Pirce, Sir Uvedale: An essay on the picturesque – as compared with the sublime and the beautiful and on the use of studying pictures, for the purpose of improving real landscape (London 1796).
6 Vgl. Brönner, Wolfgang: Die bürgerliche Villa in Deutschland 1830–1900 (Worms 2009) 56.
7 Vgl. Bernard, Erich: Eine Stadt am Land. Villen und Landhäuser am Attersee, in: Bernard, Erich u. a.: Der Attersee. Die Kultur der Sommerfrische (Wien ⁴2015), 106–145, hier 110.
8 Oberhammer, Monika: Sommervillen im Salzkammergut. Die spezifische Sommerfrischearchitektur des Salzkammergutes in der Zeit von 1830 bis 1918 (Salzburg 1983) 31.
9 Vgl. Brönner: Villa 56.
10 Vgl. ebd.
11 Vgl. Loudon, John Claudius: An Encyclopedia of Cottage, Farm and Villa Architecture and Furniture (London 1846) 763.
12 Vgl. ebd.
13 Vgl. Brönner: Villa 77, 381.
14 Vgl. ebd.
15 Vgl. Weber, Stefan: Moderne Tradition und traditionelle Moderne. Die Villa und das Einfamilienhaus seit 1918. In: Österreichische Zeitschrift für Kunst und Denkmalpflege (2020) H. 3, 59.
16 Vgl. Oberösterreichisches Landesarchiv (OÖLA), B-Seite aus Neuem Grundbuch (1880–1980), S. 1568.
17 Vgl. Interview mit den Eigentümern der Villa Mitzi am 9. 11. 2020.
18 Vgl. Barjot, Dominique: Patrotant et autorité. Le cas des travaux publics (1883–1974), in : Le Mouvement social (Paris 1996) No. 175, 31–54; Offices of Engineering: The Forth Bridge. Reprinted from Engineering (London 1980) 71; Tinter, Wilhelm (Red.): Zeitschrift des Österreichischen Ingenieur- und Architektenvereins 25. Jg. (Wien 1873) 8.
19 Vgl. Interview mit dem Eigentümer der Villa Mitzi am 9. 11. 2020; OÖLA, B-Seite aus Neuem Grundbuch (1880–1980), S. 1568; Bauamt der Verwaltungsgemeinschaft der Gemeinden Tiefgraben, St. Lorenz und Innerschwand am Mondsee, Auszug aus Gesamthäuserverzeichnis, gemäß E-Mail von Antonia Schwaighofer am 15. 4. 2021; o. A.: Anton Habsburg-Lothringen. URL: https://austria-forum.org/af/AustriaWiki/Anton_Habsburg-Lothringen (aufgerufen am 19. 8. 2023).
20 Vgl. Bauamt der Verwaltungsgemeinschaft der Gemeinden Tiefgraben, St. Lorenz und Innerschwand am Mondsee, Auszug aus Gesamthäuserverzeichnis, gemäß E-Mail von Antonia Schwaighofer am 15. 4. 2021; o. A.: Anton Habsburg-Lothringen.
21 Vgl. Oberhammer: Sommervillen 99; Verein für Geschichte der Stadt Wien (Hg.) – Egger, Gerhart – Wagner-Rieger, Renate: Architektur in Wien. Von der Renaissance bis zum Klassizismus. Vom Klassizismus bis zur Secession VII (Wien 1973) 134–148; Bernard: Stadt am Land 121; Arnbom: Villen 32.
22 Vgl. Hemetsberger, Raphaela: Architektur auf Sommerfrische im Salzkammergut. Die Funktion der Villenarchitektur vom späten 19. bis ins 21. Jahrhundert (Linz 2021) 36.
23 Vgl. o. A.: Fischschuppen. URL: https://www.baunetzwissen.de/glossar/f/fischschuppen-3363763 (aufgerufen am 21. 8. 2023).
24 Vgl. Hemetsberger: Architektur 36.
25 Vgl. o. A.: Essglocke. URL: https://www.sn.at/wiki/Essglocke (aufgerufen am 21. 8. 2023).
26 Vgl. Hemetsberger: Architektur 38–39.
27 Vgl. Oberhammer: Sommervillen 99.
28 Vgl. Plischke, Ernst Anton: Der Grosse Österreichische Staatspreis. Ein Haus am Attersee. In: Profil. Österreichische Monatszeitschrift für bildende Kunst 3. Jg. (1935) H. 12, 582–585.
29 Zum Thema Landhäuser und Wochenendhäuser zu dieser Zeit vgl. Zentralvereinigung der Architekten Österreichs (Hg.): Profil. Die Monatszeitschrift für bildende Kunst 3. Jg. (1935) H. 4: Holzhäuser.
30 Vgl. Weiß, Klaus-Dieter u. a.: Luger & Maul. Architektur Landschaft (Salzburg 2005). URL: https://pustet.at/de/buecher.cp?pageid=49&perpage=10&catids=0&artid=111&curpage=1&pagecnt=1&offset=0&search=luger%20und%20maul&totalcnt=1&setppage=0&cp=0&bricksslice=false&clientcnt=0 (aufgerufen am 21. 8. 2023).
31 Vgl. Architekten Luger & Maul: Badehaus D. Mondsee. URL: http://www.luger-maul.at/mondsee_Badehaus_d.html (aufgerufen am 21. 8. 2023).
32 Vgl. Architekten Luger & Maul: Badehaus Fam. S. URL: http://www.luger-maul.at/unterach_badehaus_s.html (aufgerufen am 23. 8. 2023).
33 Inspiriert von Gottfried Sempers Bekleidungstheorie; vgl. Semper, Gottfried: Vergleichende Baulehre, in: Herrmann, Wolfgang – Semper, Gottfried: Theoretischer Nachlass an der ETH Zürich. Katalog und Kommentare, (Basel/Boston/Stuttgart 1981).
34 Vgl. ebd.
35 Vgl. Hemetsberger: Architektur 93.

Andreas Neiß

Der lange Weg in die Moderne
Das Kurmittelhaus Bad Ischl

„Nach wenigen Schritten über den Bahnhofplatz stehe ich vor einer neuen Überraschung. Dort wo einst die tiefgelegene Pammesberger Wiese dem Kurorte gerade nicht zur Zierde gereichte, liegt jetzt ein herrlicher Park und mitten durch, geradlinig vom Bahnhof bis zur Einfahrt in den Kaiserpark, führt eine neue breite Kaiseravenue, […] links mit der kürzeren Seite gegen die Bahnhofstraße, in seiner äußeren Architektur prächtig in das Landschaftsbild eingepaßt, präsentiert sich ein

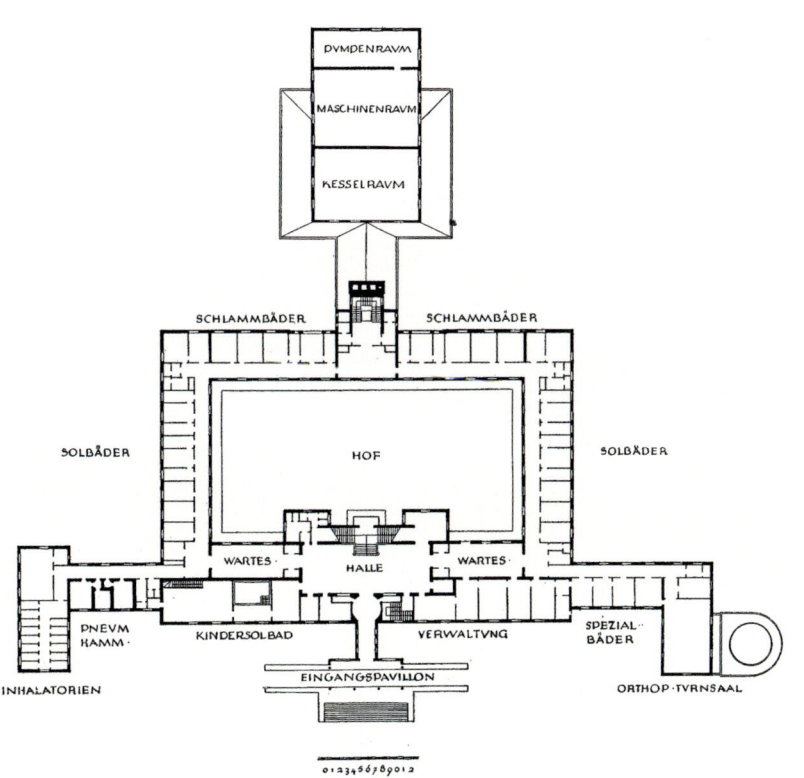

1

Grundriss Erdgeschoß

herrlicher ländlicher Monumentalbau: das neue Zentralbad."[1] So beschreibt der Wiener Architekt Hans Schimitzek 1909 im „Ischler Wochenblatt" unter dem Titel „Aus dem modernen Salzkammergut!" fiktiv sein Eintreffen in Bad Ischl. Tatsächlich sollte Schimitzeks Vision erst zwei Jahrzehnte später in einer gänzlich veränderten Welt Realität werden.

Der Aufbau zum Kurort

Bei einem Besuch Ischls 1821 regte der Wiener Arzt Dr. Franz de Paula Wirer die beiden Salinenärzte Dr. Josef Götz und Dr. Franz Wolff an, Patient*innen mit Sole zu behandeln. Damit öffnete sich ein neues Kapitel in der bereits über Jahrhunderte alten Geschichte Ischls als Salzgewinnungsort. Im darauffolgenden Jahr 1822 richtete Michael Tänzel, der Salinen-Kassen-Kontrolleur, in seinem Haus die ersten 25 Badestuben ein.[2] Sie stellten den Ausgangspunkt der Entwicklung Ischls zu einem der bedeutendsten Kur- und Sommerfrischeorte der Monarchie dar. Der Aufschwung basierte neben dem großen Erfolg der Kuranwendungen selbst vor allem auf der Anwesenheit des Kaiserhauses, wodurch der kleine Ort im Sommer zum gesellschaftlichen Mittelpunkt der Donaumonarchie aufstieg.[3] Neben neuen Gasthöfen, Hotels, Konditoreien, Geschäftslokalen etc. bedurfte es weiterer Kureinrichtungen, um die Patient*innen behandeln zu können. 1824 eröffnete man dazu das erste Dampfbad im ärarischen Sudhaus, und rasch folgten weitere Einrichtungen: 1825 der Rudolfsbrunnen, 1826 die Badeanstalt Michael Tänzels, 1828 das Wirerspital, 1829–1831 das große Badehaus von Dr. Wirer, die heutige Trinkhalle,[4] 1835 die Wirerquelle, 1840 die gymnastische Anstalt bei der Plaßmühle, 1841 das k. k. Salinen-Dampfbad und das Spital in Eglmoos, 1842 der Molkensider (Molken-Trinkanstalt), 1850 das Rudolfsbad für Schlammbäder, 1851–1853 die Erweite-

Straßenfront Blick stadt-einwärts

rung des Solebadehauses (Trinkhalle) um zwei Seitenflügel, 1862 das Dr. Christian Feurstein Kur- und Badehaus, 1866 das Gisela-Bad, 1872 die Wasserheilanstalt in Kaltenbach, 1875 das Casino und spätere Kurhaus, 1887 der Anbau einer Wasserheilanstalt an das Wirerbad, 1892 die Eröffnung der Klebelsbergquelle, 1897 die Dr. Emil Wiener Wasserheilanstalt, 1903 das Bulling-Inhalatorium, 1904 eine pneumatische Kammer im Rudolfs-Garten und 1905 der Umbau des Bulling-Inhalatoriums.[5] Diese Chronologie zeigt, wie rasch man Ischl, das 1906 zu Bad Ischl wurde, zu einem bedeutenden Kurort ausbaute.

Modernisierungsgedanken

Am Ende dieser langen Aufbauphase musste das Kuratorium der Dr. Ritter von Wirer'schen Badestiftung, Eigentümerin fast aller Kureinrichtungen, feststellen, dass nahezu alle Kureinrichtungen veraltet und dringend zu modernisieren waren. Dazu bat man die Regierung um finanzielle Unterstützung, jedoch vergeblich.[6] Der im März 1911 veröffentlichte Artikel „Die Bäderfrage von Bad Ischl" von Dr. Adolf Höchsmann[7] brachte die Diskussion um ein neues Zentralbad an die Öffentlichkeit. Darin hieß es unter anderem: „Diese Kurmittel müssen aber den Kurgästen in einer Art zur Verfügung gestellt werden, daß sie sich auch in den Bädern wohl fühlen und nicht, daß aus Aerger über die unkomfortablen Bäder die Wirkung derselben verloren geht."[8] Höchsmann schlug dazu ein neues modernes Zentralbad vor und legte ein detailliertes Anforderungsprofil fest. Die Baukosten schätzte er bei einer einfachen Ausführung auf etwa 1.500.000 Kronen.[9] Ein Komitee aus Vertretern der Kurkommission und der Gemeinde griff diesen Vorschlag auf und beauftragte den Architekten Franz Drobny, den Stadtbaudirektor von Karlsbad, mit der Erstellung eines Gutachtens.[10] In seinem 86 Seiten umfassenden Bericht bestätigte Drobny, dass der Großteil der Kureinrichtungen veraltet war. Zur Modernisierung erstellte er einen elf Punkte umfassenden Maßnahmenplan, für dessen Realisierung er Kosten von 1.460.000 Kronen schätzte. An erster Stelle stand der Bau eines neuen Kurmittelhauses für 1.000.000 Kronen. Die Rentabilitätsrechnung zeigte, dass die erforderliche Verzinsung[11] des Kapitals gegeben sein sollte.[12] Doch aus eigener Kraft konnte die seit 1907 in finanziellen Schwierigkeiten befindliche Wirer-Stiftung dieses Vorhaben nicht realisieren.[13] Die ungelöste Frage der Finanzierung verzögerte das Projekt, und der Beginn des Ersten Weltkriegs brachte weitere Überlegungen zum Stillstand.

Nach Ende des Krieges griff man den Gedanken der Modernisierung, trotz bestehender Notlage, wieder auf. In einer provisorischen Landesversammlung für Oberösterreich berichtete deren volkswirtschaftlicher Ausschuss darüber, dass bei den in der Vergangenheit errichteten Kureinrichtungen in den letzten Jahrzehnten keine Erweiterungen oder Modernisierungen erfolgt seien. Nachdem Bad Ischl finanziell nicht in der Lage war, diese Maßnahmen durchzuführen, forderte man das Land Oberösterreich auf, die Wirer'schen Kur- und Badeanlagen zu überneh-

3

Eingangsbereich bei Nacht

men, um diese zu modernisieren. Begründet wurde die Forderung damit, dass der Kurbetrieb eine bedeutende Erwerbsquelle der ansässigen Bevölkerung sei und der Ruf Bad Ischls als Kur- und Badeort verteidigt werden müsse.[14] Doch das Land Oberösterreich folgte dieser Aufforderung nicht. Im selben Jahr scheiterte auch das „Holländerprojekt", der Versuch, die Finanzierung über die Gründung einer Aktiengesellschaft unter Hereinnahme internationaler Investoren zu bewerkstelligen.[15]

Im Oktober 1921 wendete sich Bad Ischl nochmals an die Landesregierung und drängte auf eine Lösung der Finanzierungsfrage, um zu vermeiden, dass Bad Ischl seinen Status als Kurort verlor.[16] Die Baukosten sollten über eine zu gründende Aktiengesellschaft finanziert werden, an der die Wirer-Stiftung, Bad Ischl, das Land Oberösterreich und die Republik beteiligt sein sollten.[17] Nachdem die beiden Letztgenannten dazu nicht bereit waren, scheiterte diese Überlegung. Ein erneuter Anlauf, die Finanzmittel, die infolge der Hyperinflation auf 15 bis 20 Milliarden Kronen angestiegen waren, über eine Aktiengesellschaft aufzubringen, an der sich die Bank für Oberösterreich und Salzburg sowie die Reformbau-Gruppe aus Wien beteiligen sollten, konnte ebenfalls nicht realisiert werden.[18] Im Dezember 1923 fällten das Kuratorium der Wirer-Stiftung und die Gemeinde Bad Ischl den Beschluss, zur Finanzierung eine Bäder-Aktiengesellschaft zu gründen, und im April 1924 fanden Verhandlungen mit dem Land Oberösterreich, der Wirer-Stiftung, Bad Ischl und dem Bund statt. Abgesehen von der Feststellung, dass die Wirer-Stiftung einer dringenden Sanierung bedürfe, kam es zu keiner Einigung.[19]

Das Projekt „Zentralbad"

Nach dem Ende der Hyperinflation und der Einführung der Schillingwährung 1925 widmete man sich ab Herbst 1926 erneut dem Neubau. Ein dazu eingesetztes Bäderkomitee,[20] bestehend aus Vertretern der Gemeinde, der Kurkommission sowie der Wirer-Stiftung, beschloss unter dem Vorsitz von Bezirkshauptmann Pachta-Rayhofen, noch vor der endgültigen Klärung der Finanzierungsfrage eine beschränkte Ausschreibung für das neue Zentralbad durchzuführen,[21] dessen Baukosten höchstens zwei Millionen Schilling betragen durften.[22] Am 26. November 1926 fiel die Entscheidung zugunsten des von Clemens Holzmeister eingereichten Projekts „Ausgebreitet".[23] Doch vor Beginn der Bautätigkeit musste noch die Finanzierung geklärt werden.[24] Von der finanziellen Herausforderung abgesehen, traf das Projekt 1927 auch von anderer Seite auf massiven Widerstand. Zum einen kritisierte man den gewählten Standort, das Pammesbergerfeld, nahe dem Bahnhof. Es sei nicht zentral genug, müsse erst angekauft werden, und mit den Kosten der notwendigen Planierungsarbeiten würde der Bau unnötig verteuert.[25] Andererseits kam politischer Gegenwind auf, da befürchtet wurde, dass der von der Gemeinde zu tragende finanzielle Aufwand die Bevölkerung zu stark belasten würde.[26] Letztlich konnten diese Widerstände ausgeräumt werden, denn der Neubau wurde für Bad Ischl als wirtschaftlich dringend notwendig eingestuft.[27]

Eine Lösung zur Finanzierung zu finden, gestaltete sich dagegen schwieriger. War man 1926 zum Zeitpunkt der Ausschreibung noch von Baukosten in Höhe von zwei Millionen Schilling ausgegangen, hatten sich diese bis 1928 bereits um 25 Prozent auf 2.500.000 Schilling erhöht.[28] Doch aufgrund der großen wirtschaftlichen Bedeutung des Projekts für Bad Ischl fanden die 23 Jahre andauernden Bemühungen, die Geldmittel aufzustellen, durch einen Beschluss des Oberösterreichischen Landtags vom 13. Juni 1928 einen vorerst erfolgreichen Abschluss. Der Landtag erklärte sich bereit, dem Ansuchen Bad Ischls stattzugeben und sich mit bis zu 800.000 Schilling an der Gründung einer Heilbad-Aktiengesellschaft zu beteiligen. Voraussetzung war, dass Bad Ischl einen um mindestens 100.000 Schilling höheren Anteil, somit bis zu 900.000 Schilling, übernahm. Der zur Deckung der veranschlagten Baukosten verbleibende Betrag in Höhe von 800.000 Schilling sollte als Darlehen von der Aktiengesellschaft aufgenommen werden. Zudem hoffte man auf eine Beteiligung des Bundes, der Eigentümer der Saline war, die dem Zentralbad die erforderlichen Kurmittel liefern sollte. Der Bund stellte in Aussicht, dass die Vergütung für die betriebsnotwendige Sole, den Schwefelschlamm und die Klebelsbergquelle nicht in bar, sondern über mehrere Jahre hinweg auch in Aktien bezahlbar wären. Letztlich stellte sich noch die Frage, was mit der Wirer-Stiftung geschehen sollte. Hier ging man davon aus, dass die Badeanstalten, die Esplanade, das Waschhaus etc. in die Aktiengesellschaft eingebracht[29] und der Rest in der Stiftung verbleiben sollte, die man zur Erfüllung karitativer Zwecke umgestalten wollte.[30] Damit waren die Voraussetzungen für den Start des Projekts erfüllt.

④ Große Empfangshalle

Der Errichtung des Zentralbades

Im April 1929 nahm man den Bau in Angriff und hoffte, nach 14 Monaten mit dem fertigen Kurmittelhaus die Kursaison im Mai 1930 eröffnen zu können. Im Herbst 1929 stand bereits der Rohbau,[31] und am 1. Dezember berichtete die „Salzkammergut-Zeitung" über eine Baustellenbesichtigung unter der Führung des Bauleiters Ing. Max Ehrenberger. Der Rohbau, in dem bereits die Installationsarbeiten im Gange waren, wurde vor allem wegen der funktionalen Trennung zwischen Kurbereich und Haustechnik, die in einem gesonderten Gebäude untergebracht war, hoch gelobt. Der Artikel schloss mit der Zuversicht, dass der Bau zeitgerecht zur Saison 1930 fertig wäre.

Doch die Realität sah anders aus. Auf Wunsch Bad Ischls beauftragte das Land Oberösterreich den Direktor der Landeskuranstalten Bad Hall mit einer fachlichen Begutachtung des Baues und der Rentabilitätsrechnung. Die Besichtigung fand am 10. und 11. Februar 1930 statt und das Gutachten wurde dem Oberösterreichischen Landtag am 17. März 1930 vorgelegt.[32] Der Grundtenor des Berichts war grundsätzlich positiv, doch deckte er zugleich massive Schwachstellen auf. Zum einen wurde der geplante Fertigstellungstermin als unrealistisch angesehen, da es unter anderem wegen fehlender Geldmittel zu gravierenden Verzögerungen im Baufortschritt gekommen war. Zum anderen führte er eindringlich die dramatische Baukostenüberschreitung vor Augen, die unter anderem der sehr hochwertigen Innenausstattung geschuldet war. Vom Zeitpunkt der Ausschreibung bis zum Baubeginn waren die Kosten bereits um 25 Prozent gestiegen. Dies war bei der Festlegung des Grundkapitals der Aktiengesellschaft von 1.700.000 Schilling bereits berücksichtigt worden. Doch in der Bauphase von April 1929 bis Dezember 1929 waren sie um weitere 1.100.000 auf 3.600.000 und bis Februar 1930 nochmals um 400.000 auf 4.000.000 Schilling angestiegen. Das Gutachten legte dar, dass bereits bei der ersten Rentabilitätsrechnung auf der Basis von 2.000.000 Schilling Baukosten Zweifel bestanden hätten, ob eine Rentabilität gegeben sei. Bei der nun doppelt so hohen Bausumme wurde das noch mehr infrage gestellt. Erschwerend kam hinzu, dass in der nunmehr vorliegenden Rentabilitätsrechnung für die ersten Betriebsjahre die Einnahmen zu positiv eingeschätzt wurden, dagegen die Betriebskosten und hier vor allem die Personalkosten deutlich zu niedrig angesetzt waren. Das Gutachten kam dennoch zu einem positiven Schluss, indem festgehalten wurde, dass ein direkter Ertrag aus solchen Projekten grundsätzlich nicht zu erwarten sei, sondern sich ein indirekter Nutzen[33] durch die wirtschaftliche Belebung des Ortes einstellen würde.[34]

Im Zuge dieser massiven Baukostenüberschreitung forderte das Finanzministerium, dessen Zustimmung zur Gründung der Bäder-Aktiengesellschaft erforderlich war, eine Erhöhung des Aktienkapitals von 1.700.000 auf mindestens 2.500.000 Schilling. Bad Ischl konnte dieser Forderung nur im Umfang von 500.000 Schilling nachkommen und bat die Landesregierung ihren Anteil ebenfalls um 500.000 Schilling zu erhöhen. Der Oberösterreichische Landtag stimmte dem am 18. März 1930 zu.[35]

Doch damit endeten die Schwierigkeiten nicht, da sich der Bund letztlich doch gegen eine direkte Beteiligung an der Bäder-Aktiengesellschaft entschied.[36] Die Überlegung, den Banken als Sicherheit für das Darlehen Haftungen der beiden Aktionäre, des Landes Oberösterreich und der Gemeinde, anzubieten, scheiterte an der strengen Auslegung des Abgabenteilungsgesetzes durch das Finanzministerium. Um die Zahlungsfähigkeit für die weitere Bautätigkeit sicherzustellen, musste das Land Oberösterreich im Oktober 1930 und Februar 1931 zwei Darlehen von insgesamt 500.000 Schilling gewähren. Zugleich hatte das Land die Kontrolle über den Bau übernommen und verhinderte weitere Kostensteigerungen. Zudem erwirkte es bei den bauausführenden Firmen Zahlungsaufschübe von ein bis zwei Jahren.

Letztlich sah sich Bad Ischl nicht mehr in der Lage, die mit dem Bau verbundene finanziellen Belastungen zu tragen. Die Gemeinde trat am 11. Juni 1931 an das Land Oberösterreich mit der Bitte heran, das neue Kurmittelhaus in sein Eigentum zu übernehmen. Den vermutlich letzten Anstoß zu dieser schweren Entscheidung dürfte die Empfehlung des Finanzministeriums, das 1931 die Gründung der AG ge-

Nassbereich mit Solebecken

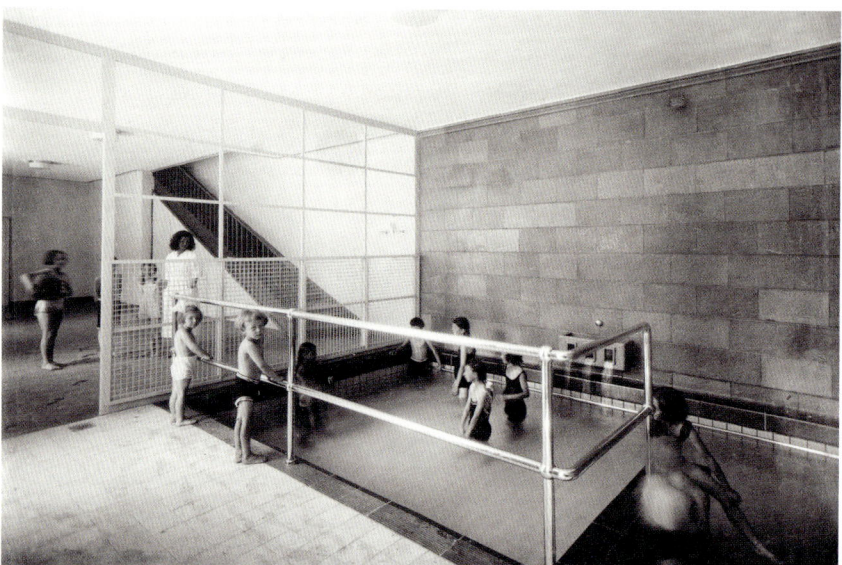

6 Kurmittelhaus Kindersolebad

nehmigt hatte, gegeben haben. Das Aktienkapital sollte nicht 2.700.000, sondern lediglich 1.000.000 Schilling betragen. Die verbleibenden 1.700.000 Schilling mussten beide Aktionäre, zur Entlastung der Aktiengesellschaft, als verlorenen Bauaufwand betrachten. Bad Ischl beschloss die Verzichtserklärung über seinen Anteil von 900.000 Schilling. Nachdem die Gemeinde keine weiteren Haftungen übernehmen oder Zuschüsse für die ersten Betriebsjahre leisten konnte, musste man das Zentralbad dem Land zur Übernahme anbieten.[37]

Die dazu geführten Verhandlungen endeten erfolgreich. Die Gemeinde Bad Ischl, die Wirer-Stiftung und die Landesregierung legten am 16. Juli 1931 dem Oberösterreichischen Landtag folgende Vereinbarung zur Beschlussfassung vor: Das Land übernimmt zur einheitlichen Betriebsführung das Kurmittelhaus und das Bulling-Sanatorium von der Gemeinde Bad Ischl und sämtliche Kureinrichtungen der Wirer-Stiftung in sein Eigentum. Die Gemeinde verzichtet auf 900.000 Schilling an verlorenem Bauaufwand und erhält im Gegenzug ihren Anteil am Stammkapital von 500.000 Schilling zurück. Die Gründung einer Bäder-Aktiengesellschaft hat das Land Oberösterreich nicht weiterverfolgt.[38]

Am 28. Juni 1931, 14 Tage vor diesem Landtagsbeschluss, fand die feierliche Eröffnung des neuen Kurmittelhauses durch Bundespräsident Wilhelm Miklas statt.[39] Damit hatte sich Hans Schimitzeks Vision doch noch erfüllt, nun allerdings in der Republik Österreich, ohne Kaiser und Adel an der gesellschaftlichen Spitze, und eröffnet inmitten der Weltwirtschaftskrise.

Das neue Kurmittelhaus

Im Rahmen der 1926 erfolgten eingeschränkten Ausschreibung zur Planung des Zentralbades wurden drei Architekten eingeladen: Mauriz Balzarek, Hans Schimitzek und Clemens Holzmeister.[40] Alle drei waren renommierte Architekten mit entsprechendem Œuvre. Den Zuschlag erhielt Clemens Holzmeisters Projekt „Ausgebreitet".[41] Holzmeister, der zu diesem Zeitpunkt bereits internationale Anerkennung genoss,[42] entwickelte den Entwurf mit seinem Büroleiter Max Fellerer.[43] Die Gemeinde wünschte zudem, dass er bei den weiteren Arbeiten den unterlegenen Hans Schimitzek einbezog.[44] In den zeitgenössischen Berichten bleibt Max Fellerer unerwähnt, während der Bau nach Plänen Clemens Holzmeisters in technischer Zusammenarbeit mit Architekt Ing. Schimitzek[45] vorgestellt wurde.

Achleitner urteilt über die Qualität des Kurmittelhauses, dass „vor allem die zweigeschoßige Halle mit Galerie zu den besten Raumschöpfungen dieser Zeit"[46] zähle, was zeigt, dass Bad Ischl um ein architektonisches Juwel bereichert wurde. Seine Bedeutung wird zudem hervorgehoben, da der überwiegende Teil der Bausubstanz in Bad Ischl noch aus dem 19. Jahrhundert stammte.[47]

Das Kurmittelhaus liegt an der Verbindungsstraße zwischen dem Bahnhof und dem Ortszentrum, in Sichtweite für die ankommenden Gäste. Der mehrgliedrige Gebäudekomplex, dessen rechteckiges Zentralgebäude symmetrisch von zwei Seitenflügeln flankiert wird, an deren Enden Eckpavillons gesetzt sind, erstreckt sich über nahezu die gesamte Straßenseite des Grundstücks.[48] Dahinter entwickelt sich der Bau in die Tiefe, wobei die Gebäudeteile einen großen Innenhof umschließen, der funktionell wie architektonisch die Vermittlung zwischen den einzelnen Abteilungen bzw. Gebäudeflügeln übernimmt.[49] Hinter diesem, dem eigentlichen Kurbereich gewidmetem Gebäude schließt ein funktional getrennter Technikbau an, in dem die Wäscherei, der Kesselraum (Abb. 8) sowie der Maschinen- und der Pumpenraum mit seinen umfangreichen Installationen zur Verteilung von Dampf und Sole situiert sind.

7

Inhalationsstationen

Heizhaus

Das hohe, weit aus dem Boden ragende Untergeschoß ist als Sockelgeschoß ausgeführt, das im Gegensatz zur verputzten Fassade der darüberliegenden Geschoße mit Steinplatten verkleidet ist. 25 Fensterachsen gliedern die straßenseitige Fassade horizontal. Eine vertikale Gliederung erreichte Holzmeister durch die plastischen, in Stein ausgeführten Fensterrahmen der im ersten Geschoß rechteckig und im Obergeschoß quadratisch gestalteten zweiflügeligen Fenster. Mit Ausnahme der Fensterrahmen finden sich keine weiteren Fassadenelemente, wodurch der Bau ein reduziertes, flächiges[50] Erscheinungsbild erhält.

Gedeckt sind die einzelnen Baukörper mit flachen Walmdächern aus Blech. Achleitner charakterisiert den Bau als gemäßigte österreichische Moderne.[51] Vermutlich basiert sein Urteil auf der Entscheidung Holzmeisters, anstelle eines Flachdaches auf die regionale Bautradition der Giebel- und Walmdächer zu referenzieren, wodurch er die strenge Modernität des Baues zurücknahm.

Durch den hohen Sockel liegt das erste Geschoß deutlich über dem Straßenniveau. Zur Erschließung dienen eine breite Freitreppe und zwei seitlich angeordnete Rampen. Dem Mittelbau ist ein reduzierter, mit schlanken, ohne Basen und Kapitelle ausgeführter und mit Monumentalsäulen versehener Portikus (Abb. 3) vorgelagert. Diese auf das Wesentliche reduzierte, einem antiken Tempeleingang ähnelnde Eingangslösung zieht die Blicke auf sich und geleitet die Besucher*innen in das Gebäude. Seine Rückwand ist zusätzlich mit zwei großen torartig wirkenden Mauerausschnitten durchbrochen, was ihm Transparenz verleiht. An diesen schließt sich zum Gebäude hin ein schmaler Windfang und ein kreisrunder Vorraum an, der in die große zweigeschoßige Empfangshalle (Abb. 4) mündet. Diese Lösung zählt zu den schönsten Raumschöpfungen ihrer Zeit.[52]

Die hohe Gestaltungsqualität setzt sich in der nach funktionalen Gesichtspunkten ausgeführten Raumplanung und -ausstattung fort. Das Erdgeschoß war den Kurgästen erster Klasse vorbehalten, das Obergeschoß der zweiten Klasse zugeordnet. Jeweils unterteilt in Abteilungen für Frauen, Männer und für Kinder waren ein Turnraum sowie ein separates Solebad vorgesehen (Abb. 6). Zeitgenössische Aufnahmen lassen die hohe Qualität der Innenausstattung erkennen. So setzte Holzmeister Marmor für die große Treppe der Halle und Fliesen an Böden und Wänden der Behandlungsräume ein. Die Wände der Feuchträume zeigen bis unter die Decke reichende Wandverkleidungen aus großformatigen, stark plastisch ausgeführten Kacheln (Abb. 5). Geländer und Armaturen waren dem Stand der Technik entsprechend in verchromtem oder vernickeltem Metall ausgeführt, was den modernen hygienischen Eindruck der Anlage verstärkte.[53] Die technische Ausstattung entsprach der modernsten Technik dieser Zeit[54] (Abb. 7). Das mag auch ein Grund für die hohen Baukosten gewesen sein. Die bauausführenden Firmen Pirkl & Eysert, Brandl & Söhne sowie Zierler beauftragten den Wiener Fotografen Bruno Reifenstein[55] mit der Erstellung eines prachtvollen Fotoalbums über den Bau. In braunem Leder mit goldenen Lettern beschriftet beinhaltet es 30 Schwarzweißaufnahmen aus der Zeit unmittelbar nach der Fertigstellung. Diese mit hoher fotografischer Fachkenntnis erstellten Aufnahmen wurden wiederkehrend, unter anderem 1932 im Rahmen einer Werkschau Clemens Holzmeisters, ohne Nennung Fellerers oder Schimitzeks, publiziert.[56]

Conclusio

Es bedurfte langer Bemühungen, bis das Kurmittelhaus realisiert werden konnte. Mit dem von Holzmeister, Fellerer und Schimitzek errichteten Bau erhielt Bad Ischl die Voraussetzungen, sich als moderner Kurort zu vermarkten. Doch neben der glänzenden Seite dieses Architekturjuwels dürfte das Projekt für die Beteiligten auch eine negative Seite gehabt haben. Bad Ischl hatte ein neues Kurmittelhaus, doch verlor es zugleich sein Eigentum an allen Kureinrichtungen und musste hohe verlorene Baukosten tragen. Das Land Oberösterreich erhielt weitere Kureinrichtungen, die es nun inmitten der Weltwirtschaftskrise betreiben und vor allem finanzieren musste. Hans Schimitzek, einer der ersten Ideengeber, sah seinen Traum verwirklicht, doch der Ruhm ging an Clemens Holzmeister. Fellerer blieb in der Rezeption weitestgehend unberücksichtigt. Für Holzmeister, der zeitgleich an über 120 Projekten arbeitete,[57] war es wohl nur ein Projekt unter vielen, dessen erhebliche Kostenüberschreitung vermutlich zu schwierigen Gesprächen mit den Bauherren geführt haben.

Es bleibt zu hoffen, dass sich Bad Ischl und das Land Oberösterreich der hohen Qualität dieser Architektur und der damit verbundenen Verantwortung bewusst sind und das Kurmittelhaus in dieser Qualität in Zukunft erhalten.

Anmerkungen

1. Ischler Wochenblatt 8. 8. 1909, 1–3.
2. Savel, Alexander: 200 Jahre Kurort Bad Ischl. Das älteste Solebad des Kaisertums Österreich und der Monarchie (Bad Ischl 2022) 166.
3. Schuhmacher, Martin – Sandgruber, Roman: Eine kleine Tourismusgeschichte des Salzkammergutes. In: Sandgruber, Roman (Hg.): Salzkammergut. OÖ Landesausstellung 2008 (Linz 2008) 89–91.
4. Idam, Friedrich – Zinner, Michael: Kurmittelhaus Bad Ischl. In: Oberösterreichisches Landesarchiv (Hg.): Oberösterreich 1918–1938 (Linz 2015) 8.
5. Savel: 200 Jahre Kurort 166–169.
6. Ischler Wochenblatt 3. 8. 1911, 3.
7. Dr. Höchsmann war k. k. Salinenarzt, Kuratoriumsmitglied der Wirer-Stiftung und ab Februar 1919 Leiter der Wirer'schen Kuranstalten. Prochaska, Heinrich: Geschichte des Badeortes Ischl 1823–1923 (Linz 1924) 93.
8. Ischler Wochenblatt 3. 8. 1911, 3.
9. Ebd.
10. Salzburger Volksblatt 11. 11. 1912, 7.
11. Vor dem Krieg waren 4 % Kreditzinsen und 0,5 % Amortisation gefordert worden.
12. Salzburger Volksblatt 11. 11. 1912, 7.
13. Savel: 200 Jahre Kurort 119.
14. Salzkammergut-Zeitung 1. 6. 1919, 5.
15. Feichtinger, Karin: Bad Ischl lebt und stirbt mit dem Fremdenverkehr. Die Entwicklung des Fremdenverkehrs in Bad Ischl unter besonderer Berücksichtigung der Zwischenkriegszeit (Dipl.-Arb. Univ. Salzburg 1992) 61.
16. Schreiben der Gemeinde Bad Ischl an die hohe Landesregierung in Linz vom 7. 11. 1921, hier nach Feichtinger: Bad Ischl 63.
17. Ebd.
18. Ebd. 64–68.
19. Savel: 200 Jahre Kurort 122.
20. Salzkammergut-Zeitung 11. 4. 1926, 13.
21. Salzburger Volksblatt 4. 12. 1926, 12.
22. Idam – Zinner: Kurmittelhaus 18.
23. Tagblatt 24. 12. 1926, 5.
24. Ebd. 5.
25. Salzkammergut-Zeitung 18. 11. 1927, 21.
26. Salzkammergut-Zeitung 18. 12. 1927, 2.
27. Ebd. 3.
28. Salzburger Volksblatt 14. 6. 1928, 7.
29. Salzkammergut-Zeitung 24. 6. 1928, 1–2.
30. Savel: 200 Jahre Kurort 124.
31. Gemeinde-Chronik Bad Ischl Bd. III, 162.
32. Salzkammergut-Zeitung 23. 3. 1930, 4.
33. Dieser Effekt wird gegenwärtig als Umwegrentabilität bezeichnet.
34. Salzkammergut-Zeitung 23. 3. 1930, 5.
35. Ebd. 6.
36. Salzkammergut-Zeitung 5. 7. 1931, 3.
37. Salzkammergut-Zeitung 5. 7. 1931, 3–4.
38. Ebd. 4.
39. Ebd. 1.
40. Tagblatt 24. 12. 1926, 5.
41. Idam – Zinner: Kurmittelhaus 10–11.
42. Ebd. 15–17; Posch, Wilfried: Clemens Holzmeister. Architekt zwischen Kunst und Politik (Salzburg/Wien 2010) 388–392.
43. Idam – Zinner: Kurmittelhaus 12.
44. Ebd. 11.
45. Salzkammergut-Zeitung 5. 7. 1931, 1.
46. Achleitner, Friedrich: Österreichische Architektur im 20. Jahrhundert. Ein Führer in drei Bänden. Bd. I: Oberösterreich, Salzburg, Tirol, Vorarlberg (Salzburg/Wien 1980) 31.
47. Ebd. 29.
48. Das zeigt auch der Lageplan des neuen Kurmittelhauses; vgl. Savel: 200 Jahre Kurort 124.
49. Idam – Zinner: Kurmittelhaus 26.
50. Achleitner: Architektur I 31.
51. Ebd. 30.
52. Ebd.
53. Salzkammergut-Zeitung 5. 7. 1931, 1.
54. Ebd. 2.
55. Zwar ist im Album der Fotograf nicht genannt, doch aufgrund von Abbildungen in der Gemeinde-Chronik ist Bruno Reifenstein aus Wien anzunehmen. Gemeinde-Chronik Bad Ischl Bd. III, 165.
56. Die Bau und Werkkunst. Monatszeitschrift für alle Gebiete d. Architektur u. Angewandten Kunst H. 7 (Juli 1932) 149–152.
57. Posch: Clemens Holzmeister 388–392.

Marie-Theres Arnbom

Illustre Gäste im Salzkammergut

Kurorte stehen oft am Anfang erfolgreicher Sommerfrischegeschichten – dies zeigt sich auch im Fall von Bad Ischl und Bad Aussee, die sich die Auszeichnung „Bad" erst erarbeiten mussten und sich als Heilbäder, Thermalbäder oder Luftkurorte auszeichneten. Dies lag wie immer an den handelnden Personen – für Bad Ischl in Gestalt Franz Wirers, für Bad Aussee am Ehepaar Schreiber. Sie animierten Menschen zu einer Reise ins Salzkammergut und legten so den Grundstein für das, was sich in der Folge zur Sommerfrische entwickelte.

Was bedeutet Sommerfrische überhaupt? Die Luft in den Großstädten ist schlecht, die Kanäle nur unzureichend abgedichtet – so strebt jede Familie, die es sich leisten kann, im Sommer aufs Land. Der Radius entspricht den sich rasant entwickelnden Transportmöglichkeiten. Frauen und Kinder übersiedeln für mehrere Monate in gemietete Sommerwohnungen und später in eigene Villen, die Herren pendeln. Somit entwickelt sich die Sommerfrische zu einem weiblich geprägten Phänomen. Niemand möchte viele Monate ohne Familie und soziales Umfeld verbringen, daher bilden sich Sommerfrische-„Cluster" – eine Familie zieht die nächste mit sich, ein Künstler den anderen, ein Industrieller den nächsten.

Bad Ischl fällt aus diesem System heraus, holt doch die Anwesenheit des Kaisers viele Leute in die Kurstadt, die sich zu einem sehr internationalen Treffpunkt entwickelt. In den Kurlisten finden sich Gäste aus Berlin und Budapest, aber auch aus Alexandrien und Kalkutta, Lemberg, Hannover, Chicago und Russland. Das enorme Postgebäude Bad Ischls zeugt davon, dass sich hier für einige Monate im Jahr das absolute Machtzentrum Mitteleuropas befand – all die internationalen Gäste mussten ihren Geschäften weiter nachgehen, mithilfe von Briefen und Telegrammen.

„Ein neues Zeugnis für die Beliebtheit unseres Kurortes ..."

Doch wenden wir uns vorerst nach Bad Aussee, wo eine bemerkenswerte Dame gemeinsam mit ihrem Mann ein Sanatorium führt: Clara Schreiber. Ihr Haus wird zu einem Treffpunkt der Kur- und somit Sommerfrischegesellschaft, unermüdlich

1

Villa Starhemberg, Bad Ischl, Postkarte nach 1900

kümmert sie sich um Haus und Gäste. Doch anders als in Bad Ischl kann das Postamt in Aussee die Fülle der modernen Kommunikation nicht bieten. So beklagt Clara in der *Neuen Freien Presse* am 28. August 1897: „Noch vor zwanzig Jahren bezeichnete man die Fahrt nach Aussee als ‚Reise'. Heutzutage ‚reist' man nach dem Nordcap, Norwegen, Schottland usw. Aussee muß, wenn es vorwärts kommen, ja selbst, wenn es seine alte Beliebtheit nicht einbüßen will, zwei Aufgaben erfüllen. Es muß Alles aufbieten, ein bequemer Sommeraufenthalt für die Bewohner der beiden Residenzen Wien und Budapest zu bleiben, und durch directe Zugsverbindungen leichter für das reisende deutsche Publicum erreichbar werden. Der Mangel eines Fernsprechers wird noch empfindlicher durch den Umstand, daß zwischen 12 und 2 Uhr das Postamt geschlossen wird und dieses selbst in der Hochsaison schon von 6 Uhr Abends an seine Thätigkeit auf das Ausheben einfacher Briefe beschränkt. Nicht wenige Ausseer haben dieses Jahr über leer gebliebene Wohnungen geklagt. Wenn aber der Wohnungssuchende einen Wunsch äußert, der den Vermiethern nicht bequem ist, so wird die Erfüllung abgeschlagen und die Wohnung lieber nicht vermiethet."[1]

Trotzdem kommen die Gäste nach Aussee (seit 1911 Bad Aussee) und bleiben bis in den Oktober hinein: „Die Saison ist vorüber und das Wetter – schön geworden", schreibt das *Neue Wiener Tagblatt* am 12. Oktober 1894. „Nur vereinzelte Villenbesitzer und Sommergäste hatten die Ausdauer genug, diesen Moment abzuwarten[,] und finden es nun doppelt schwer, sich von der in den malerischen Farben des Spätherbstes prangenden Landschaft zu trennen. Der starke Besuch in der abgelaufenen Saison war ein neues Zeugnis für die Beliebtheit unseres Kurortes, in welchem ein großer Theil der Villen und Privatwohnungen, stets von Stammgästen bewohnt, schon im Herbst für das nächste Jahr gemiethet wird."

Dr. Schreibers Cur- und Wasserheilanstalt „Alpenheim" in Aussee.

Cur- und Wasserheilanstalt „Alpenheim" in Aussee

„Strahlende Kinderaugen ..."

Ein wesentliches Merkmal der Sommerfrische äußert sich in Wohltätigkeitsveranstaltungen: Die Sommerfrischler setzen sich dafür ein, der lokalen Bevölkerung zu helfen. Clara Schreiber veranstaltet jährlich ein Jahrmarktfest rund um Kaisers Geburtstag am 18. August. Mit den Einnahmen finanziert sie Kleider und Schuhe für die Kinder: „Man sah strahlende Kinderaugen und tief bewegte Mütter, glücklich darüber, ihre Kinder gegen die Unbill des Winters wohl ausgerüstet zu sehen."[2]

Wohltätigkeitsveranstaltungen gibt es auch in anderen Sommerfrischeorten: Maria Jeritza bittet die Kinder von Unterach zur Jause, serviert Kakao und Kuchen und verteilt Geschenke. Arnold Schönberg veranstaltet ein Konzert in der Kirche von Traunkirchen und bleibt realistisch: Die Musik entspricht dem Geschmack der Sommergäste – Schönbergs eigene Werke stehen daher nicht auf dem Programm.

Auch in Bad Ischl zählen Wohltätigkeitsveranstaltungen zum selbstverständlichen Ritual der Sommermonate, so auch die Tombola, die Elise Gräfin Seilern 16 Jahre hindurch immer rund um Kaisers Geburtstag veranstaltet. Der Erlös kommt dem Armen- und Waisenhaus „Charitas" in Ischl zugute. In Rindbach bei Ebensee verbringt die Sängerin Anna Schultzen von Asten den Sommer, sie veranstaltet ab 1892 die legendären „Asten-Konzerte", Wohltätigkeitsveranstaltungen mit hochkarätigen Künstlern, die zugunsten der „Kindersuppenanstalt"[3] ebenso auftreten wie für die „Christbescherung armer Schulkinder" und den „gewerblichen Altersversorgungsverein".[4]

Ignaz Brüll widmet sein Porträt seiner Nichte Risa, 1905

Künstlerkolonie in Unterach

Viele Künstler und Künstlerinnen verbringen ihren Sommer im Salzkammergut, so in Unterach am Attersee. Dort erwerben Eduard Brüll, Julius Schwarz und Bernhard Strisower den sogenannten Berghof und begründen ein Netzwerk aus Familie und Freunden, das eine große, vielfältige, spannende und bunte Sommerfrischegesellschaft bildet.

Der Besitz umfasst mehrere Gebäude, jedes von einer der drei Familien bewohnt – und über allem schweben immer Musik und Literatur, Künstler gehen ein und aus, und viele Werke nehmen hier ihren Anfang. Im Zentrum steht der Komponist Ignaz Brüll, der vielen Kollegen freundschaftlich verbunden ist: Karl Goldmark, der Komponist der Oper *Die Königin von Saba*, verbringt von 1891 bis 1914 jeden Sommer am Berghof, Johannes Brahms, der im Sommer in Ischl und Gmunden verweilt, zählt ebenfalls zu Ignaz Brülls engstem Freundeskreis. Und natürlich Gustav Mahler im etwas näher gelegenen Steinbach. Auch Hugo von Hofmannsthal zählt zu den Gästen. 1910 liest er hier die ersten beiden Akte des *Rosenkavaliers* vor. „Wir hatten einen großen Eindruck von diesem Werk voller Poesie, Geist und Humor", zitiert die Verlegertochter Brigitte Fischer ihre Mutter. „Mir blieben immer die Verse der Marschallin im Gedächtnis: ‚Die Zeit, die ist ein sonderbares Ding.'"**5**

Der Librettist und Schriftsteller Victor Léon verbringt, wohl angeregt durch Ignaz Brüll, für den er Libretti verfasst hat, den Sommer ebenfalls in Unterach und lässt sich eine Jugendstilvilla erbauen, in der er mit seiner Familie die Sommer verbringt. Léon kann sich mit Bad Ischl, dem Zentrum der Operettenwelt, nicht anfreunden, fährt nur für unumgängliche Besprechungen hin und steigt im Hotel Post ab.

Victor Léon erinnert sich an einen weiteren Künstler, der in Unterach den Sommer verbringt: den großen Schauspieler und Komiker Franz Tewele: „Er ging zunächst nach Unterach am Attersee, wo auch ich später allsommerlich hauste. Er erstand dort ein Bauernhäusel am See, das mit der Zeit zur stilisierten, überaus gemütlichen Bauernvilla wurde. Über deren Tor stand: ‚Klein, aber mein! Grüß' Gott! Tritt ein! Bring' Glück herein!' Unterach war nicht nur Teweles Buen Retiro, es war ihm alles. Dort ging er als Bauer verkleidet herum, in späteren Jahren schon mehr als Salonbauer, und stets trug er ein riesiges, rotes Regendach mit sich und sprach jeden Bauer und jede Bäuerin in einem sehr fragwürdigen oberösterreichischen Dialekt an, erkundigte sich nach Familie, Vorfahren, Nachkommen, so daß er der reinste ‚Almanach de Unterach' wurde. Tewele war ein grimmiger Feind aller Radler, trotzdem oder weil er selbst einst einer der ersten Hochradfahrer gewesen. Auch Autos fanden nichts weniger als Gnade vor ihm. Begegnete er einem, so beschimpfte er die Fahrer mit mehr Pferdekraftausdrücken, als dem jeweiligen Auto Pferdekräfte zur Verfügung standen. Zu Hause rechte er mit chronischem Enthusiasmus den Kies seiner Gartenwege; mit noch größerer Leidenschaft half er beim Wäschewaschen und Ausschwaben im See, und das Wäscheaufhängen im Garten behielt er sich vor als ureigenstes Privilegium, als unantastbares Monopol, das durfte nur er tun, niemand sonst. Er war darin Virtuose. Er war ein enragierter Hundeliebhaber, mochte aber nur Viecherln winziger Dimension und langhaariger Art. Seinen letzten diminutiven Hund, der kaum fünfzehn Zentimeter groß war, nannte er ‚Mount Everest' und rief ihn ‚Everesterl'."[6]

Operettenbörse Bad Ischl

Die zweite große Künstlerkolonie befindet sich natürlich in Bad Ischl, der sogenannten „Operettenbörse". Komponisten und Librettisten, Stars und internationale Theaterdirektoren, Verleger und Journalisten schreiben und suchen neue Werke, um immer die neuesten und aktuellsten gesellschaftlichen, aber auch musikalischen Trends umzusetzen und das Publikum mit diesen Novitäten zu unterhalten. Franz Lehár und Emmerich Kálmán, Oscar Straus, Alfred Grünwald, Julius Brammer, Ludwig Herzer und Fritz Löhner-Beda zählen zum *inner circle*, zu dem sich viele andere dazugesellen. Auch Armin Robinson gehört zu diesem Kreis, er ist als Librettist ebenso erfolgreich wie als Verleger. Sein Alrobi-Verlag hat über 300 Schlager und Operetten im Programm und zählt zu den erfolgreichsten der Unterhaltungsbranche. Im August 1936 befindet sich auch der Leiter der BBC London in Bad Ischl und gibt dem *Neuen Wiener Journal* ein Interview. Auf die Frage, warum er gerade hierher gereist sei, meint er, dass ihn die Operette anziehe. „Ich arbeite in erster Linie mit Oskar Straus, mit dem mich eine langjährige Freundschaft verbindet[,] und ich arbeite mit seinem Freund Armin Robinson, der im September in London einen großen Verlag eröffnet."[7] Die Bedeutung der Operette reicht also von Ischl in die ganze Welt.

Emmerich Kálmán und Franz Lehár auf dem Cover der „Bühne", 1925

Familiäre Netzwerke in St. Gilgen

Nicht nur Künstler, sondern auch Industrielle verbringen den Sommer im Salzkammergut. Besondere Bedeutung kommt der Prager Eisenindustrie Gesellschaft zu, deren Generaldirektor Wilhelm Kestranek in St. Gilgen eine imposante Villa erbauen lässt, ent-

(5) Villa Kestranek in St. Gilgen

worfen vom Münchner Architekten Emanuel von Seidl, der unter anderem auch die Villa Richard Strauss' in Garmisch plante. Als junger Ingenieur tritt Kestranek in die Dienste der Witkowitzer Eisenwerke und bringt es bis zum Generaldirektor der Prager Eisenindustrie-Gesellschaft. Viele führende Direktoren dieser Gesellschaft lassen sich ebenfalls in St. Gilgen nieder, darunter Max Feilchenfeld, als Präsident der niederösterreichischen Escomptegesellschaft ein wichtiger Geschäftspartner Kestraneks. Er lässt von Architekt Albert Pecha in den Jahren 1906 bis 1909 ein großzügiges Anwesen errichten, das die Familie bis 1938 als Sommersitz nützt. Zwei Schwestern Wilhelm Kestraneks heiraten ebenfalls führende Direktoren des Unternehmens und lassen sich in St. Gilgen nieder: Ida Herz und Anna Blaschczik. Und auch Kestraneks Schwiegereltern Robert und Marie Lenk besitzen eine herrschaftliche Villa.

Sie alle begründen dort eines der familiären Netzwerke, das bis heute besteht, ähnlich jenes der Familie von Frisch, die im Brunnwinkl fünf Häuser erwirbt und dort als Großfamilie den Sommer verbringt. Warum haben sie gerade St. Gilgen gewählt? Marie von Frischs Vater, Universitätsprofessor Franz Exner, berichtet bereits im Jahr 1842 begeistert von den Schönheiten des Salzkammergutes und legt so den Grundstein für die enge Verbundenheit der Familie Frisch mit St. Gilgen.

Villa Toscana in Gmunden

Die Familie Wittgenstein, ebenfalls eng mit der Prager Eisenindustrie-Gesellschaft verbunden, erwirbt aus dem Nachlass des Erzherzogs Johann Salvator, der als Johann Orth 1890 mit der Tänzerin Milli Stubel auf der Reise nach Südamerika verschwand, dessen Besitz, die Villa Toscana. „Sein Geist war nicht minder hervorragend wie sein Herz und sein Charakter", schreibt Karl Wittgensteins alter Freund,

6 Villa Toscana in Gmunden

der erwähnte Industrielle Max Feilchenfeld, in einem Nachruf in der *Neuen Freien Presse* am 21. Jänner 1913. „Mißmut, Verzagtheit oder kopfhängerisches Wesen waren ihm in der Seele zuwider." Karls Tochter Margarethe Stonborough erwirbt mit ihrem Erbe den Besitz und renoviert ihn voller Elan. 1905 heiratet sie den amerikanischen Industriellen Jerome Stonborough, der sich in Wien Studien der Medizin und der Chemie widmet. Während ihrer Verlobungszeit gibt die Familie bei Gustav Klimt ein Porträt Margarethes in Auftrag.

Der repräsentative Besitz weckt sofort die Begehrlichkeiten der Nationalsozialisten. Jerome Stonborough nimmt sich am 15. Juni 1938 in Wien das Leben, am 22. Juni 1938 würdigt ihn das *Linzer Volksblatt* als großen Wohltäter der Gmundner Bevölkerung. Margarethe ist durch ihre Ehe mit Jerome amerikanische Staatsbürgerin – eine Enteignung erweist sich als kompliziert, wird aber umso emsiger betrieben. „Die Ermittlungen haben ergeben, dass die Obengenannte keine Jüdin ist. Sie besitzt die Staatsangehörigkeit der USA."[8] Die Villa Toscana bleibt bis zum Ende der Nazi-Herrschaft formal in Margarethes Besitz – 1946 kehrt sie erstmals nach Österreich zurück und kümmert sich um die Regelung ihres Besitzes in Wien und Gmunden. Margarethe schafft es, ein wenig von dem alten Glanz wieder aufleben zu lassen: Im Sommer trifft die Familie weiterhin in Gmunden zusammen, Teile des Parks bleiben als solcher erhalten.

1938. Das Ende

Das Jahr 1938 bringt das Ende der Sommerfrische, das Ende der zivilisierten Welt. Von einem Tag auf den anderen sind die als jüdisch geltenden Menschen vogelfrei. Sie verlieren ihren Besitz, werden vertrieben und ermordet. Gerade im Salzkammergut betrifft dies viele Besitzungen – und gerade in Bad Ischl gibt es einen Mann, der mit besonderer Akribie die Enteignungen organisiert: Wilhelm Haenel, der die Villa seiner Frau, der Pianistin Ella Pancera, bewohnt. Im Sommer 1938 eröffnet er an der Wiener Ringstraße ein Büro und zitiert die Villeneigentümer dorthin, um ihnen die Treuhänderschaft für die Villen abzupressen – dies funktioniert. Haenel verwaltet die meisten der Ischler Villen und „verkauft" sie gewinnbringend für den Gau Oberdonau weiter. Inventare werden angefertigt, doch die Beschreibungen bleiben allgemein gehalten. Welche Kunstwerke, Silbergegenstände, Bücher und andere Wertgegenstände aufgelistet werden, kann oft nicht mehr nachvollzogen werden. Haenel etabliert ein perfekt ausgeklügeltes System des Raubes, der Enteignung und der Drohung. Ein Beispiel betrifft die Villa Olga Hausers. Sie wehrt sich, obwohl: „Die Schlüssel hat Ing. Willi Haenel bereits übernommen." Doch Olga Hauser lässt sich dies nicht gefallen, sie schreibt am 13. März 1939 an Haenel, eine Verordnung des Gauleiters Bürkel vom 27. November 1938 besage, dass alle davor abgeschlossenen und nicht im Grundbuch eingetragenen Haus- und Grundkäufe, die „durch Einschüchterungen und Drohungen erfolgten, ungültig" seien. Die Antwort lässt nicht lange auf sich warten und strotzt vor Zynismus, Arroganz und Niedertracht. Zwei Tage später schreibt Haenel: „Einschüchterungen und Drohungen, unter denen Sie angeblich Ihr Haus verkaufen mussten, sind von keiner Seite erfolgt. Infolgedessen können Sie doch bei klarem Verstande unmöglich behaupten, dass bei Ihnen ein Fall gegeben sein soll, wo ein Hausverkauf unter Einschüchterungen und Drohungen erfolgt wäre. Ich möchte Ihnen zum Schlusse dringend raten, vernünftig zu sein. Es hat doch wirklich keinen Sinn, diese unerquicklichen Schriftwechsel fortzusetzen[,] und ich appelliere zum letzten Male an Ihre Vernunft und bitte Sie nochmals, nicht solche kindischen Ansichten zu äußern, welche mit der tatsächlichen Abwicklung dieses Verkaufes aber auch nicht das Geringste, weder in juristischer noch in moralischer Beziehung zu tun haben."[9]

Die Sommerfrische in ihrer ursprünglichen Form endet 1938. Nach dem Krieg bezeugen Rückstellungsakten, wie unwillig die Behörden der Zweiten Republik die enteigneten Villen wieder den rechtmäßigen Eigentümer*innen zukommen lassen.

Anmerkungen

1. Neue Freie Presse 28. 8. 1897, 5.
2. Neues Wiener Tagblatt 12. 10. 1894, 4.
3. Tages-Post 13. 9. 1896, 5.
4. Linzer Volksblatt 20. 8. 1905, 5.
5. Fischer, Brigitte: Sie schrieben mir (München 1981) 102.
6. Léon, Victor: Erinnerung an Franz Tewele. Aus meinem Theaterleben. In: Neues Wiener Journal 24. 9. 1933, 10.
7. Neues Wiener Journal 23. 8. 1936, 7.
8. Oberösterreichisches Landesarchiv (OÖLA), Arisierung Stonborough, Sch. 31: Gestapo an den Reichsstatthalter in Oberdonau, 27. 8. 1942.
9. Zeitgeschichtemuseum Ebensee, Arisierung Hauser: Haenel an Hauser, 15. 3. 1939.

Andrea Bina,
Michaela Nagl,
Thomas Pauli

Josefa und Hans Sarsteiner

Von Bad Ischl in die Welt und die Welt bei sich zu Gast

Die Geschichte der beiden außergewöhnlichen Menschen Josefa und Hans Sarsteiner führt in die Zeit der Hochblüte der Kur- und Sommerfrischestadt Bad Ischl ab der zweiten Hälfte des 19. Jahrhunderts. Sie sind erfolgreiche Hoteliers im „Goldenen Kreuz" mit großem Engagement im Gemeinwohl, verfügen über eine ausgeprägte Leidenschaft für Weltreisen und schaffen sich als Bauherr*innen zweier Villen sowie als Besitzer*innen einer Sammlung von Objekten aus fernen Ländern ein bleibendes Denkmal. In der „Oberen Villa", die als Vermietungsobjekt für Sommerfrischegäste errichtet wird, mietet sich auch der Komponist Emmerich Kálmán über viele Jahre während der Sommermonate ein.

Die Gastgeber*innen

Der in Ischl[1] gebräuchliche Name Sarsteiner taucht in der Geschichte des „Goldenen Kreuzes" erstmals 1685 mit Johann Paul Sarsteiner (1649–1722) auf. Er erwirbt das Gasthaus samt Garten und Mühle und erwirtschaftet ein beträchtliches Vermögen, das er seiner Frau und den fünf Kindern hinterlässt.[2] In der Folge wird das Gasthaus jeweils in der Familie weitervererbt und ausgebaut, bis Hans Sarsteiner (1839–1918), der keine Nachkommen hat, das bestens florierende Hotel „Zum Goldenen Kreuz" 1898 verkauft und sich als Privatier seinen Reisen und dem Wohlergehen von Ischl widmet. In der Geschichte des aufkommenden Fremdenverkehrs, der durch die Heilerfolge der Sole- und Salzdampfbäder im Salzkammergut befördert wird, spielt die Hotelbranche eine zunehmend wichtige Rolle. Aufenthalte der kaiserlichen Familie und in der Folge des Adels und des Bürgertums sowie zahlreicher Künstler*innen steigern die Attraktivität dieser Region. Villen werden gebaut und weiterverkauft, private Vermietungen sichern vielen Familien ein Einkommen während der Sommermonate.

Mit Johann Sarsteiner (1814–1873), dem Vater von Hans, beginnt die große Erfolgsgeschichte des Gasthofes und späteren Hotels „Zum Goldenen Kreuz". Er übernimmt als 20-Jähriger 1834 den Betrieb von seiner Mutter Marianne. Obwohl er drei seiner Geschwister sowie die Mutter laut Übergabsvertrag[3] zu versorgen hat, gelingt es ihm, das Haus baulich zu erweitern und mittels Werbung in Zeitungen und per Prospekt Gäste in sein Haus zu holen. 1838 heiratet er die Wirtstochter Margarete Wallner aus St. Veit im Pongau, erwirbt 1840 den sogenannten Bürgereid und wird dadurch ein vollwertiges Standesmitglied[4] des Ischler Marktes. Das Paar hat zwei Kinder, den Nachfolger Hans (1839–1918) und Tochter Maria (1843–1852). Johann Sarsteiner baut den Gasthof in drei Etappen 1840, 1855 und 1860 zu einem modernen, stattlichen Anwesen aus. 1850 erwirbt er zur Versorgung des Gasthofes das nahegelegene „Jainzengut". Seit der Ernennung von Ischl zur Kaiserlichen Sommerresidenz steigt die Zahl der Übernachtungen stetig an. Regelmäßige Anzeigen in Zeitungen bringen Gäste aus aller Welt in das „Goldene Kreuz", das am 14. Juni 1862 erstmals als Hotel bezeichnet wird. 1873, mit 59 Jahren stirbt Johann Sarsteiner. Sein im Hotelwesen ausgebildeter, mittlerweile 34-jähriger Sohn Hans übernimmt die Geschäfte. Auch Margarete Sarsteiner (1816–1896) übergibt im Zuge der Übernahme ihren Anteil dem Sohn und erhält dafür eine jährliche Rente von 3000 Gulden.[5] Hans Sarsteiner heiratet noch im selben Jahr die Wirtstochter Josefa Haidinger (1850–1917) aus Schörfling.[6] Gemeinsam führen sie das Hotel in der Zeit der Hochblüte des Tourismus in Ischl bis zum Verkauf 1898. Die Sarsteiners bieten ihren Gästen eine internationale Küche sowie den besten Komfort. Durch regelmäßige Modernisierungen des Hauses (zuletzt 1897) und ein Service, das sich auch auf die An- und Abreise der Gäste erstreckt, wird ihr Haus außerordentlich beliebt.

Engagiertes Bürger*innentum

Hans Sarsteiner ist nicht nur ein erfolgreicher Hotelier, er engagiert sich mit ebenso großem Einsatz in Vereinen und Organisationen in Ischl. Als leidenschaftlicher Bergsteiger ist er bei der Gründung der Sektion Salzkammergut des Deutschen und Österreichischen Alpenvereins 1874[7] beteiligt und wird 1887 zum Obmann ernannt. Gleiches gilt auch für den Turnverein, dessen Gründungsmitglied er 1867 ist.[8] Im Musealverein von Ischl agiert er 1889 als einer von sieben Ausschussmitgliedern. 1867 wird er erstmals in den Gemeinderat gewählt, dem er ab 1877 durchgehend bis 1903 als Mitglied angehört.[9] 1904 wird er zum Ehrenbürger von Ischl ernannt.[10] Ab 1878 ist er als Sparkassenrat aktiv und lenkt von 1903 bis 1913 im Direktorium die Geschäfte. Auch als begeisterter Jäger verzeichnet Starsteiner große Erfolge. Als Gast von Graf Wilczek schießt er 1895 auf der Wildalpe „zwei Stück Hochwild mit einem Schuß, weiters vier schöne Bartgemsen".[11]

Diese lange Reihe von Tätigkeiten im öffentlichen Leben zeichnet ihn als aktiven, am allgemeinen Wohl der Bevölkerung interessierten Bürger aus. Es entsteht das Bild eines talentierten, umsichtigen, offenen und sozial eingestellten Menschen. Davon zeugt auch eine großzügige Spende für den Neubau des Krankenhauses und die Errichtung eines Altersheimes 1911–1912, das er seinen Eltern widmet. Kaiser Franz Joseph besucht kurz nach der Eröffnung das so benannte „Margarete und Johann Sarsteiner Stiftungshaus" und signiert die Stiftungsurkunde. Bereits 1910 wird Sarsteiner zum Ritter des Franz-Joseph-Ordens ernannt. Seine Frau Josefa findet dem Zeittypus entsprechend in den Aufzeichnungen zu Unrecht nur sehr selten eine Erwähnung. 1912 erhält sie den Elisabeth-Orden zweiter Klasse und 1915 von Erzherzog Franz Salvator in Anerkennung besonderer Verdienste für die Sanitätspflege das Ehrenzeichen 2. Klasse vom Roten Kreuz.[12]

Zeitlebens Reisende

Hans Sarsteiner schlicht als Reisenden zu bezeichnen wäre untertrieben. Seinen Aufzeichnungen zufolge bereist er ab 1864 die Welt. Zusätzlich führen ihn Bergtouren in Österreich, Italien und der Schweiz sowie kleinere Reisen, die er als Wagenfahrten bezeichnet, durch halb Europa. Selbst unter heutigen Verhältnissen wäre eine derart intensive Reisetätigkeit bemerkenswert. Sarsteiner ist wohlhabend und findet nicht zuletzt durch die international anreisenden Gäste in Ischl Anreize, selbst ferne Länder zu besuchen. Sehr wahrscheinlich hat er auch 1873 die Wiener Weltausstellung gesehen. In diesen Jahren entstehen Reisebüros, die unter anderem auch mehrmonatige Fahrten auf Luxusdampfern anbieten. Im 1890 in der Wiener Kärntnerstraße eröffneten Reisebüro Thomas Cook & Son[13] bucht Sarsteiner für sich und seine Frau Josefa eine Fahrt nach Indien.

Eine erste große Reise nach Kairo, Jerusalem, Jaffa und Beirut unternimmt Sarsteiner aber schon als 25-Jähriger. In Briefen an die Eltern berichtet er sehr anschaulich von diesen Erlebnissen.[14] Zeichnungen und Aquarelle, die auf seinen Reisen und Bergtouren entstehen, weisen eine künstlerisch hohe Qualität auf und zeugen von einer feinen Beobachtungsgabe.[15] Sein schriftstellerisches Talent äußert sich in Berichten über verschiedene Fernreisen, die meist im Ischler Wochenblatt veröffentlicht werden. Im Alpenverein hält er auch Lichtbildvorträge.

Wenige Jahre nach der Hochzeitsreise im Oktober 1873, die das Paar nach Salzburg, Tirol und in die Schweiz führt, unternimmt es von September bis November 1876 eine erste Amerikareise, die sie per Bahn und Schiff über Köln, Brüssel,

(1)

Hans Sarsteiner mit erlegtem Gamsbock, 1911

2

Josefa und Hans Sarsteiner, Reise nach Amerika auf dem Schiff R. M. S. Slavonia, 18. 3. 1907

Ostende, London, Liverpool, Irland nach Boston und zu den Niagarafällen führt. Als Hotelier am Service an Bord der Schiffe und in den Hotels interessiert, sammelt Sarsteiner unzählige Speisekarten.[16] Diese Sammlung ist sowohl hinsichtlich ihrer reichhaltigen Speiseauswahl als auch wegen der aufwendigen grafischen Gestaltung von kulturgeschichtlichem Interesse. Darüber hinaus hat das Paar während ihrer circa 30-jährigen Reisetätigkeit eine große Sammlung an Objekten zusammengetragen, die nicht nur als Erinnerung an die Reisen, sondern auch als Dokumentation über andere Kulturen gesehen werden können.[17] Um die Bevölkerung von Ischl an den Erlebnissen teilhaben zu lassen, präsentieren sie diese manchmal exotisch erscheinenden Gegenstände im Hotel und laden zu Führungen ein. Es handelt sich dabei auch um Objekte, die bereits damals für den aufkommenden Tourismus hergestellt werden. Im Testament verfügt Sarsteiner, dass diese Sammlung weiterhin für die Öffentlichkeit zugänglich sein soll, wofür seit vielen Jahren ehrenamtlich Frau Maria Sams mit großem Einsatz Sorge trägt.[18]

Zu den großen Reisen des Ehepaares Sarsteiner, die sie meist in den Wintermonaten, wenn der Hotelbetrieb geschlossen ist, unternehmen, gehört die Reise nach Indien und Ceylon von November 1890 bis Jänner 1891. Die verschneiten Gipfel des Himalayagebirges und der damals noch nicht bestiegene Mount Everest hinterlassen tiefe Eindrücke. Eine Reise um die ganze Welt über Amerika, Japan und China unternehmen sie von Oktober 1892 bis Februar 1893. Sarsteiner berichtet darüber im „Ischler Wochenblatt" und hält im Alpenverein Salzburg einen Vortrag mit zahlreichen Bildern.[19] Auch über die Reise in die Südsee von November 1898 bis Februar 1899 findet sich in der „Linzer Tagespost" (2. 4. 1899) ein langer Beitrag. Seine Schilderung des Urwaldes auf der Insel Java vermittelt eindrücklich die Situation im Dickicht der üppigen Vegetation, durch das sie zum Krater des Vulkans Papandayan getragen werden. Am 5. Juli 1904 geht die Reise von Hamburg weg mit dem „Doppelschrauben-Postdampfer Blücher" ans Nordkap. Die Fahrt nach Südamerika von November 1905 bis März 1906 wird im „Ischler Wochenblatt" mit den besten Wünschen ihrer Freunde und Bekannten für eine glückliche Rückkehr eingeleitet.[20] Von Bord des Schiffes und von verschiedenen Stationen schickt Sarsteiner Berichte über die Reise an das „Ischler Wochenblatt", die in Fortsetzungen erscheinen und somit die Bevölkerung von Ischl Anteil nehmen lassen.

Zwischen all den Reisen erwerben Josefa und Hans Sarsteiner 1894 ein Grundstück im Ischler Ortsteil Kaltenbach.

Der Versuch anzukommen

Im Jänner 1898 verkauft Hans Sarsteiner seinen Meierhof im Jainzental. Der Käufer dieses landwirtschaftlichen Gutes, das bisher die wirtschaftliche Versorgung des Hotels „Zum Goldenen Kreuz" bereitgestellt hat, ist niemand Geringerer als der Monarch Kaiser Franz Joseph I. selbst. Anschließend veräußert Sarsteiner sein tra-

Hans Sarsteiner, Villa Sarsteiner, 1901, Tusche laviert

Hans Sarsteiner, Obere Villa, 1901, Tusche laviert

ditionsreiches Hotel im Oktober 1898 an Friedrich Edlinger. Er ist zu diesem Zeitpunkt 59 Jahre alt und zieht sich mit seiner um elf Jahre jüngeren Frau Josefa ins Privatleben zurück. Aus diesem Anlass kaufen die beiden am 30. Juli 1894 die besagte 10.000 qm große Grundstücksfläche in Kaltenbach unterhalb des Ischler Kalvarienberges. Die begrenzenden Straßennamen der Fläche lauten damals Ahorngasse im Norden, Habsburger Straße im Osten und Brennerstraße im Süden. Die geplante „Villa Sarsteiner" an der heutigen Adresse Bauerstraße 11 Ecke Brennerstraße 28 samt Wirtschaftsgebäude ist als Alters- und Hauptwohnsitz gedacht. Der Bau des Hauses erfolgt unmittelbar nach Bewilligung am 18. Oktober 1894 und ist bereits 1895 vollendet. Der Entwurf stammt vom Münchner Baubüro Müller, Ziebland und Kollmus.[21]

Ausführender Baumeister in Ischl ist Franz Huber.[22] Gleichzeitig plant das Ehepaar Sarsteiner als Investment und Pensionsvorsorge die Erbauung eines weiteren Hauses am selben Grundstück. Diese „Obere Villa" an der heutigen Adresse Emmerich Kálmán Straße 1 Ecke Bauerstraße 13 dient der Vermietung an Sommerfrischegäste und soll die laufenden Kosten des Sarsteiner'schen Alterssitzes decken. 1897 wird die Baugenehmigung erteilt, und 1899 ist auch dieses Gebäude fertiggestellt. Der Entwurf und die Ausführung stammen vom Ischler Baumeister Michael Treu.[23]

Die Häuser sind im Stil der Villen um 1900 errichtet, weitgehend im Originalzustand erhalten und stehen unter Denkmalschutz. Das „Obere Haus" gilt dabei in seiner Erscheinung als Variante des „Schweizer Haus-Typs", das den Prototyp der Salzkammergut Villen darstellt.[24] Alexander von Humboldt rühmt 1797 als Reisebuchautor das Salzkammergut als „zweite Schweiz", die damals als Synonym für die Schönheit der Natur gilt. In der ersten Hälfte des 19. Jahrhunderts bürgert sich daher die Bezeichnung „Österreichische Schweiz" für die Region ein und legt ein lebendiges Zeugnis der vielschichtigen Beziehung zwischen Mensch und Natur ab. Die entstehenden Villen schaffen einen architektonischen Rahmen sowohl für die Landschaft als auch für die sie umgebende Naturidylle.[25]

Beide Häuser sind dreigeschoßig. Mit einer nordseitig außenliegenden und zur Straße hin orientierten Treppe wird die Beletage direkt erschlossen. Ein repräsentativer Stiegenaufgang ins Obergeschoß verbindet die beiden Wohngeschoße, während sich im Erdgeschoß beziehungsweise Souterrain Wirtschaftsräume wie Küche, Waschküche, Speisekammer und die Zimmer der Angestellten befinden. Im Südosten erweitert jeweils eine offene Veranda den Wohnbereich der Beletage ins Freie. Im Obergeschoß gewähren kleine Balkone Austritt und einen Blick auf die Stadt, den Siriuskogel und die umgebende Berglandschaft von der Hohen Schrott über Bräuningzinken – Loser, Sandling, Gjaidstein – und Dachstein bis hin zur Katrin. Die Dächer sind mit einem Turmaufsatz in Zwiebelform, Gaupen und schmiedeeisernen Zierelementen reich gegliedert. Die „Sarsteiner Villa" ist in den Materialien und Ausführungsdetails hochwertig und aufwendig ausgeführt, am marmornen Eingangstürbogen und an der Zierspitze des Turms sind die Initialen HS des Hausherrn zu lesen. Das „Obere Haus" hingegen ist in der Innenausstat-

Unbekannt, Korrespondenzkarte, Josef Simon, Julius Bauer, Baron Dozy im Fiaker vor einer gemalten Ischler Kulisse mit Postgebäude und Trinkhalle, Ischl, 1905

tung vergleichsweise schlicht und funktional gehalten, um für die zu erwartenden wechselnden Gäste einen stilvollen Rahmen für ihre Sommerfrische zu bieten. Ist bei der „Sarsteiner Villa" der direkte Zugang zum Garten von der Veranda aus gegeben, so findet sich im Garten der „Oberen Villa" ein über eine kurze Linden-Allee zu erreichendes Salettl, ein Lusthaus als geschützter Außenraum mit direktem Kontakt zur Natur. Stilelemente des Hauses aufnehmend und den Blick Richtung Dachsteinmassiv freigebend, ist es gleichermaßen Ziel und Anreiz für einen Gartenspaziergang, ein intimer Ort für ein Zusammensein mit Familie oder Freund*innen oder einfach Rückzugsort vor dem gesellschaftlichen Treiben im Haus.

Im Garten

Direkt um die beiden Villen ist der Garten auf Repräsentation, Gästeempfang und Flanieren ausgerichtet und orientiert sich daher an barocken Gartenanlagen mit geometrisch angelegten Kieswegen, rundem Brunnen, in Form geschnittenen Hecken sowie Eiben, Rosen, Blumenbeeten und schattenspendenden Bäumen. Ein Alpengarten nahe seiner Veranda darf bei Sarsteiners Interesse an und seiner Verbundenheit mit der Natur nicht fehlen. Der Impuls stammt wohl aus dem Alpengarten am Ischlberg in Bad Aussee, dem ältesten Alpengarten im Steirischen

Salzkammergut. Durchbrochen wird die Strenge des „Schaugartens" durch die Spalierbepflanzung mit Obstgehölzen aller dafür geeigneten Außenwandflächen beider Häuser und des Wirtschaftsgebäudes. Zwischen den beiden Villen ist eine weitläufige Streuobstwiese angelegt, die sowohl für das Ehepaar Sarsteiner als auch für die Sommergäste für die nötige Privatsphäre sorgt. Einige dieser in den Jahren zwischen 1895 und 1911 von Hans Sarsteiner gepflanzten Obstbäume existieren nach wie vor. Die Gartenanlage ist durch Nachpflanzungen in ihrer ursprünglichen Form bis heute erhalten. Hat Sarsteiner schon bei seinem Hotel eine eigene Landwirtschaft, die Meierei im Jainzental[26], zur direkten Versorgung mit frischen Produkten aus eigener Erzeugung geführt, so zeigt sich auch hier das Bestreben einer möglichst breiten Selbstversorgung am eigenen Grund mit Obst, Gemüse und Milch. Akribisch hält er diese Pflanzungen auf Papier fest. Die im Frühjahr 1908 handschriftlich verfassten Schriftstücke „Situationsplan und Namen der gepflanzten Obstbäume" und „Situationsplan und Namen der im Garten gepflanzten Spalierbäume" zeigen seine gärtnerische Umsicht und diesbezügliche Kenntnis.[27]

Sarsteiners' Erb*innen

Am 8. Februar 1917 stirbt Josefa Sarsteiner im 67. Lebensjahr. Der Tod seiner Frau und der Beginn der Hyperinflation 1918 nach dem ersten großen Krieg veranlassen Sarsteiner angesichts fehlender persönlicher und aussichtslos scheinender wirtschaftlicher Perspektiven zum Selbstmord. Er setzt am 19. Oktober 1918 in seiner Villa seinem Leben ein Ende.[28] Das Ehepaar Sarsteiner ist am Bad Ischler Friedhof in der Familiengruft begraben.

Hans Sarsteiner hinterlässt ein auf den 18. Oktober 1918 datiertes Codizill, ein sogenanntes letztes Vermächtnis, dessen Durchführung die beiden Rechtsanwälte Dr. Leon Ghon aus Gmunden und Dr. Friedrich Oedl aus Salzburg am 21. Februar 1919 vornehmen.[29] Barbara Daller (1851–1927), die Schwester von Josefa Sarsteiner und Gastwirtin[30], erbt die „Sarsteiner Villa" samt den umliegenden Gärten und Obstbäumen. 21 Jahre später, am 8. Januar 1940, wird das Grundstück mit Wohnhaus im Gesamtausmaß von 4700 qm von einer acht Personen umfassenden Erbengemeinschaft an den Juristen und ehemaligen Politiker Dr. Franz Dinghofer (1873–1956) und dessen Frau Cäcilia für 60.000 Reichsmark verkauft.[31] Das Objekt befindet sich bis heute in Familienbesitz.

Karl Sarsteiner (1893–1940), ein Verwandter von Hans Sarsteiner, Prokurist im „Wirtschaftsverein der Festbesoldeten in Ischl" und Ischler Gastwirtssohn[32], erbt die „Obere Villa" samt Stallgebäude und Obstgenuss. Das ihm im Legat zugesprochene Stallgebäude mit dazugehörigem Baugrund lässt er sich um 29.192 Kronen von Barbara Daller ablösen. Nach seinem Tod erbt seine Witwe Anna Sarsteiner (1899–1994) das Anwesen, die es nach ihrem Ableben ihrer Nichte vererbt. Das Haus befindet sich in direkter Linie in Familienbesitz.

Zur Sommerfrische in der „Oberen Villa"

Die Villa ist unmittelbar nach Fertigstellung ein gefragtes Objekt für den Ischler Sommeraufenthalt: Die ersten Sommerfrischegäste sind in der Ischler Kurliste vom 26. Juni 1900 vermerkt: „Excellenz Frau Gabriele Gräfin Nemes de Hidveg, geb. Freiin von Wodianer, Gutsbesitzerin, mit Dienerschaft aus Wien". Das Wiener Salonblatt vermerkt auch im kommenden Jahr, am 30. Juni 1901, eine Gräfin Sophie Sickingen aus Wien. Am 12. August 1902 ist in der Ischler Badeliste die Anwesenheit von Herrn Graf Johann Nemes, Gutsbesitzer mit Gemahlin, geb. Gräfin Csaky, und Dienerschaft aus Ungarn mit insgesamt sieben Personen vermerkt.[33] In den Jahren 1902 und 1903 ist die Villa erstmals Sommertreffpunkt der Operettenwelt. Darüber berichtet uns die Linzer Künstlerin und Schriftstellerin Maria Peteani, die sich mehrmals mit ihren Eltern bei Adele und Johann Strauss in der Ischler Villa Erdödy über einen längeren Zeitraum aufhält.[34] Josef Simon, Schwager von Johann Strauss (Ehemann der jüngeren Schwester von Johann Strauss' dritter Ehefrau Adele), hat die „Obere Villa" von Sarsteiner gemietet und dort illustre Besucher*innen empfangen. „Der große Schauspieler Josef Kainz geht hier ebenso ein und aus wie der Bühnenliebling Alexander Girardi, der stimmstarke Tenor Leo Slezak, der gefürchtete Kritiker Julius Korngold und der junge Franz Lehár, der bereits auf erste Erfolge zurückblicken kann."[35] Simon besitzt ab 1880 einen Holzbetrieb in Prag, mit dem er durch Export von Fassdauben großen Wohlstand erwirtschaftet. Er betätigt sich als Finanzier, ist als vielseitig interessierter Kunstmäzen unter anderem Mitbesitzer des „Theaters an der Wien" und Mitbegründer des „Wiener Musikverlages Universal Edition". Simon ist ab 1897 Mitbesitzer der Villa Erdödy[36] und legt nach Strauss' Tod 1899 ebenda eine Sammlung von Erinnerungsgegenständen an den Walzerkönig an. In den kommenden Jahren, bis zur langjährigen Miete des Komponisten Emmerich Kálmán 1917, reisen erneut „Herr Graf und Frau Gräfin Johann Nemes mit Kindern und Dienerschaft aus Wien"[37] in die obere Villa Sarsteiner. Ab 1910 berichtet das „Wiener Salonblatt" über die „regelmäßige Übersiedlung in die Sommerfrische" von „Erzherzogin Gräfin Gabriele Nemes, geb. Freiin von Wodianer, Wien 1., Tuchlauben 17". Im Jahr 1912 dauert ihr Ischler Sommeraufenthalt beinahe vier Monate.[38]

Die „Obere Villa" der Anna und des Karl Sarsteiner

Karl Sarsteiner führt das bereits durch Hans Sarsteiner vereinbarte Mietverhältnis mit dem Komponisten Kálmán fort. Dieser kommt beim ersten Ischler Aufenthalt im Hotel „Zum Goldenen Kreuz" unter, hat dann 1915 und 1916 das „Rosenstöckl", einen kleinen Bungalow auf der Esplanade, gemietet, bis er erstmals ab 1917 Mieter der „Oberen Villa" von Hans Sarsteiner und ab 1919 bei dessen Erben Karl wird. Eine Win-win-Situation: Zur Zeit der Hyperinflation ist ein sicheres Mietverhältnis für einen Vermieter mehr als beruhigend, und Kálmán schätzt das repräsentative

(6) Hochzeitsfoto Anna und Karl Sarsteiner, Bad Ischl 13. 5. 1922

Haus, indem er gut arbeiten kann. Karl Sarsteiners Haushaltsbuch weist Einnahmen durch Kálmán für die Sommersaison 1919 mit 6000,– Kronen aus.[39]

Karl Sarsteiner bewohnt zwei Zimmer und eine Küche im Erdgeschoß. Das ändert sich auch nach der Heirat mit Anna Lahner im Jahr 1922 nicht.

Kálmán adaptiert in den Jahren 1921–1922 die Beletage und das Dachgeschoß mit Einbauten von Wandvertäfelungen, tapeziert das Haus mit gemusterten Blumentapeten in Brauntönen, baut ostseitig eine verglaste Frühstücksveranda an, modernisiert das Bad und ergänzt die Einrichtung durch eigenes Mobiliar. In der „Wiener Bühne" kann man dann auch prompt lesen: „Kálmán ist modern; er liebt Bequemlichkeit und vornehmen Luxus. Zu dem zählt er hier einen prächtigen Dachsteinblick und ein intimes Arbeitszimmer mit Veranda und Aussicht auf Ischl."[40]

Am 27. September 1923 schließen Anna und Karl Sarsteiner mit Kálmán eine Vorkaufsrechtsvereinbarung ab, jedoch wird sich der Traum vom Eigentum dieses Sommerdomizils für den Musiker nie erfüllen.[41] 1937 kündigt der Komponist das bereits zwei Jahrzehnte dauernde Mietverhältnis für „das Haus, das für mich mehr eine Werkstätte, wie eine Villa zum Vergnügen war", aufgrund der politischen Umstände auf.[42] Als Jude muss er nach dem „Anschluss" Österreichs 1938 an Nazi-Deutschland das Land verlassen und emigriert über Zürich zunächst nach Paris, von dort 1940 nach Amerika. 1949 kommt er auf einen Kurzbesuch nach Bad Ischl und lässt das Taxi vor der „Oberen Villa" halten: „Emmerich Kálmán ist wieder zu Hause – hier hatten fast alle seine Werke ihre Geburtsstunde."[43]

Mit der Kündigung Emmerich Kálmáns und dem Beginn des Zweiten Weltkriegs endet im „Oberen Haus" die Ära der sogenannten „Saisonalen Sommerfrische", der

Vermietung für eine ganze Sommersaison. Die Zimmervermietung an Sommerfrischegäste findet in der Nachkriegszeit erst wieder in den 1960er und 1970er Jahren eine kurze Wiederbelebung. Der Aufenthalt der oft jährlich wiederkehrenden Gäste ist mit wenigen Wochen wesentlich kürzer anberaumt. Anna Sarsteiner wohnt 70 Jahre in der „Oberen Villa". 50 Jahre lang ist es ihr als alleinstehende Witwe gelungen, als Kapitänin das Haus durch eine bewegte Zeitgeschichte zu manövrieren. Selbst als sie schon 90-jährig den Winter in der benachbarten Villa San Marco[44] verbringt, besucht sie ihr Haus jeden Tag.

Anmerkungen

1 Von 1906 an lautet der Name des Ortes Bad Ischl; vgl. Hammer, Katharina: Vom Salzmarkt zum Kurort (Ischl 1800–1850). In: Ischler Heimatverein (Hg.): Bad Ischl. Heimatbuch 2004 (Bad Ischl 2004) 125–154.

2 Kurz, Michael – Schmid, Brigitta (Hg.): Das Goldene Kreuz. 500 Jahre bunte Hotelgeschichte in Bad Ischl (Bad Ischl 2019) 82–84.

3 Ebd. 82–85.

4 Ebd. 86.

5 Ebd. 98.

6 Lebenslauf von Hans Sarsteiner in der Sammlung des Stadtmuseums Bad Ischl, 8 Seiten Manuskript, dat. 25. 3. 1986.

7 Grazer Zeitung 27. 8. 1874, 3–4.

8 Savel, Alexander: Global Reisender, lokal Handelnder: Hans Sarsteiner, in: Mitteilungen des Ischler Heimatvereins Folge 36 (Juli 2019), 6.

9 1911 ist Sarsteiner beim Besuch von Sir T. Vezey Strong, Bürgermeister von London, mit Delegation als Übersetzer tätig. Sammlung Stadtmuseum Bad Ischl.

10 Kurz – Schmid (Hg.): Kreuz 105.

11 Lebenslauf, 5.

12 Urkunden in der Sammlung Stadtmuseum Bad Ischl; vgl. Artikel „Elisabeth-Orden (Österreich-Ungarn)". In: Wikipedia. URL: https://de.wikipedia.org/wiki/Elisabeth-Orden_(Österreich-Ungarn) (aufgerufen am 28. 9. 2023, 14:11).

13 Cook's-Weltreise-Zeitung 1. Jg. (Jänner 1890) Nr. 1, Angebote verschiedener Nilfahrten, 7–9.

14 Briefe in der Sammlung Stadtmuseum Bad Ischl.

15 Eine Fotografie des Zeichenlehrers (Prof. J. Mayburger) befindet sich in der Sammlung Stadtmuseum Bad Ischl mit der Beschriftung: „Mein Zeichenlehrer in der Realschule in Salzburg 1852–1853."

16 Konvolut an Speisekarten in der Sammlung Stadtmuseum Bad Ischl.

17 Ischler Wochenblatt, 26. 2. 1893, 4.

18 Sammlung Stadtmuseum Bad Ischl. 1989 Eröffnung des Museums der Stadt Bad Ischl im ehemaligen „Hotel Austria", Esplanade 10.

19 Lebenslauf, 3–5.

20 Ischler Wochenblatt 3. 12. 1905, 4.

21 Achleitner, Friedrich: Österreichische Architektur im 20. Jahrhundert (Salzburg/Wien 1980) Bd. I, 31.

22 Oberhammer, Monika: Sommervillen im Salzkammergut. Die spezifische Sommerfrischenarchitektur des Salzkammergutes in der Zeit von 1830 bis 1918 (Salzburg 1983) 61.

23 Achleitner, Architektur I 32.

24 Oberhammer, Sommervillen 61.

25 Leitner, Susanne: Die Landlust der Städter im Sommer. Die typologische Entwicklung der Villenarchitektur im Salzkammergut. In: Österreichische Zeitschrift für Kunst und Denkmalpflege 74 (2020) H. 3/4, 29.

26 Das Gut im Jainzental wird von Hans Sarsteiners Vater, Johann Sarsteiner, erworben und von Hans Sarsteiner zur Maierei im Jainzental ausgebaut und weiterentwickelt.

27 Die detaillierten Bepflanzungspläne von Hans Sarsteiner befinden sich in der Sammlung des Bad Ischler Stadtmuseums.

28 Tagespost 19. 10. 1918.

29 Privatsammlung, Bad Ischl.

30 Barbara und Josef Daller besitzen die Gastwirtschaft „Zum wilden Mann", Salzburger Getreidegasse 20; vgl. Volksblatt 10. 7. 1903, 3.

31 Schuster, Walter: Franz Dinghofer. In: Daurer, Cornelia u. a. (Hg.): Bericht der Linzer Straßennamenkommission (Linz 2022) 325–583. URL: https://stadtgeschichte.linz.at/media/biographien/biographie_dinghofer_franz.pdf (aufgerufen am 27. 9. 2023).

32 Seine Eltern Maria und Karl Sarsteiner führen die Restauration „Zur Gstötten".

33 Ischler Badeliste 12. 8. 1902.
34 Peteani, Maria: Es war einmal… in Linz… in Ischl (Linz 1963), 90 ff.
35 Arnbom, Marie-Theres: Die Villen von Bad Ischl. Wenn Häuser Geschichten erzählen (Wien 2019) 134.
36 http:// www.kulturpfade-badischl.at, (aufgerufen am 20.9.2023, 07:53).
37 Ischler Badeliste 25. 8. 1903.
38 Wiener Salonblatt 25. 6. 1910, 24. 6. 1911, 6. 6. 1912, 28. 9. 1912.
39 Privatsammlung, Bad Ischl.
40 Mit Blitzlicht und Kamera im Salzkammergut. In: Die Wiener Bühne H. 38 (1925), 16.
41 Arnbom, Villen 132.
42 Privatsammlung, Bad Ischl.
43 Arnbom, Villen 137.
44 Bad Ischl Kulturpfade: Villa San Marco. URL: https://www.kulturpfade-badischl.at/villa-san-marco/ (aufgerufen am 28. 9. 2023).

Albert Lichtblau

Jüdische Gäste im Salzkammergut

Kaiser, Kitsch und Sommerfrische – und dazwischen lauter „Juden"? Wäre Österreich Polen, würde es – wie in Krakau – in den Kitschläden des Salzkammergutes etwas „Jüdisches" geben, Zeichnungen, Figürchen eventuell, Historisches, auf alle Fälle schein-koschere Restaurants und Klezmer-Musik. Aber in Österreich wird das Thema „Jüdische Sommerfrische" im öffentlichen Raum eher zurückhaltend präsentiert.

Wenn hier von „Jüdischer Sommerfrische" geschrieben wird, sollte das sofort zu denken geben. Was an einer Gegend wie dem Salzkammergut oder an einer Praxis wie der Sommerfrische ist schon „jüdisch"? „Jüdisch" ist ein Eigenschaftswort. Welche Eigenschaften werden im topografischen Sinn mit diesem Wort in Verbindung gebracht? Und das in einer Gegenwart, in der bemüht, verschämt, aber exkludierend immer noch von jüdischen Mitbürgerinnen und Mitbürgern oder jüdischen Menschen gesprochen wird, aber kaum von Jüdinnen und Juden. Irgendwas stimmt an dem allen nicht, und das, obwohl sich wirklich viele darum bemühten und bemühen.

Angesichts der topografischen Vorgabe konzentriert sich der folgende Beitrag auf die Bedeutung des Salzkammergutes im Sinne räumlicher Zuordnungen („Ort" ist in diesem Sinn gemeint).[1]

Religiöse Orte

Von den 34 Israelitischen Kultusgemeinden Österreichs gab es vor der NS-Zeit in Oberösterreich mit Steyr und Linz lediglich zwei, nur je eine im Land Salzburg und in der Steiermark. Das heißt, in den Sommerfrischegemeinden lebten nur wenige Jüd*innen dauerhaft. Laut Volkszählung 1934 waren es in Linz 671, in den oberösterreichischen Landgemeinden insgesamt 295 Personen. Die Bedeutung der jüdischen Gäste aus Wien war deswegen für den Sommertourismus besonders groß. Das Wien der Ersten Republik galt in der konservativ, katholisch und deutschnational geprägten Provinz mit der absoluten Stimmenmehrheit der Sozialdemokratischen Arbeiterpartei als „rotes Tuch". Intersektional ließen sich Antisemitismus und

Antiurbanismus in dieser Konstellation verknüpfen, wie antisemitische Karikaturen vielfach zeigen.

Nochmals: Was hieß schon „jüdisch"? Die Reduktion auf nur eine Identität wurde vor 1938 zusehends obsolet. In Wien traten 16.904 Personen zwischen 1919 bis 1937 aus der Israelitischen Kultusgemeinde aus, für den NS-Rassismus waren sie „Juden" geblieben. Diese stigmatisierende Zuordnung hält übrigens bis in die Gegenwart an. Nicht zu vergessen: Es traten auch 6461 Personen der Israelitischen Kultusgemeinde Wien in diesem Zeitraum bei.

Da es in den Sommerfrischeorten keine religiös-jüdische Infrastruktur mit Israelitischen Kultusgemeinden oder Bethäusern gab, war es für die religiös praktizierenden Jüd*innen schwirig, sich dort aufzuhalten. Vor der NS-Machtübernahme existierte in Bad Ischl lediglich ein Bethauskomitee, während in Gmunden ein Bethausverein bis dahin vergeblich versuchte, die Voraussetzung zu schaffen, um eine autonome, von Linz unabhängige Israelitische Kultusgemeinde zu etablieren.[2]

Jüdisch-Orthodoxe waren in der Wiener Gemeinde ohnedies eine Minderheit. Bei den Wahlen zur Israelitischen Kultusgemeinde Wien erzielten orthodoxe Listen bis 1938 immer weniger als zehn Prozent.[3] Im „Organ für die Interessen des orthodoxen Judentums", der „Jüdischen Presse", fällt auf, dass nur sehr wenige Hotels und Gaststätten annoncierten, die Regeln für koscheres Essen einzuhalten. Die „Pension Jupiter" in der Lindaustraße 18 in Bad Ischl annoncierte zum Beispiel 1928 immer wieder in der „Jüdischen Presse": Sie liege idyllisch mit großem Garten am Ende der Esplanade und werde unter der Patronanz des Bezirksoberrabbiners Hillel Weinberger streng orthodox geführt. „Die Hauswirtin Frau Erna Wiener wird ihre Pension in vornehmem Stil leiten und auf Grund ihrer großen Erfahrungen für die kultivierte Gesellschaft besondere kulinarische Genüsse bieten können. Der Gottesdienst wird im Hause selbst abgehalten."[4] In der Folgenummer erwidert der genannte Bezirksoberrabbiner, dass das so nicht stimme, er habe lediglich einen verlässlichen orthodoxen Schochet (Schlachter) empfohlen und die Bedingung daran geknüpft, dass dessen „vollständig vertrauenswürdige Frau" die Küche leite.[5] Es blieb turbulent, da der Schochet aus Sopron anscheinend „unbrauchbar" war und rasch Ersatz gefunden werden musste.[6]

Auch andere Gastbetriebe in Bad Ischl annoncierten in der „Jüdischen Presse", so etwa „Stadt Prag" in der Engelmoosgasse 9 mit Feinwurst- und Selchwaren aus der unter Aufsicht des Rabbinats der Schiffschul (orthodoxe Synagoge) in Wien stehenden Fabrik von Moritz Lazar[7], das Hotel „Schwarzer Adler" in der Grazerstraße 12 mit über 50 Zimmern[8] und die Pension „Neue Welt" in der Eglmoosgasse 10.[9] Außerdem warb noch ein Restaurant in der Frauengasse 8 damit, vom Hamburger Speiseverein, dem „Verein zur Errichtung und Förderung jüdischer Speiseanstalten", anerkannt zu sein.[10]

Es gibt im orthodoxen Organ „Jüdische Presse" kaum Beschreibungen zum Leben der jüdisch Religiösen in der Sommerfrische. Aber ein „Ischler Badebrief" genannter Artikel gibt 1928 Einblick, was orthodoxe Gläubige beschäftigte. Er bezieht sich auf andere jüdische Publikationen, die vor allem über die antijüdischen Orte berichten würden, „wo Juden nicht erwünscht sind".[11] Die „koscher essenden Juden" würden nur durch spärliche Inserate auf Sommerfrischeorte aufmerksam gemacht. „Die Kurliste von Bad Ischl weist heute 8500 Kurgäste[12] aus, die überwiegend Juden sind, darunter sehr viele sehr alte Leute, welche in jeder Weise, also auch im Glauben konservativ sind. Nach den vielen herrlichen, aussichtsreichen, auch für ältere Personen nicht anstrengenden Spaziergängen treffen sich die koscher essenden Juden außer bei der ausgezeichneten Kurmusik und dem Café Esplanade (früher Walter), welches sich durch eine Terrasse vergrößert und verschönert hat, in drei koscheren Speisehäusern, welche teilweise durch ihre besonders hohen Preise das Rituelle betonen."[13] Es würden nur 20 jüdische Personen in Bad Ischl leben, die der Israelitischen Kultusgemeinde Linz unterständen. Am evangelischen Friedhof von Bad Ischl gebe es 25 jüdische Grabsteine, aber nur einer habe eine hebräische Aufschrift. Am Ende appelliert Autor Isidor Herrisch dafür, Unterkünfte mit rituellen Speisehäusern in den Sommerfrischen zu errichten und so das jüdische Leben in Kurorten und Sommerfrischen zu erwecken. Damit könnten auch strenggläubigen Juden angenehme Erholungswochen ermöglicht werden.[14]

(1)

Die Pension Jupiter in Bad Ischl warb immer wieder um orthodox-jüdisches Publikum

Antisemitische Regionen

In der liberalen jüdischen und zionistischen Presse dominierte bis zur NS-Machtübernahme eine andere Thematik: der sogenannte Sommerfrische-Antisemitismus, der besonders nach dem Zusammenbruch der Habsburgermonarchie ein wichtiger Faktor im Konglomerat antijüdischer Isolationspolitik wurde, ähnlich wie der antisemitische Vorstoß in den Vereinen mit sogenannten „Arierparagrafen" oder die körperlichen Attacken an der Universität. Das Phänomen gab es allerdings schon in der Habsburgermonarchie. 1895 berichtete eine jüdische Wochenzeitung über das „Ischler Wochenblatt", das eine zur Vertreibung auffordernde Hassrede des deutschen Politikers Hermann Ahlwardt abgedruckt hatte. Sollte die feindselige Haltung, so der Artikel, den Gesinnungen der Ischler Bevölkerung entsprechen, würden die jüdischen Sommergäste daraus Konsequenzen ziehen. Es gebe noch andere Orte für jüdische Gäste.[15]

Die Versuche, sich gegen den Ausschluss jüdischer Sommergäste zu wehren, waren nach 1918 kaum erfolgreich. Die liberal-jüdische Wochenschrift „Die Wahrheit" veröffentlichte als Warnung regelmäßig Listen von Orten, die Beschlüsse gefasst hatten, keine Juden aufnehmen zu wollen, oder von Unterkünften, die genau damit warben. In der Nummer vom 13. Mai 1927 finden sich je neun Nennungen aus Oberösterreich und Salzburg, darunter Nußdorf am Attersee oder Mondsee.

Eine von vielen antisemitischen Sommerfrische-Karikaturen

Das Gasthaus „Bauern-Löckner" in St. Georgen am Attergau annoncierte: „Nur christliche Sommergäste erhalten Unterkunft".[16] Schon im Jahr davor wurde aus einem Wiener „Hakenkreuzorgan" zitiert: „Der schöne Ort Mondsee im Salzkammergut hat eine rein christliche und deutsche Gemeindeverwaltung, seine Bewohner wollen keine Juden als Sommergäste, die daher dort auch fehlen. Der Ort […] empfiehlt sich daher von selbst als angenehme Sommerfrische, die von arischen Sommergästen nun erst recht aufgesucht wird".[17]

Mit der nationalsozialistischen Machtübernahme in Deutschland 1933 veränderten sich die Bewertungen und Inhalte. „Die Wahrheit" warb nun für den Besuch österreichischer Sommerfrischen, gleichsam als loyales Bekenntnis zu Österreich. So hieß es im Juni 1933: „Achtung! Oesterreichische Juden besuchen heuer ausschließlich österreichische Sommerfrischen! Auswärtige Juden, kommet heuer alle in Oesterreichs herrliche Sommerfrischen!"[18]

Wenn zuvor der Sommerfrische-Antisemitismus als Teil des antisemitischen Diskurskonglomerats bezeichnet wurde, so gehört zu den antisemitischen Argumentationslinien zentral jene der Nicht-Integrierbarkeit. In Karikaturen zeichnete die antisemitische Ikonografie repetitiv Jüdinnen und Juden als Menschen in nicht-österreichischen bzw. nicht-deutschen beziehungsweise nicht-„arischen" Körpern, markierte sie als Fremde aus dem Osten und versah sie mit unangenehmen Charakterzügen. Der Aufenthalt in der Sommerfrische, in der das Tragen von Lederhosen, Dirndln und Tracht für die Besuchenden aus der Stadt üblich war, eignete sich dazu. Jede „Verkleidung", jede Anpassung war für antisemitisch Gesinnte zwecklos. Es ging ihnen um eine sich wiederholende Fremdstigmatisierung, ein Fernhalten und Kontaktvermeiden, also um die Einübung in die Normalität sozialer Isolation, die nach der NS-Machtübernahme fatale Folgen für Menschen jüdischer Herkunft haben sollte.

Zum antisemitischen Humorrepertoire gehörte es, die Sprache zu verballhornen. Menschen oder Orte wurden mit dem Suffix „eles" als jüdisch markiert, so auch Bad Ischl, das zu einem „Ischeles" wurde. Im Oktober 1920 bewarb die „Ostdeutsche Rundschau" einen „Alpenländischen Tanzabend" in Linz. Neben dem Schuhplattler-Verein „D'Almtaler" trat auch eine Gruppe namens „Abtrieb von der Alm, Abzug der Juden aus Ischeles, fahrende Sänger, Zigeuner" auf.[19] Am Tag danach gastierte übrigens der noch wenig bekannte Adolf Hitler in Linz, und es wurde zu einer zwanglosen Zusammenkunft mit Familien und Gästen eingeladen.[20]

Jüdische Orte?

Angesichts der ablehnenden Stimmung an manchen Orten wundert es nicht, dass es in anderen eine Konzentration jüdischer Sommergäste gab. Die zuvor zitierte „Jüdische Presse" schrieb 1928 über Bad Ischl unbefangen von „8500 Kurgäste […], die überwiegend Juden sind". Auch Friedrich Torberg spielt im Kapitel „In der Sommerfrische" in „Tante Jolesch" mit dieser Vorstellung der Überproportionalität: „Daß Struktur und Atmosphäre überwiegend jüdisch waren, bedarf keiner Unterstreichung mehr und wird an dieser Stelle nur als Übergang zu einem Ausspruch des Komikers Armin Berg angeführt: ‚Es gibt 500 Millionen Chinesen auf der Welt und nur 15 Millionen Juden', sinnierte er vor sich hin. ‚Wieso sieht man in Ischl nicht *einen* Chinesen?'"[21] Die Kurdirektion Bad Ischl warb 1933 gezielt um die jüdischen Sommergäste, etwa in der zionistischen Zeitung „Die Stimme". Der letzte Satz des folgenden Zitates ist bemerkenswert, denn es wurde damit geworben, traditionell nicht antisemitisch gesinnt zu sein: „Den schönsten und angenehmsten Kur- und Sommeraufenthalt bietet Bad Ischl der Sommersitz der prominenten Kunstwelt. Von jeher keine Rasseneinstellung."[22]

Es gab auch jüdische Aktivitäten in Bad Ischl, wie ein „Brief aus der Provinz" beschreibt. Im August 1929 zeigten die Linzer und Salzburger Keren-Kajemeth-Kommissionen (Jüdischer Nationalfonds) im Esplanaden-Kino den Film „Frühling in Palästina". Das Publikum sei andächtig und schließlich begeistert gewesen. Fritz Beda-Löhner habe eingeleitet und das Publikum „durch seine herrliche Rede zu einem Beifallssturm" mitgerissen.[23] Beda-Löhner war eine der schillerndsten Personen im jüdischen und österreichischen Kulturleben: Satiriker, Librettist für Operetten und Schlager, zionistischer Aktivist und erster Präsident des jüdischen Allroundsportklubs Hakoah, Schriftsteller. 1932 erwarb die Familie die sogenannte

Charlotte Lichtblau als Kind mit den Töchtern der Wiener Wäscherin in Altaussee

Villa Schratt in Bad Ischl.[24] In der NS-Zeit wurde Fritz Beda-Löhner in KZs interniert; er ist Autor des Buchenwald- und des Buna-Liedes. Am 4. Dezember 1942 wurde er im KZ-Auschwitz[25] von einem Aufseher erschlagen. Beda-Löhners zwei Töchter und Ehefrau wurden am 5. September 1942 in Maly Trostinec ermordet.[26]

Mit der NS-Machtübernahme im März 1938 war es vorbei mit „lustig". Nun wurde im antisemitischen Sinne „aufgeräumt", symbolpolitisch mit dem Verbot des Tragens alpenländischer Trachten für Jüdinnen und Juden, real wurde gedroht, gedemütigt, geraubt, vertrieben und ermordet.[27] Für die auf soziale Isolation und Vertreibung ausgerichtete NS-Politik war von Anfang an klar: „Es gibt kein ‚Ischeles' mehr", so der Titel eines Artikels im NS-Kampfblatt „Arbeitersturm" vom Mai 1938.[28]

Traum/a-Orte: Sommerfrische als Erinnerungsanker für Vertriebene

Laut Volkszählung 1934 lebten 176.034 der insgesamt 191.458 Jüdinnen und Juden Österreichs in Wien, das waren 91,9 Prozent. Für die überwiegende Mehrheit der Überlebenden war vor allem Wien nach dem Ende des Zweiten Weltkrieges eine Art Geisterstadt geworden. Sie erinnerte sie an alle jene, die sie in der Shoah verloren hatten. Aber Wien war auch bewohnt von den Menschen, die sie beraubt, gedemütigt und verfolgt bzw. sich von ihnen abgewandt und ihnen nicht geholfen hatten. Misstrauen war angebracht – wer hatte was „verbrochen"? Wien war für die einst dort Lebenden nach Kriegsende schwer erträglich. Vertraute Orte konnten in Wien jederzeit Trauma-Trigger werden. Deswegen wurden die ehemaligen Sommerfrischeregionen wie das Salzkammergut, die gleichsam neutrale Erinnerungsorte geblieben waren, so wichtig für jene, die es überhaupt schafften, nach Österreich zurückzukehren. An das frühere Leben „positiv" anknüpfen zu können, war eine Herausforderung angesichts des Wechselbads an Gefühlen. Nicht alle haben das in einer Art und Weise geschafft, die ihnen bei der psychischen Stabilisierung half.

Es war also kein Zufall, dass die Überlebenden (es geht um jene, die durch Flucht entkommen waren und in anderen Ländern Asyl gefunden hatten) intuitiv nicht zuerst nach Wien fuhren, sondern mit einem Aufenthalt am Land ihre Rückreise nach Österreich begannen. Die Natur, der Anblick einer objektiv schönen Landschaft, der Geruch der Alpen, das alles war für die Psyche im Vergleich zu Wien weniger gefährlich. Das erlaubte es den „Entwurzelten", beschränkt einen positiven Bezug zur ehemaligen Verbundenheit mit Österreich und damit zu den eigenen Wurzeln zuzulassen. Eine von vielen Beschreibungen dazu ist im Buch von Ernst Strouhal über die vier Töchter von Ernst Benedikt, dem Eigentümer und Chefredakteur der „Neuen Freien Presse", dokumentiert. Seine 1916 in Wien geborene Tochter Friedl (Frieda Benedikt) reiste 1950 erstmals nach ihrer Vertreibung nach Österreich zurück. Diese Reise dokumentierte sie im Text „Diary of a Journey Home", der in englischen und schwedischen Magazinen erschien: „Wir reisen morgen nach Wien ab. Ich bin froh, dass der erste Ort, an den wir kamen, einer ist,

 Kurt Sonnenfeld mit Mutter und seinem Freund Ernst am Wolfgangsee, 1930er Jahre. Ernst Weisselberg und dessen Eltern konnten nicht rechtzeitig flüchten und wurden ermordet

 Bilder in den Fotoalben dokumentierten die Tage in der Sommerfrische – hier in Altaussee

den ich vorher nicht kannte, sodass ich noch glauben kann, der bittere und wilde Schmerz, der mich zu erwürgen scheint, sodass ich alleine dahingehe, tränenlos schluchzend, sei bloß eine natürliche Reaktion auf die Schönheit der Umgebung."²⁹ Sie beschrieb detailliert, wie sie die Landschaft (in dem Fall rund um Lunz am See) wahrnahm: Blumen, Wiesen, Sonne, das Licht, die Luft, das Hörbare, den weichen Boden, den Bezug zu Kindheitserinnerungen.

Vielleicht greift die vorangegangene Argumentation mit Wien und dem Vergleich mit den Sommerfrischeregionen zu kurz, wie das Beispiel von Frieda Benedikt zeigt: Es war die Rückkehr an einen ihr unbekannten Ort am Land. Die ehe-

6
„Stones that Know",
Charlotte Lichtblau, 1970

mals besuchten Sommerfrischeorte blieben welche, an die Erinnerungen verknüpft waren. Es waren Erinnerungen an Opfer, weniger an Täter*innen. In den ins Exil geretteten Fotografien blieben die ermordeten Opfer nämlich auch auf den Fotos aus den Sommerfrischeorten „präsent".

Es besteht also kein Grund zur Romantisierung oder Reduktion auf den Begriff „Nostalgie", wenn sich Überlebende im Salzkammergut nach 1945 wohlzufühlen schienen. Charlotte Lichtblau (1925–2013)[30] malte in ihrem New Yorker Atelier am Broadway viele Bilder über die Landschaft rund um Altaussee. Sie wollte mit dem Ort Altaussee, an dem sie als Kind für ihr späteres Leben als Künstlerin sehen gelernt hatte, verbunden bleiben und kam nie wirklich davon los. Von außen betrachtet wirkte es, als würde sie am falschen Ort leben, in New York, im Stadtteil Manhattan. Schon als Kind litt sie darunter, wenn die Familie nach der Sommerfrische, nach Ostern oder Weihnachten von Altaussee nach Wien zurückkehrte. Unaufgelöstes Heim-Weh kann schmerzhaft bleiben. Im Interview wird Lichtblau gefragt, wie es für sie als Erwachsene sei, von Altaussee zurück nach New York abzureisen: „Ach Gott, die Abreise ist fürchterlich. Wenn wir über den Pötschen fahren, ersuche ich den Fahrer, einen Rock & Roll aufzudrehen und mich nicht anzusehen. Es ist schrecklich, furchtbar. Aber da kann man nichts machen. Dabei komm ich öfter nach Aussee als nach Brooklyn!"

Sie hatte schon als Kind das Gefühl, dass am Leben in der Sommerfrische etwas nicht stimmte. So sehr sie Altaussee „liebte", so sehr sah sie nach Kriegsende die Schattenseiten im Angesicht der NS-Geschichte. Das Schweigen, das Wissen und Nicht-wissen-Wollen, das Düstere und Alltägliche, Verdrängte und Präsente können in ihrem Gemälde „Wissende Steine" gefunden werden. „Ringsherum ist lauter Landschaft", so der erste Satz des skeptischen Sommerfrischlers[31] Alfred Polgar in seinem Text über „Natur" aus dem Jahr 1925.[32] Es könnte nun ergänzt werden: „Ringsherum ist lauter Natur und … Geschichte" – jüdische und nichtjüdische, getrennte und/oder gemeinsame Geschichte.

Anmerkungen

1 Vgl. Arnbom, Marie-Theres: „Juden ist das öffentliche Tragen von alpenländischen Trachten verboten." In: Sandgruber, Roman (Hg.): Salzkammergut. OÖ Landesausstellung 2008 (Linz 2008) 109–112.
2 Detailreich dokumentiert in Wagner, Verena: Eine jüdische Gemeinde in Bad Ischl (Linz 2023) z. B. 56–60, 83.
3 Freidenreich, Harriet Pass: Jewish Politics in Vienna 1918–1938 (Bloomington/Indianapolis 1991).
4 Jüdische Presse 27. 4. 1928, 111.
5 Jüdische Presse 11. 5. 1928, 124.
6 Jüdische Presse 22. 6. 1928, 166, und 29. 6. 1928, 171. Vgl. auch Jüdische Presse 21. 6. 1928, 3 (neue Küchenführung).
7 Z. B. Jüdische Presse. Organ für die Interessen des orthodoxen Judentums 8. 5. 1925, 128.
8 Jüdische Presse 6. 7. 1928, 180.
9 Z. B. Jüdische Presse 2. 8. 1929, 4.
10 Z. B. Jüdische Presse 1. 7. 1932, 4. Derartige Annoncen gab es auch vor dem Ersten Weltkrieg, etwa für das von Emil Goldberg geführte Restaurant in der Altausseerstr. 58 in Bad Aussee; z. B. Dr. Bloch's Oesterreichische Wochenschrift. Zentralorgan für die gesamten Interessen des Judentums 23. 6. 1911, 424.
11 Jüdische Presse 17. 8. 1928, 205.
12 Die Kurliste von Bad Ischl wies 11.380 Personen bis 11. 8. 1928 aus. Vgl. Kurliste Bad Ischl 17. 8. 1928, 4.
13 Jüdische Presse 17. 8. 1928, 205.
14 Ebd. 206. In der Studie von Verena Wagner finden sich noch andere Hinweise auf Gastbetriebe für jüdische Gäste, z. B. Wagner: Bad Ischl 39–60, 247–251.
15 Dr. Blochs Oesterreichische Wochenschrift 22. 11. 1895, 873; vgl. auch ebd. 6. 4. 1900, 265.
16 Die Wahrheit. Oesterreichische Wochenschrift für jüdische Interessen. Veröffentlichungen der „Union deutschösterr. Juden" 13. 5. 1927, 9–10.
17 Die Wahrheit 2. 7. 1926, 10.
18 Die Wahrheit 23. 6. 1933, 1; vgl. auch ebd. 23. 4. 1937, 2.
19 Tages-Post 2. 10. 1920, 5.
20 Ebd.
21 Torberg, Friedrich: Die Tante Jolesch oder Der Untergang des Abendlandes in Anekdoten und Die Erben der Tante Jolesch (Stuttgart ²2008) 105.
22 Die Stimme. Jüdische Zeitung 22. 6. 1933, 7.
23 Die Stimme 15. 8. 1929, 8.
24 Arnbom, Marie-Theres: Die Villen von Bad Ischl. Wenn Häuser Geschichten erzählen (Wien ⁴2017) 237–243.
25 Später Auschwitz III Monowitz, wo die IG-Farben mit Zwangsarbeitern aus dem werkseigenen KZ die Buna-Werke aufbauen ließ.
26 Schwarberg, Günther: Dein ist mein ganzes Herz. Die Geschichte von Fritz Löhner-Beda, der die schönsten Lieder der Welt schrieb, und warum Hitler ihn ermorden ließ (Göttingen 2000).
27 Vgl. Bericht der Historikerkommission: Ellmauer, Daniela – Thumser, Regina: Oberösterreich. „Arisierungen", beschlagnahmte Vermögen, Rückstellungen und Entschädigungen: Bundesländervergleich Burgenland, Oberösterreich, Salzburg, Bd. 3 (Wien 2002).
28 Arbeitersturm. Kampfblatt der nationalsozialistischen Arbeiter Deutschösterreichs 24. 5. 1938, 8.
29 Strouhal, Ernst: Vier Schwestern. Fernes Wien, fremde Welt (Wien ²2022) 291.
30 Lichtblau, Albert: Ursprung und Transformation. Leben und Werk der Malerin Charlotte Lichtblau. Origin and Transformation. Life and Art of the Painter Charlotte Lichtblau (Graz 2005) 34.
31 Fink, Iris – Knie, Roland: Überlandpartie! Kabarett auf Sommerfrische (Wien/Köln/Weimar 2018) 20.
32 Abgedruckt in: Plath, Jörg: Sommerfrische. Ein literarisches Lesebuch (München 1999) 83–84, hier 83. Der Text erschien unter dem Titel „Ländliche Betrachtung: Natur" in: Der Tag, 28. 8. 1928, 3.

Wolfgang Quatember

Nationalsozialismus und Widerstand im Salzkammergut

Vom „Anschluss" bis zur Volksabstimmung

> „Von allen Teilen Ischls sah ich Feuerbrände zu einer gewaltig lodernden Flamme werden. Ihr gespenstischer Schein züngelte gierig bis zur Kirchturmspitze empor und suchte das Turmkreuz zu überflackern. Die Scharen der Neuheiden zogen mit ihren Fackeln zu einem Sternmarsch durch die Ischler Pfarrgasse [...]. Man hörte das Heilbrüllen der Nazis wie ein Lawinengrollen an Föhntagen. Das dumpfe Grollen artikulierte sich als ein ineinander geschrienes Heil-Heil-Heil-Rufen. Mir lief es kalt über den Rücken. Der, dessen Heil so laut skandiert wurde, daß jede andere Stimme zu versagen drohte, war das Heil Österreichs nicht."[1]

Diese Zeilen geben den Eindruck Josef Hofmanns wieder, der am 11. März 1938 abends von seiner Arbeitsstelle im Bad Ischler Konsum mit dem Zug heim nach Lauffen fuhr. Diese „Anschlusseuphorie" auf Seiten der Nationalsozialist*innen und in weiten Teilen der fanatisierten lokalen Bevölkerung äußerte sich in Freudenkundgebungen und Fackelzügen. Verunsicherung, Niedergeschlagenheit, Angst und Machtlosigkeit prägten die Gefühlswelt jener, die wie der Katholik Josef Hofmann wussten, was die Hitlerdiktatur bedeuten würde. Noch in der Nacht von 11. auf den 12. März 1938 wurden in allen Salzkammergutorten Ämter, Gendarmerieposten und öffentliche Gebäude von SA-Leuten besetzt und in den folgenden Stunden die ersten Verhaftungen vorgenommen.[2] Der Freudentaumel schlug also unmittelbar in Gewalt um. Allein in Gmunden verhaftete der nationalsozialistische Mob mehr als 20 Männer, die mit „vorbereiteten Stahlruten, Ochsenziemern und Geißeln in den Arrestzellen des Stadtpolizeihauses und des Bezirksgerichtes, ohne daß irgend jemand von den Sicherheitsorganen dagegen eingeschritten wäre"[3], misshandelt wurden. In Goisern mussten alle ortsbekannten NS-Gegner*innen im Turnsaal der Hauptschule antreten, und SA-Sturmbannführer Felix Urstöger drohte ihnen in seiner Ansprache, dass Sabotage und Verrat rücksichtslos bestraft werde.⁴ Unkontrollierter Hass richtete sich vor allem gegen die ortsansässigen jüdischen Gemeindebürger*innen. In Gmunden hatten mehrere von ihnen am Stadtplatz auf Sesseln sitzend eine Tafel umgehängt, die die Aufschrift „Jude" trug.⁵ „Kauft nur bei arischen Geschäftsleuten", stand fettgedruckt in der ersten Ausgabe des „Salzkammergut-Beobachters" zu lesen.⁶ Die Ausschaltung aller Jüd*innen aus dem gesellschaftlichen und wirtschaftlichen Leben der Salzkammergutgemeinden setzte unmittelbar ein.

Nahezu gleichzeitig mit der Ausschaltung der früheren kommunalen und politischen Amtsträger erfolgte die Einsetzung der neuen nationalsozialistischen Eliten. Die in der Illegalität „bewährten" Parteimitglieder bekleideten die maßgeblichen Stellen als Bürgermeister und Ortsgruppenleiter. Als erster Kreisleiter der NSDAP für den Kreis Gmunden fungierte der gebürtige Hallstätter Josef Holzberger, der im November 1939 Bürgermeister von Bad Ischl wurde. Als höchsten Beamten im Kreis Gmunden betraute Gauleiter Eigruber den vormals „Illegalen" SA-Sturmbannführer Dr. Oskar Kaltenegger mit dem Amt des Landrates. Innerhalb weniger Tage ging die Vereidigung der gesamten „Gefolgschaft" auf den „Führer" in allen Betrieben vonstatten. Die übrigen Parteigliederungen wie SA (Sturmabteilung), SS (Schutzstaffel), HJ (Hitlerjugend), BdM (Bund deutscher Mädel), NSKK (NS-Kraftfahrkorps), NSFKK (NS-Fliegerkorps) reorganisierten sich unmittelbar aus der Illegalität.⁷ Alle Lebensbereiche waren von der NSDAP erfasst und hierarchisch organisiert. Auch innerhalb der Gemeinden wurden im Wesentlichen dieselben Aufgabenbereiche (Propaganda, Organisation, Schulung, NSV, DAF, Frauenschaft, HJ) mit altgedienten Parteigenoss*innen besetzt. Darüber hinaus hatten die Zellen- und Blockleiter*innen die Aufgabe, den permanenten Kontakt zur Bevölkerung aufrechtzuerhalten, die Stimmung der Menschen einzufangen und Kontrollfunktionen auszuüben. Monatlich wurden in den Ortschaften Zellenabende abgehalten. Im Sinne der Festigung eines Gemeinschaftsgefühls veranstaltete die NSDAP in den Gemeinden Gemeinschaftsradioempfänge auf zentralen Plätzen.

Schon in den ersten Tagen nach der Machtübernahme der Nationalsozialisten trugen zentrale Straßen und Plätze den Namen Hitlers. Zusätzlich wurde „NS-Märtyrern" die Ehre einer Straßenbenennung zuteil. In Bad Ischl trugen zwei Straßen die Namen „Saureis-Unterberger" und „Karl Traint"⁸. Ab 21. März 1938 trat die „Reichsmark" als Währung in Kraft, Fahrzeuge mussten bis 10. April 1938 das „A" für Österreich durch ein „D" ersetzen. Im Juni 1938 erfolgte die Eingliederung des Bezirks Bad Aussee in

Josef Witzlsteiner, Bürgermeister von Bad Ischl, im März 1938

Ebensee am Tag der Volksabstimmung, 10. April 1938

den Kreis Gmunden. Ende März 1938 begannen in allen Gemeinden fieberhafte Vorbereitungen für die für den 10. April festgelegte „freie und geheime Volksabstimmung".[9] Propagandistisch inszenierte Wahlversammlungen und vor allem Betriebsappelle in den Großbetrieben des Salzkammerguts schufen eine Stimmung, die von Euphorie auf der einen Seite, von sozialer Kontrolle und einem Klima der Angst auf der anderen Seite geprägt war. Noch am Abend des 10. April wurden die Abstimmungsergebnisse in Form von Siegeskundgebungen mit Fackelzügen, Höhenfeuern und Aufmärschen in allen Orten kundgetan. Die Wochenzeitung „Salzkammergut-Beobachter" brachte am 14. April 1938 den Aufmacher „Mit fliegenden Fahnen heim ins Reich"[10]. 100-prozentige Abstimmungsergebnisse gab es in Kirchham, Pinsdorf, St. Konrad, Traunkirchen, Obertraun und St. Wolfgang. Rund 8 Prozent der Wähler*innen waren von der Abstimmung ausgeschlossen, darunter jene jüdischer Herkunft.

Arbeit, Alltag, Kriegswirtschaft

„Nationalsozialismus schafft Arbeit und Brot. Besserung der Lebensverhältnisse im Salzkammergut"[11], so rechnete das „Heimatblatt" im September 1938 in propagandistischer Manier mit der von hoher Arbeitslosigkeit geprägten Wirtschaftspolitik der Dollfuß-Schuschnigg-Diktatur ab. Für die NS-Machthaber war es nicht schwer, die Erwartungen der Österreicher*innen auf „Besserung" zu befriedigen. Durch kommunale Baumaßnahmen im Wohn-, Schul- und Straßenbau, etwa die Begradigung und Verbreiterung der Straße zwischen Gmunden und Traunkirchen[12], aber auch durch Vermittlung Arbeitsloser an Rüstungsbaustellen auch in Deutschland sowie die Einführung des Arbeitsdienstes[13] und des weiblichen Pflichtjahres sank die Arbeitslosenziffer im Lauf des Jahres 1938 bedeutend. Nach Kriegsbeginn blieben jedoch viele Bauprojekte trotz des Einsatzes von Zwangsarbeitern und Kriegsgefangenen in der Planung stecken. Oberflächlich gesehen wurde zwar das eingangs in der NS-Propaganda formulierte Versprechen von „Arbeit und Brot" eingelöst. Dies beruht, so Emmerich Tálos, jedoch ausschließlich auf „selektiver"[14] Wahrnehmung. Die „Ausschaltung der Juden aus dem Wirtschaftsleben" wird dabei ebenso ausgeblendet wie Disziplinierungsmaßnahmen innerhalb der Betriebe durch die DAF („Deutsche Arbeitsfront"), die Einführung des Arbeitsbuches zur Lenkung der Arbeitskräfte, Arbeitszwang und die Ausbeutung vor allem fremdländischer Arbeiter*innen, Kriegsgefangener und KZ-Häftlinge. Unmittelbar bei Kriegsbeginn führte das NS-Regime die pro Kopf rationierte Ausgabe von Lebensmitteln, Kleidung, Kohle, Fleisch, Fett, Butter etc. auf Karten ein. Obwohl zu Beginn der Slogan ausgegeben wurde „Nicht nervös sein, liebe Hausfrau! Es gibt keinen Hunger!"[15], intensivierte sich die kriegsbedingte Mangelwirtschaft und im selben Zug der Aufruf vor allem an die weibliche Bevölkerung, im Haushalt mit den verfügbaren Ressourcen sparsam umzugehen. Zusätzlich wurden Reichsstraßensammlungen für das „Winterhilfswerk" (WHW), Opfersonntage, Altmetall- und Kleidersammlungen zur permanenten Einrichtung. Eine besondere Rolle kam dem Bauerntum („Reichsnährstand") in der landwirtschaftlichen „Erzeugungsschlacht" zu. In Bad Ischl erfolgte die Errichtung einer Gebirgsbauernschule im Jainzental, in Steinkogel bei Ebensee eine Kreiswinterschule für die weibliche bäuerliche Jugend und eine Waldbauernschule. Während kurz nach Kriegsbeginn der Einsatz von Ostarbeiter*innen in der Landwirtschaft als Übergangslösung propagiert wurde, war in der Folge durch die Rekrutierung der Männer zur Wehrmacht nicht nur die Industrie, sondern auch die Landwirtschaft trotz „rassepolitischer" Vorbehalte von Kriegsgefangenen und Zwangsarbeiter*innen abhängig.

Bildung und Jugend

Der totalitäre Anspruch des NS-Regimes bedingte ein gleichgeschaltetes, nach nationalsozialistischen Grundsätzen und rassepolitischen Kriterien gestaltetes Bildungs- und Erziehungswesen. Bereits am 26. März 1938 wurden in einem feierlichen Akt alle Schulleiter*innen und Direktor*innen des Bezirks Gmunden auf den „Führer" vereidigt.[16] In den ersten Monaten nach dem „Anschluss" erfolgten Säuberungen und Umbesetzungen innerhalb der Lehrerschaft sowie die Auflösung aller 13 Privatschulen des Kreises Gmunden. Das „Stephaneum" in Goisern wurde nach dem Plan des Gönners von Goisern, SS-Oberführer Franz Langoth, in eine Jugendheimstätte der NSV („Nationalsozialistische Volkswohlfahrt") umgestaltet. Jüdische Schüler*innen mussten bis 1. Juni 1938 von der Direktion gemeldet und rigoros ausgesondert werden. Alle anderen Jugendlichen wurden rasch in die dafür geschaffenen Gliederungen der Partei integriert. So etwa waren im Mai 1938 im Staats-Realgymnasium Gmunden von 308 Schülerinnen und Schülern bereits 258 von der Partei erfasst.[17] Die nationalsozialistische Bildungspolitik strebte die einheitliche Erziehung zum „Deutschen Menschen" an, weswegen eine enge Verschränkung von Elternhaus, Schule und Hitlerjugend forciert wurde. Wie stark sozialer Druck auf den Familien mit schulpflichtigen Kindern lastete, belegt die Tatsache, dass alle zehnjährigen Knaben und Mädchen am Ende der Volksschule im Rahmen einer Feier und unter Anwesenheit der Direktion, der Lehrer*innen, der Ortsgruppenleiter, Bürgermeister und Eltern in die „HJ" überführt wurden.

Sport und Kultur

Alle vor dem „Anschluss" bestehenden Sport-, Alpin- und Turnvereine wurden aufgelöst und dem „Reichsbund für Leibeserziehung" („RLB") einverleibt und ihnen somit eine einheitliche ideologische Zielsetzung übergestülpt. Sportliche Betätigung im Nationalsozialismus blieb nicht auf bloßes Freizeitvergnügen beschränkt, sondern prägte die Erziehung in Schule und „Hitlerjugend". Im Sinne der Pflicht zur Erhaltung der Arbeitskraft wurde auch der Betriebssport innerhalb der „DAF"-Gemeinschaft „Kraft durch Freude" zu einer tragenden Säule der NS-Ideologie.

Insbesondere im Salzkammergut hatten der Skilauf sowie der Alpinismus eine herausragende Bedeutung. Volksskitage wurden in zahlreichen Gemeinden unter großer Beteiligung der Bevölkerung abgehalten. Innerhalb der „HJ" fanden „Bann-, Gau- und Untergausportfeste" etwa in Bad Ischl statt. Überregionale Bekanntheit erlangte die Gmundner „Berg-HJ". Um den Anspruch einzulösen, jeder Mann ab 18 Jahren müsse seine Wehrhaftigkeit in körperlicher und geistiger Hinsicht beweisen, war die Erringung des „SA-Wehrsportabzeichens" für viele Männer ein begehrtes Ziel. Der SA-Gruppenführer „Alpenland" Paul Giesler[18] definierte den „SA-Sport" im Rahmen der Wehrwettkämpfe der SA-Brigade 94 in Linz wie folgt: „Unser

3

Dampfer am Traunsee in Ebensee

Sport dient nicht der Gewichtsabnahme oder der Verlängerung unseres Lebens wie der Sport der liberalistischen Zeit, sondern wir wollen unsere Männer so erziehen, daß sie jederzeit den Willen und die Kraft haben, an die Gewehre, Geschütze und Flugzeuge der Nation zu treten."[19]

Wie in allen anderen Lebensbereichen wurden alle Vereine im kulturellen Bereich, etwa in der bildenden Kunst, Musik, Literatur, Theater, Architektur und Museen, staatlicher Kontrolle unterworfen und in die „NS-Kulturgemeinschaft" eingegliedert. Ein Gegenentwurf zur „entarteten"[20] Avantgarde war die traditionelle, der Heimat entspringende „deutsche Kultur des Salzkammergutes". Maßgeblichen Einfluss im Kreis Gmunden erhielt Ernst August von Mandelsloh, Leiter der Künstlergilde Salzkammergut und gleichzeitig Landesleiter für die bildenden Künste im Gau Oberdonau. Unter seiner Ägide wurden immer im Sommer Ausstellungen in Gmunden und Bad Ischl organisiert, die neben Malereien[21] vor allem das „eingesessene Kunsthandwerk" präsentierten. Heimatmuseen bestanden im Gmundner Kammerhof und in Hallstatt. Im Bad Ischler Kurorchester wurden jüdische Musiker nicht mehr engagiert und der Parteigenosse Fritz von Pacher als Dirigent des Orchesters installiert. Ende August 1938 war im „Heimatblatt" zu lesen: „Fritz von Pacher hat bewiesen, daß es für Deutsche nur deutsche Kunst und deutsche Künstler geben kann, und daß wir alles Jüdische leicht entbehren können."[22]

Auch die Kinos im Salzkammergut dienten der nationalsozialistischen und rassenantisemitischen Propaganda. Im Jänner und Februar 1941 liefen die Filme „Der ewige Jude" und „Jud Süß" in allen Kinos. Anlässlich der Bad Ischler Aufführung berichtete das „Heimatblatt", dass das „Judentum in seiner wahren Fratze und Niederträchtigkeit" gezeigt werde und es kaum vorstellbar sei, dass „die schäbigen Gestalten unsere Kurstadt als Herrenkaste bevölkert hatten."[23]

Frauenpolitik

Die „NS-Frauenschaft" im Salzkammergut war in allen Gemeinden, neben dem „Bund deutscher Mädel" (BdM), Bestandteil der Parteiorganisation. Den Frauen kam die als „rassepolitische Pflicht" betrachtete Rolle der Mutter zu, daneben jene als Gattin und Hausfrau. Mit Kriegsbeginn entstanden unter dem ideologisch aufgeladenen Begriff der „Heimatfront" weitere Pflichten in der Land- und Hauswirtschaft in Form des „weiblichen Pflichtjahres" („Pflichtjahrmädel") sowie in den Fabriken. „Der deutsche Mann greift zur Waffe, um unser Reich zu schützen, du aber, deutsches Mädel, gehst in die Munitionsfabrik [...], greifst zum Pfluge, um die Ernährung unseres Volkes sicherzustellen. [...] Im Krieg adelt den Mann das Schwert, dein Adel, deutsches Mädchen, ist die Arbeit."[24] Lager für die „Arbeitsmaiden" wurden in Gosau und in Altmünster errichtet, eine „BdM-Führerinnenschule" in Traunkirchen. Das „Pflichtjahr" sollte dazu dienen, dass „unsere Mädel nicht vom Büro oder der Fabrik weg heiraten sollen, sondern wenigstens in dieser kurzen Zeit lernen, wie ein Haushalt geführt werden soll."[25] Das „Heimatblatt", die Regionalzeitung des Salzkammerguts, publizierte bis zum Sommer 1941 wöchentlich „Die Seite der Frau", die die Rolle der Frauen im Nationalsozialismus im Detail definierte: Erhaltung der „Reinheit der Rasse", Kinderpflege, Kochrezepte, Waschanleitungen, Einsparvorschläge im Haushalt und bei der Kleidung.

Verfolgung und Zwangsarbeit

Wie eingangs erwähnt, setzte der Polizeiterror im Salzkammergut gegen Jüd*innen und politische Gegner*innen des NS-Regimes, aber auch gegen andere Menschen unmittelbar ein, die wegen „volksfeindlichen Verhaltens" außerhalb des ideologischen Konstruktes der „Volksgemeinschaft" standen. Einer vorsichtigen Schätzung zufolge befanden sich mindestens 500 Personen aus dem Salzkammergut längere Zeit in Polizei- oder Konzentrationslagerhaft, mehr als 100 wurden in Haft oder in der „T4-Tötungsanstalt" Hartheim ermordet.[26] Wegen seiner Homosexualität wurde der Bad Ischler Maler Hugo Walleitner im KZ Flossenbürg interniert.[27] Rosalia Hahn, Pauline Schlägl und Franz Rothauer aus Bad Ischl wurden in den Konzentrationslagern Ravensbrück bzw. Mauthausen als „Zeugen Jehovas" ermordet, Leopold Engleitner überlebte mehrere Konzentrationslager[28]. Wie tief auch Teile der Ärzteschaft von der rassistischen Ideologie der Nationalsozialisten durchdrungen waren, belegt ein Schreiben eines Bad Ischler Arztes. Der Ischler Kurarzt Dr. Albert Meierl, dessen Ordination auch Sinti und Roma zeitweilig aufsuchten, beschwerte sich beim Bürgermeister, es sei seinen Patienten unzumutbar, „mit den dreckigen, ungewaschenen Zigeunern die Ordination zu teilen", außerdem könne er auf die „zweifelhafte Ehre, Leibarzt der Ischler Zigeunerdynastie zu sein", verzichten.[29]

Neben dem KZ-Arbeitslager Ebensee („Zement")[30], das zum Zweck der Untertageverlagerung der Raketenrüstung errichtet wurde, ließ das NS-Regime in Traunkirchen das „Reichsstraßenbau-Wohnlager Traunsee"[31], ein Außenkommando des KZ Dachau in Mitterweißenbach bei Bad Ischl[32] und mehrere Zwangsarbeits- und Kriegsgefangenenlager im Bereich der Industriebetriebe (z. B. Saline, Solvay, Weberei und Spinnerei Ebensee, Zementwerk Hatschek[33], Kalkwerk Bad Ischl) aufbauen. Bedingt durch den immer dramatischer werdenden Arbeitskräftemangel infolge steigender Kriegseinberufungen ziviler Arbeitskräfte war der Zwangseinsatz von ausländischen Frauen und Männern in der Industrie, dem Gewerbe, der Land- und Forstwirtschaft, aber auch der Gastronomie im Salzkammergut obligat. Alleine in Ebensee belief sich die Zahl der Zwangsarbeiter*innen auf etwa 3000 Menschen mehrheitlich aus Polen, Russland und Frankreich.[34]

Widerstand gegen das NS-Regime

Neben zahlreichen, zumeist nicht aktenkundig gewordenen individuellen Widerstandshandlungen wie Verweigerung, Hilfeleistung für Verfolgte, Unterstützung von Zwangsarbeiterinnen[35], Abhören ausländischer Radiosender, Desertion,

④

Theresia und Ferdinand Pesendorfer, Hochzeitsbild 1926

Wehrdienstverweigerung und anderen Formen des Ungehorsams gegenüber den NS-Machthabern sind im Salzkammergut vor allem zwei organisierte Widerstandsgruppen nachweisbar. Der „Kommunistische Jugendverband Bad Ischl", dem unter anderen Raimund Zimpernik[36] und Franz Kain angehörten, verfasste Flugblätter, die durch Vertraute in Bad Ischl, im gesamten Salzkammergut sowie im Salzburger Raum verbreitetet wurden. Die Verhaftung der Gruppe erfolgte durch Gendarmerie und Gestapo im März 1941. Alle, bis auf Herbert Filla, überlebten KZ-Haft, Gefängnis und Strafbataillon.

Eine weitere Gruppe mit dem Tarnnamen „Willy-Fred"[37] leitete Josef Plieseis. Gemeinsam mit Alois Straubinger aus Goisern und Karl Gitzoller zog er sich nach der Flucht aus dem Dachauer KZ-Außenlager Adnet ins Tote Gebirge zurück. Die sich gegen Kriegsende um einige Deserteure erweiternde Widerstandsbewegung überdauerte in einem Unterschlupf bis Kriegsende, ohne entdeckt zu werden. Ein Netzwerk aus Helfer*innen in Bad Aussee und Bad Ischl, zu erwähnen sind vor allem Theresia Pesendorfer, Marianne Feldhammer, Leni Egger und Maria Plieseis, versorgte die Männer mit Lebensmitteln.

Bedeutsam war weiters die Einsatzgruppe um Albrecht Gaiswinkler[38], die im Auftrag der britischen SOE („Special Operation Executive") mit Fallschirmen im Höllengebirge absprang und Operationen hinter der Front durchführen sollte. Gaiswinkler organisierte die Übergabe des Ausseerlandes an die US-Streitkräfte und betrieb unter Mithilfe von Andreas Reischek und Edith Hauer-Frischmuth zu Kriegsende den Radiosender „Freiheitssender Ausseerland".[39] Zu Kriegsende konnten Bergarbeiter aus dem Ausseerland die Sprengung der für das „Führermuseum" in Linz im „Steinbergstollen" des Salzbergwerkes gelagerten Kunstgüter verhindern. Über die diesbezügliche Mitwirkung der Widerstandskämpfer um Plieseis und Gaiswinkler

⑤

Raimund Zimpernik (links) und Franz Kain (rechts)

sowie der Salinengeneraldirektion um Dr. Emmerich Pöchmüller⁴⁰ bestehen bis heute zahlreiche historische Unschärfen. Dies dürfte mit ein Grund dafür sein, dass die Kunstschätzerettung in Altaussee⁴¹ und die „sagenumwobenen" Ereignisse um den Toplitzsee⁴² in den letzten Kriegstagen dokumentarisch und medial, vielfach auch in trivialer Manier, verarbeitet wurden.⁴³

Häftlinge des KZ Ebensee am Tag der Befreiung am Appellplatz, 6. Mai 1945

Anmerkungen

1. Hofmann, Josef: Als Katholik unter Nazis. Mein Leben mit der Kirche in den Jahren 1938 bis 1945 (Buttenwiesen 2000) 37; Hofmann Josef, Das Haus am Fluß (Salzburg 1980) 31.
2. Salzkammergut-Beobachter 24. 3. 1938, Nr. 2, 14.
3. Piringer, Karl: Gmundner Chronik 1933–1938, Bd. III (Gmunden-Linz o. J.) 329.
4. Salzkammergut-Beobachter 31. 3. 1938, Nr. 3, 14; Kain, Franz: Am Taubenmarkt (Weitra 1991) 81.
5. Piringer: Gmundner Chronik 330.
6. Salzkammergut-Beobachter 17. 3. 1938, Nr. 1, 11.
7. Die ersten Ortsgruppen der NSDAP im Salzkammergut waren 1921 in Gmunden, 1922 in Ebensee und 1924 in Goisern gegründet worden. Zur frühen NSDAP, ihren Vorfeldorganisationen („Deutscher Turnverein") und der NSDAP in der Illegalität sei auf folgende Publikationen hingewiesen: Quatember, Wolfgang – Felber, Ulrike – Rolinek, Susanne: Das Salzkammergut. Seine politische Kultur in der Ersten und Zweiten Republik (Grünbach 1999) 63–94, sowie Quatember, Wolfgang: NSDAP und Parteimitgliedschaft in Ebensee (1923–1945). In: betrifft widerstand H. 138 (2020) 4–12.
8. Franz Saureis und Franz Unterberger wurden nach dem „Juliputsch" am 20. August 1934 wegen Sprengstoffbesitzes zum Tod verurteilt und hingerichtet, Karl Traint wurde im Zuge des „Juliputsches" erschossen.
9. Bundesgesetzblatt für den Bundesstaat Österreich, 13. März 1938, 75. Bundesverfassungsgesetz über die Wiedervereinigung Österreichs mit dem Deutschen Reich, Artikel 2.
10. Salzkammergut-Beobachter 14. 4. 1938, Nr. 5, 1.
11. Heimatblatt 30. 9. 1938, Nr. 29, 9.

12 Für dieses Bauprojekt wurde das „Reichsstraßenbau-Wohnlager Traunsee" in Traunkirchen errichtet. Ab 1940 wurden dort 476 Juden aus Wien interniert und zur Zwangsarbeit im Straßenbau eingesetzt.

13 Im Salzkammergut wurden in Viechtwang und in Neukirchen bei Altmünster Lager des „Reichsarbeitsdienstes" (RAD) errichtet, in Gosau ein weibliches RAD-Lager in der Villa „Faber".

14 Tálos, Emmerich: Sozialpolitik in der „Ostmark". In: Tálos, Emmerich u. a.: NS-Herrschaft in Österreich (Wien 2000) 376–408, hier 399.

15 Heimatblatt 29. 9. 1938, Nr. 39, 8.

16 Salzkammergut-Beobachter 31. 3. 1938, Nr. 3, 10–11.

17 Salzkammergut-Zeitung 26. 5. 1938, Nr. 11, 15.

18 Paul Giesler war von Juni 1938 bis September 1941 Führer der SA-Gruppe „Alpenland", Gustav Nohel Führer der Brigade 94 (Oberdonau) und Anton Zwettler Führer der Standarte J 6 (Kreis Gmunden Salzkammergut).

19 Heimatblatt 22. 7. 1939, Nr. 29, 4.

20 Der Landesleiter für bildende Künste Ernst August Mandelsloh hielt am 13. Januar 1941 in Gmunden einen Vortrag über „entartete Kunst" und demonstrierte anhand von Lichtbildern die „schlimmsten Fälle der Entartung" bzw. Vorbilder deutscher Kunst; Salzkammergut-Zeitung 17. 1. 1941, Nr. 3, 4.

21 Gezeigt wurden Werke von Adelheid v. Chlingensperg, Hertha Gobanz-Czörnig, Paul Gutscher, Elisabeth Mandelsloh, Margarete Pausinger, Josef Heiss-Dionysen und von Erwin Lang aus Altmünster mit Holzschnitten, Arbeiten von Ernst August v. Mandelsloh, Leopold Piringer, Karl Puxkandl und Walter Schauberger sowie Keramiken von Emilie Schleiß und Rudolf Knörlein.

22 Heimatblatt 26. 8. 1938, Nr. 24, 11.

23 Heimatblatt 17. 1. 1941, Nr. 2, 6.

24 Aufruf der BDM-Reichsreferentin Dr. Jutta Rüdiger, veröffentlicht in: Heimatblatt 5. 7. 1940, Nr. 27, 10.

25 Salzkammergut-Zeitung 20. 6. 1941, Nr. 25, 3–4.

26 Basis für diese Annäherung ist eine Auflistung von Peter Kammerstätter in: Felber, Ulrike – Quatember, Wolfgang (Hg.): Republik, Ständestaat, Nationalsozialismus, Widerstand, Verfolgung. Katalog zur Dauerausstellung im Zeitgeschichte Museum Ebensee (Ebensee 2005) 214–225.

27 Walleitner, Hugo: Zebra. Ein Tatsachenbericht aus dem Konzentrationslager Flossenbürg (Bad Ischl 1946).

28 Engleitner, Leopold: 100 Jahre ungebrochener Wille. Nein statt Ja und Amen (Herzogsdorf 2005).

29 Archiv Zeitgeschichte Museum Ebensee (ZME), Schreiben Dr. Albert Meierl an den Bad Ischler Bürgermeister, 15. 11. 1939.

30 Freund, Florian: Arbeitslager Zement. Das KZ-Ebensee und die Raketenrüstung (Wien 1989); ders.: Konzentrationslager Ebensee. Ein Außenlager des KZ-Mauthausen (Wien 2016); Moser-Kroiss, Judith – Schmoller, Andreas: Stimmen aus dem KZ Ebensee (Salzburg 2005); Kurz, Andreas (Regie): „Stollen in den Dachsteinkalk". Das NS-Rüstungsprojekt „Zement" und das Konzentrationslager Ebensee, Dokumentarfilm (2022).

31 Quatember, Wolfgang: Reichsstraßenbau-Wohnlager Traunsee. Regionalgeschichtliche Forschung zur Verfolgung und Deportation der österreichischen Juden. In: Felber – Quatember (Hg.): Republik 182–188.

32 Quatember, Wolfgang: Ein KZ-Außenkommando von Dachau in Bad Ischl. Erste Recherchen. In: betrifft widerstand Folge 55/1 (2001) 20; Knoll, Albert: Bad Ischl. In: Benz, Wolfgang – Distel, Barbara (Hg.): Der Ort des Terrors. Geschichte der nationalsozialistischen Konzentrationslager, Bd. 2 (München 2005) 290–291; BArch Ludwigsburg, ZStl. IV 410 AR-Z 165/75, Häftlingsberichte und Namenslisten.

33 Quatember, Wolfgang: Die Portlandzementfabrik Hans Hatschek in Gmunden/Ebensee. Das Verhältnis des Betriebes zur Rüstungsbaustelle des „SS-Führungsstabes Kammler" und zum KZ-Nebenlager Ebensee (1943–1945) (Ebensee 2010), Exposé im Auftrag der Gmundner Zementwerke, Archiv ZME.

34 Diese Zahlen basieren auf der erhalten gebliebenen Meldekartei für Fremdarbeiter in der Gemeinde Ebensee, Archiv ZME.

35 Die Ebenseerin Hermine Schleicher wurde wegen Unterstützung von Kriegsgefangenen verhaftet und im KZ Ravensbrück ermordet.

36 Zimpernik, Raimund: Der rote Strähn. Dokumentation über den antifaschistischen Widerstand im Salzkammergut (Bad Ischl 1995).

37 Kammerstätter, Peter: Materialiensammlung über die Widerstands- und Partisanenbewegung Willi-Fred. Freiheitsbewegung im Oberen Salzkammergut-Ausseerland (Linz 1978); Plieseis, Sepp: Vom Ebro zum Dachstein. Lebenskampf eines österreichischen Arbeiters (Linz 1946).

38 Gaiswinkler, Albrecht: Sprung in die Freiheit (Wien 1947).

39 Quatember, Wolfgang: „Hier spricht der Freiheitssender Ausseerland". Bad Aussee – Mittelpunkt der österreichischen Rundfunkgeschichte. In: betrifft widerstand H. 99 (2010) 9–11.

40 Pöchmüller, Emmerich: Weltkunstschätze in Gefahr, (Salzburg 1948).

41 Hammer, Katharina: Glanz im Dunkel (Wien 1986).

42 Köberl, Markus: Der Toplitzsee. Wo Geschichte und Sage zusammentreffen (Wien 1990).

43 Zerhau, Gabriela (Reg.): Ein Dorf wehrt sich, Spielfilm (Österreich 2019).

Nina Höllinger

„Es gibt kein Ischeles mehr."

Arisierung und Restitution im Raum Bad Ischl

Diese zynische Feststellung traf der nationalsozialistische „Arbeitersturm" im Mai 1938[1] und kommentierte damit die in Bad Ischl beginnende Vertreibung aller Personen jüdischer Herkunft. Das Salzkammergut, im Besonderen Bad Ischl als Kaiserstadt und kulturelles Zentrum, zog zahlreiche jüdische Bürgerliche und Künstler*innen an, um hier ihre Sommerfrische zu verbringen. Viele von ihnen erwarben deshalb Häuser, Villen und Grundstücke. Eine kleinere Anzahl von Jüdinnen und Juden lebte dauerhaft in Bad Ischl und war hier ortsansässig. Antisemitische Proteste nahmen mit dem sich etablierenden Nationalsozialismus zu, und in der lokalen Presse wurde Bad Ischl sogar als „Neu-Jerusalem" oder „Ischeles" bezeichnet.[2] Schon ab 1933 forderte man für das Salzkammergut eine „arische Sommerfrische", und mit dem „Anschluss" Österreichs wurde sofort mit der Umsetzung dieser Pläne begonnen. Neben Bad Ischl kam es auch in fast allen anderen Orten des Salzkammerguts zu „Arisierungen." Laut Bericht der österreichischen Historikerkommission wurden im gesamten Salzkammergut 209 Liegenschaften entzogen (Altaussee 32, Bad Aussee 23, Gmunden 25, Grundlsee 20, St. Wolfgang 8, Bad Goisern 5 oder Ebensee 3 usw.)[3]

Allein für Bad Ischl beziffert die Historikerkommission die Entziehungen auf 68 Fälle. Betrachtet man die Anzahl der Liegenschaften, die eine eigene Einlagezahl im Grundbuch hatten, so erhöht sich die Zahl auf über 90.[4] Lucy Spiegl-Bonhay besaß beispielsweise die Villa Rothstein (auch als PKS-Villa bekannt) in Kaltenbach. Ein Grundbuchskörper, der aus insgesamt vier Liegenschaften mit jeweils eigenen Einlagezahlen bestand: der Villa mit Wiese, einem Waldstück, einem Wohnhaus („Auszugshäusel") mit Wiese und einem weiteren Wohnhaus mit Stallgebäude.[5] In einigen Fällen war auch nur ein Anteil an einer Liegenschaft vom Vermögensentzug betroffen, die ebenfalls in die Zählung miteinbezogen wurden. Ergänzt man diese mit jenen Fällen, wo eine „Arisierung" versucht, letztlich aber eingestellt wurde, erhöht sich die Anzahl nochmals.[6] Der Vermögensentzug erfolgte dabei auf unterschiedliche Art und Weise. Grundsätzlich kann man in direkten „Kauf" (Not- oder Zwangsverkäufe), Verfall zugunsten des Deutschen Reiches, Zwangsversteigerung und Schenkung bzw. testamentarische Übereignung unterscheiden. Je nach Zeitpunkt der „Arisierung" bzw. der daran beteiligten Akteure, zuständigen Verwaltungsbehörden[7] und vorhandenen gesetzlichen Verordnungen[8] waren bestimmte Formen vorherrschend. Während bis November 1939 hauptsächlich direkte „Kaufverträge" dominierten und die überwiegende Anzahl der „Arisierungen" in Bad Ischl darstellten, kam es ab November 1941 hauptsächlich zum Verfall zugunsten des Deutschen Reiches, weil die „11. Verordnung zum Reichsbürgergesetz" es ermöglichte, das Vermögen von im Ausland befindlichen deutschen Jüdinnen und Juden einzuziehen.[9] Generell kann man festhalten, dass im Salzkammergut und im Reichsgau Oberdonau oftmals eigene Verfahrensregeln aufgestellt wurden, es immer wieder zu Unstimmigkeiten zwischen den einzelnen Akteuren und Verwaltungsbehörden kam und jede Stelle versuchte, ihre eigenen Interessen durchzusetzen.

Akteure vor Ort – „VJB"-Beauftragter Wilhelm Haenel und Rechtsanwalt Franz Konrad

Fast alle „Arisierungen" in Bad Ischl und Umgebung waren eng mit Wilhelm Haenel verbunden. Er ernannte sich sofort nach der Machtergreifung der Nationalsozialisten selbst für die Gemeinde und die Parteiortsgruppe zum „Beauftragten für die Arisierung der jüdischen Häuser" und bediente sich dabei eines Systems der Einschüchterung und Drohung. Der in Brandenburg geborene Ingenieur kam durch die Ehe mit der Pianistin Ella Pancera, die in Bad Ischl ein Haus besaß, ins Salzkam-

Der Beauftragte für „Arisierung" in Bad Ischl und Bad Aussee, Wilhelm Haenel

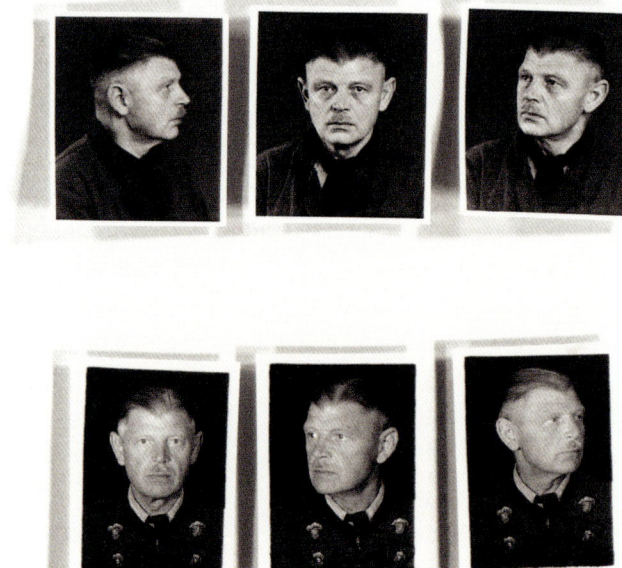

mergut. 1936 kam es zur Gründung des „Bundes der Reichsdeutschen", und Haenel wurde mit dem Aufbau der Ortsgruppe der „NSDAP-Auslandorganisation" in Bad Ischl beauftragt, bis diese im März 1938 obsolet wurde. Von Jänner bis März 1938 war er auch kommissarischer Ortsgruppenleiter.[10]

Neben Wilhelm Haenel war der Bad Ischler Rechtsanwalt Franz Konrad maßgeblich am Vermögensentzug beteiligt, weil er für den Entwurf und Abschluss von Verträgen zuständig war und besonderen Einfallsreichtum entwickelte, wenn es darum ging, Liegenschaften zu „arisieren", bei denen Gesetze nicht anwendbar waren. Der Jurist war zuerst bei der Christlichsozialen Partei und dem Heimatschutz bzw. der Heimwehr,[11] doch Anfang der 1930er Jahre wurde er zum überzeugten Nationalsozialisten. Er beschimpfte und bedrohte jüdische Gäste[12], beteiligte sich an Hakenkreuz-Schmierereien[13] und wurde im Zuge des Juliputsches 1934 wegen eines Bombenattentats vor der Bad Ischler Trinkhalle verhaftet[14] und vor Gericht gestellt. Im August 1937 erfolgte seine Internierung in Wöllersdorf.[15] Eine enge Zusammenarbeit von Haenel und Konrad mit der Sparkasse Bad Ischl ergab sich durch personelle Überschneidungen. Rechtsanwalt Konrad war Teil des Direktoriums der Sparkasse und der Leiter der Sparkasse, Anton Kaindlstorfer, war gleichzeitig Ortsgruppenleiter.[16] Wilhelm Haenel richtete ein eigenes Konto mit dem Namen „Vermögen jüdischer Besitzer" (VJB) bei der Sparkasse ein. Die Bank diente somit als Umschlagplatz für alle finanziellen Belange. Hinzu kam, dass auch die Sparkasse selbst als „Ariseur" auftrat und acht Liegenschaften direkt „ankaufte".[17]

(2)

Rechtsanwalt Franz Konrad

„Die Arisierung Bad Ischls macht Fortschritte"

Mit dieser Schlagzeile berichtete die „Salzkammergut Zeitung" Anfang Juni 1938[18] über den aktuellen Stand der „Arisierungen". Die meisten Vermögensentziehungen betrafen dabei Eigentümer*innen, die ihren Hauptwohnsitz nicht in Bad Ischl, sondern in Wien oder anderen Gebieten der ehemaligen Habsburgermonarchie hatten. Allerdings waren diese für die nationalsozialistischen Akteure vor Ort unmittelbar nach der Machtübernahme nicht greifbar, weshalb die in Bad Ischl ansässige jüdische Bevölkerung zum Ziel der ersten „Entjudungen" wurde.

Die Lokalpresse berichtete im Frühjahr 1938 laufend über die sich verändernden Besitzverhältnisse. Eine der ersten „Arisierungen", die das Wohnhaus und das Textil- und Modegeschäft der Familie Morgenstern in der Pfarrgasse 5, damals umbenannt in Horst-Wessel-Straße, betraf, wurde so kommentiert: „Im Zuge der Säuberung Bad Ischls von den Juden wurde das dem Juden Morgenstern gehörige

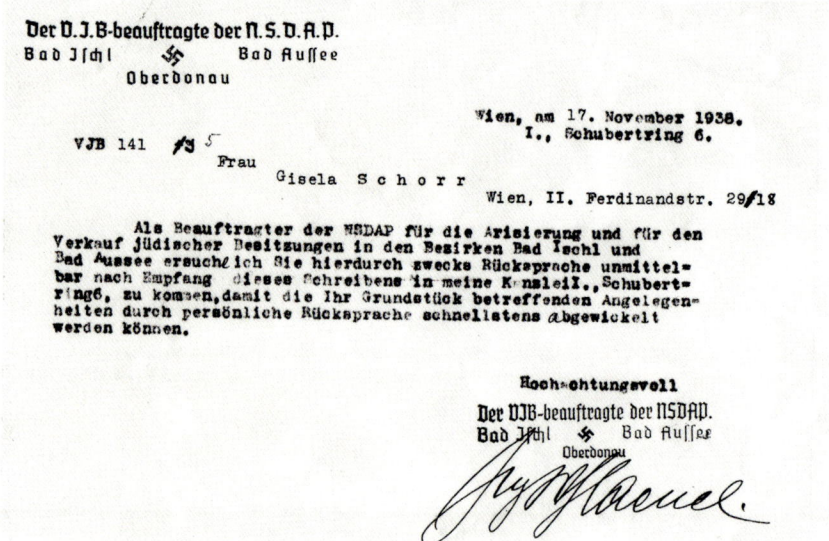

3

Schreiben von Wilhelm Haenel an Gisela Schorr bezüglich Verkaufsverhandlungen

Haus in der Horst-Wessel-Straße von der Sparkasse Bad Ischl zu einem günstigen Preis erworben."[19] Wenige Wochen später verkündete man stolz unter „Die Juden werden weniger", dass die „Villa Erika", ein „urjüdischer Besitz", „in arische Hände gekommen" sei.[20]

Dass diese „Verkäufe" unter Druck und/oder Erpressung durchgeführt wurden, weist nicht nur der Verkauf des Hauses des Ischler Rechtsanwalts Otto Kohn und seiner „nichtjüdischen" Ehefrau Valerie nach. Sie beschrieben die Vorgänge rund um den Verkauf im Zuge der Restitution: „Am 15. Juni 1938 gegen 6 Uhr abends erschienen bei uns drei Mitglieder der geheimen Staatspolizei aus Linz, machten eine Hausdurchsuchung und erklärten schließlich, da sie nichts vorfanden, wir müssen binnen 3 Tagen verschwinden, da sonst für unsere persönliche Sicherheit nicht garantiert werden könnte. Am folgenden Tag rief der damalige Leiter der Sparkasse Bad Ischl (zugleich Ortsgruppenleiter) uns telefonisch an und erklärte, die Sparkasse Bad Ischl sei bereit, unser Haus zu kaufen, es bestehe die Gefahr, dass wir sonst nach Dachau gebracht werden würden. Es müsse etwas in Linz gegen uns vorliegen. – es ist offensichtlich, dass der ganze Vorgang ein abgekartetes Spiel war – [...]."[21] Eingeschüchtert verkauften Otto und Valerie Kohn weit unter Wert am 23. Juni 1938 ihr Haus samt Einrichtung an die Sparkasse Bad Ischl.

Die „Entjudung" der touristischen Infrastruktur hatte nach dem „Anschluss" ebenfalls Priorität, denn das Salzkammergut sollte in Zukunft „nicht mehr ein Judenghetto, sondern Erholungsort für alle deutschen Volksgenossen sein",[22] wie es der Bad Ischler Bürgermeister Sepp Witzlsteiner forderte. Das Hotel „Franz Karl", das den Brüdern Hans, Bruno und Kurt Sonnenschein gehörte, wurde sofort unter kommissarische Verwaltung gestellt.[23] Auch beispielsweise Klara Pfeffers Pachtvertrag für den „Habsburgerhof" wurde gekündigt.[24] Jüdische Sommergäste waren

(4) Die Villa „Felicitas", das Sommerdomizil der Familie Löhner

nicht mehr erwünscht, weshalb die Kurkommission sogar eigene Weisungen für sie verlautbarte.[25] Auch die Eigentümer von Sommervillen sollten rasch ihren Besitz verkaufen. Erhebungen wurden durchgeführt und mithilfe der Bad Ischler Gendarmerie Erkundigungen über ihr politisches und soziales Verhalten eingeholt.[26] Die meisten verbrachten ihren Sommeraufenthalt 1938 nicht mehr in Bad Ischl, weswegen sich Verkaufsverhandlungen unter diesen Voraussetzungen schwierig gestalteten. Haenel und Konrad hatten auch hierfür gemeinsam mit dem Gau Oberdonau eine Lösung. Mit Erlaubnis und Beauftragung von Gauwirtschaftsberater Franz Danzer bezogen Haenel und Konrad vorübergehend ein Büro in Wien, um Verkaufsverhandlungen mit den in Wien lebenden Jüdinnen und Juden führen zu können. In der Regel erwarb Haenel die Liegenschaften für den Gau Oberdonau um die Hälfte des Schätzwertes, um sie später um ein Vielfaches weiter zu veräußern. Ein bekanntes Beispiel für einen „Ankauf" durch den Gau Oberdonau ist die „Villa Felicitas" oder „Schratt-Villa". Sie gehörte Helene Löhner, der Ehefrau des Lehár-Librettisten Fritz Beda-Löhner. Speziell dieser Fall stellte eine Beraubung unglaublichen Ausmaßes dar. Ebenso zeigt er das skrupellose Vorgehen von Haenel und Konrad sowie die Diffamierungen gegenüber Helene Löhner.[27]

Zur Kostendeckung wurde eine eigene „Arisierungsabgabe" vom Kaufpreis abgezogen, die allerdings nicht mit der „Entjudungsauflage" verwechselt werden darf. Mit der auf das „VJB"-Konto eingezahlten Abgabe wurden die mit dem Kauf verbundenen Kosten gedeckt und auch Wilhelm Haenel als VJB-Beauftragter entlohnt. Vom angefallenen Überschuss wurden schließlich Beträge an örtliche Parteiorganisationen übergeben.[28] Ab Februar 1939 begannen die gesetzlich legitimierten Entziehungen unter der Zuständigkeit der Vermögensverkehrsstelle in Wien, doch Haenel und die Ortsgruppe sowie der Gau nahmen weiter Einfluss auf die

5

Postkarte des Hotels „Franz Karl", das im Besitz von Familie Sonnenschein war

Vermögensentziehungen über ein durchdachtes System an Vorgenehmigungen. Der Vermögensverkehrsstelle überließen sie oft nur die endgültige Entscheidung.²⁹ Ende des Jahres 1939 waren bereits zwei Drittel der Liegenschaften in Bad Ischl „arisiert". Der Entzug jener Liegenschaften, deren „Arisierung" sich verzögert hatte, erleichterte der sogenannte „Salzkammerguterlass" vom 8. November 1939. Dieser ermöglichte es, Liegenschaften, die sich in den Fremdenverkehrsorten des Salzkammerguts befanden und von den jüdischen Eigentümern deutscher Staatsangehörigkeit nicht bewohnt wurden und leer standen, zu veräußern.³⁰ Mit der „11. Verordnung zum Reichsbürgergesetz" konnte generell Vermögen von im Ausland lebenden deutschen Jüdinnen und Juden entzogen werden. Für viele dieser Liegenschaften fungierte Wilhelm Haenel als Treuhänder.

Restitution

Die Restitution gestaltete sich meistens kompliziert, langwierig und war für die Antragsteller*innen, die ehemaligen Eigentümer*innen oder deren Erben, mit erheblichen finanziellen Aufwendungen verbunden. Am einfachsten waren Rückübergaben innerhalb der Familie, wo interne Schenkungen an als „arisch" definierte Familienmitglieder geglückt waren, wie im Fall von Dr. Max Wilhelm, Bankdirektor der Bodenbank in Wien. Er schenkte die Liegenschaft seiner „arischen" Ehefrau Elsa Wilhelm. Dies wurde jedoch nicht als Umgehung der Gesetze betrachtet, weshalb

Frau Elsa Wilhelm die Liegenschaft ihrem Sohn aus erster Ehe übergab. Am 1. März 1946 wurde die Liegenschaft wieder an Frau Elsa Wilhelm übergeben und das Vermögen, wie Wertpapiere und Aktien, mit den Kindern aus erster Ehe aufgeteilt, weil Max Wilhelm bereits im Mai 1939 verstorben war.[31] Bei manchen per Schenkung oder Testament übertragenen Liegenschaften wurde keine Rückstellung angestrebt, so etwa bei der Villa „Seilern".

Sieben Rückstellungsgesetze, erlassen von 1946 bis 1949, regelten die Restitution; verabschiedet wurden sie im Spannungsfeld divergierender Interessen der Alliierten und Österreichs. Besonders das Dritte Rückstellungsgesetz war von Bedeutung, da es sich mit entzogenem Vermögen befasste, das sich nun in der Hand von Einzelpersonen, Firmen oder Institutionen befand. In Bad Ischl wurden rund 80 Prozent aller Rückstellungsverfahren über dieses Gesetz eingebracht. Doch speziell diese Verfahren begünstigten Vergleiche, die den Opfern bei Verzicht auf die Liegenschaft nur geringe Entschädigungen zuerkannten. Hinzu kam, dass sich die meisten Antragsteller*innen in der Emigration befanden und im Begriff waren, sich eine neue Existenz aufzubauen, weswegen die Vergleiche mit den gegenseitigen finanziellen Ansprüchen oft kaum finanzierbar waren. Selbst die in Bad Ischl lebenden Großnichten von Rosa Singer und Maria Weisz als einzige Erben befürchteten ein langwieriges kostspieliges Verfahren, weshalb sie keine Rückstellung einbrachten.[32] Schließlich einigte sich die Sammelstelle A als Auffangorganisation mit den „Ariseuren". Fast alle ehemaligen Eigentümer*innen oder deren Erben verkauften ihre restituierten Liegenschaften nach wenigen Jahren wieder.[33]

Wilhelm Haenel wurde nach Kriegsende unter anderem in Dachau interniert, wo er 1948 auch als minderbelastet eingestuft wurde.[34] Nach seiner Haftentlassung und Rückkehr nach Bad Ischl war Haenel ein geachteter Bürger, ebenso Franz Konrad.

Nach derzeitigem Wissensstand wurden fünfzehn aus Bad Ischl vertriebene Liegenschaftseigentümer*innen Opfer der Shoah.

Anmerkungen

1   Arbeitersturm 24. 5. 1938, 8.
2   Rolinek, Susanne: „Volksfremde Elemente". Antisemitismus der Ersten Republik im Salzkammergut. In: Das jüdische Echo H. 44 (1995) 77.
3   Ellmauer, Daniela – John, Michael – Thumser, Regina: „Arisierungen", beschlagnahmte Vermögen, Rückstellung und Entschädigungen in Oberösterreich (Veröffentlichung der österreichischen Historikerkommission 17/1, Wien 2004) 396.
4   Als Quellenbasis wurden die „Arisierungsbestände" im Oberösterreichischen Landesarchiv und die Grundbücher des Bezirksgerichts Bad Ischl (Katastralgemeinden Ahorn, Haiden, Ischl, Jainzen, Kaltenbach, Reiterndorf, Rettenbach sowie Untersee) eingesehen.
5   Grundbuch Bad Ischl, Katastralgemeinde Kaltenbach, EZ 44, EZ 45, EZ 257 und EZ 258.
6   So z. B. die Liegenschaften von Maria Landauer (geborene Leithner) betreffend, die als „Nichtjüdin" mit ihrem jüdischen Ehemann Adolf Landauer nach Großbritannien emigrierte.
7   Wie die Vermögensverkehrsstelle in Wien, die „Reichsstatthalterei" des Gaus, der Landrat oder das Oberfinanzpräsidium in Linz bzw. Berlin.
8   Zu den gesetzlichen Grundlagen für den Vermögensent-

zug zählten die „Verordnung zur Ausschaltung des Vermögens von Juden", die „Verordnung zur Ausschaltung der Juden aus dem Deutschen Wirtschaftsleben", die „Verordnung über die Einziehung volks- und staatsfeindlichen Vermögens im Lande Österreich", der „Salzkammerguterlass" oder die „11. Verordnung zum Reichsbürgergesetz". Siehe dazu und allgemein zur „Arisierung" in Oberösterreich Ellmauer – John – Thumser: „Arisierungen".

9   Archiv Zeitgeschichte Museum Ebensee (ZME), Sig. JU-J, Auflistung der in Bad Ischl „arisierten" Liegenschaften mit eigener EZ im Grundbuch Bad Ischl.

10 Staatsarchiv München, SpkA K 597 Haenel, Wilhelm, Personalakten zu Wilhelm Haenel, Lebenslauf von Wilhelm Haenel vom 1. 3. 1947, Bestellungsurkunde zum kommissarischen Ortsgruppenleiter vom 18. 1. 1938 und Bescheinigung der NSDAP vom 29. 4. 1939; Näheres zu Wilhelm Haenel bei Höllinger, Nina: Vermögensentzug („Arisierungen") an jüdischen Liegenschaften in Bad Ischl. In: betrifft widerstand H. 92 (2009) 19–25.

11 Salzkammergut Bote 19. 7. 1931, 11; 11. 10. 1931, 12; 25. 9. 1932, 12.

12 Salzkammergut Bote 6. 9. 1931, 12; 27. 9. 1931, 12.

13 Salzkammergut Bote 2. 2. 1934, 14.

14 Salzkammergut Zeitung 2. 8. 1934, 6 u. 23.

15 Salzkammergut Zeitung 5. 8. 1937, 3.

16 Salzkammergut Zeitung 2. 6. 1938, 21.

17 Grundbuch Bad Ischl, EZ 31 Ischl, EZ 272 Ischl, EZ 259 Kaltenbach, EZ 193 Ischl, EZ 88 Reiterndorf, EZ 182 Reiterndorf, EZ 336 Reiterndorf und EZ 322 Ischl; „Arisierungen" Kohn, Morgenstern, Dirsztay und Reiss.

18 Salzkammergut Zeitung 2. 6. 1938, 21.

19 Salzkammergut Zeitung 12. 5. 1938, 18. Bereits am 6. Mai 1938 hatte das Ehepaar Ernst und Antonia Morgenstern, das seit über 30 Jahren in Bad Ischl lebte und sich hier mit den beiden Söhnen eine Existenz aufgebaut hatte, ihr Haus an die Sparkasse Bad Ischl verkauft. Antonia Morgenstern beging daraufhin wenige Tage später Selbstmord. Oberösterreichisches Landesarchiv (OÖLA), Arisierungen, Sch. 20/2, Morgenstern Ernst. Andere gewerbliche Betriebe waren ebenfalls von „Arisierungsmaßnahmen" betroffen, angeführt seien die Parfümerie von Elsa Walters, die HNO-Praxis von Fritz Ostersetzer, das Fuhrwerksunternehmen von Fritz Störi oder das Kalkwerk in Bad Ischl, eine Zweigniederlassung der „Kalkgewerkschaft Stockerau".

20 Salzkammergut Zeitung 9. 6. 1918, 18.

21 OÖLA, Vermögensentziehungsanmeldung, Otto und Valerie Kohn, Schilderung des Vermögensentzuges, 12. 11. 1946.

22 Salzkammergut Zeitung 9. 6. 1938, 18.

23 Zuerst wurde SA-Sturmführer Wilhelm Schrenk mit der kommissarischen Leitung betraut, später Wilhelm Haenel. 1941 erfolgte die „Arisierung" durch die „Ostmärkische Beamtenkrankenfürsorgeanstalt"; Archiv ZME, Sig. JU-G, Arisierung „Franz Karl".

24 Salzkammergut Zeitung 19. 5. 1938, 16.

25 Dazu zählten z. B. eine eigene optisch abweichende Kurkarte, die getrennte Unterbringung von jüdischen und „arischen" Kurgästen, das Verbot des Besuchs kultureller Veranstaltungen, selbst die Esplanade durfte nicht benützt werden, während Kurkonzerte stattfanden; Salzkammergut Zeitung 2. 6. 1938, 21.

26 OÖLA, BH Gmunden Sch. 262, Polizei III/P, Erhebungen von Revierinspektor Krempl.

27 Fritz Beda-Löhner wurde in Auschwitz, Helene Löhner mit den Töchtern Eva und Lieselotte in Maly Trostinec ermordet. Das Haus wurde an die Erben von Helene Löhner restituiert. Quatember, Wolfgang: „Im Übrigen müssen wir es der Gestapo überlassen …". Protokoll der staatlich sanktionierten Beraubung und Ermordung der österreichischen Juden am Beispiel der Helene Löhner, Besitzerin der Villa Felicitas („Schratt-Villa") in Bad Ischl. In: betrifft widerstand H. 43 (1999) 14–22.

28 Ellmauer – John – Thumser: „Arisierungen" 383.

29 Ebd. 207–208.

30 Ebd. 393.

31 Archiv ZME, JU III-05, Aufstellung von restituierten Liegenschaften.

32 OÖLA, Vermögensentziehungsanmeldung, Rosa Singer, Schreiben der Stadtgemeinde Bad Ischl, 5. 6. 1956.

33 Jabloner, Clemens u. a.: Schlussbericht der Historikerkommission der Republik Österreich. Vermögensentzug während der NS-Zeit seit 1945 in Österreich (Wien/München 2003) 254–278.

34 Staatsarchiv München, SpkA K 597 Haenel.

Michael John

Verschwunden
Geraubte Kunst, Lost Art und Provenienzen

Die Größe und Pracht des nationalsozialistischen Dritten Reichs und des „arischen", „deutschen" Menschen sollte sich auch im Bereich der Kunst und Kultur widerspiegeln. Dazu bediente man sich unter anderem der Akquirierung von Kunst aus feindlichen Ländern und aus den Händen nicht genehmer Besitzer*innen; von dort verschwanden unzählige Kunstwerke und Kunstgegenstände und tauchten in den Händen anderer im Dritten Reich wieder auf – viele im Salzkammergut, das während des Zweiten Weltkriegs voll mit Kunstwerken und Kunstgegenständen war. Das Salzkammergut wurde zu einer Drehscheibe (nicht nur) geraubter Kunst, es war Umschlagplatz und Aufbewahrungsort für viele Kunstobjekte.[1]

Adolf Hitler ließ unter anderem für sein geplantes Linzer Führermuseum Kunstwerke in den Altausseer Stollen einlagern. Gegen Kriegsende umfasste das gesamte Depot in acht stillgelegten Werksanlagen mehr als 6500 Gemälde sowie zahlreiche wertvolle Skulpturen, Möbel, Waffen, Münzen und Bibliotheken. Der Wert wurde nach dem Zweiten Weltkrieg auf ungefähr 3,5 Milliarden US-Dollar geschätzt. Der zweite große Bergungsort im Salzkammergut war in Bad Ischl/Lauffen, dort befanden sich unter anderem 1428 Gemälde, 122 Säcke mit Gobelins, zahlreiche Figuren, 278 Kisten mit Katasterkarten und weitere 728 Kisten, insgesamt 150 Tonnen Bergungsgut; in diesem Fall handelte es sich im Wesentlichen nicht um Raubkunst.[2] Museen ebenso wie NS-Institutionen nutzten auch Kirchen oder Gaststätten in St. Agatha, Bad Aussee, Altaussee und in Bad Ischl zur Einlagerung. Kunsthändler, Kunstexperten, aber auch Gemeinden, Vereine und Einzelpersonen auf der Suche nach Objekten, um sich zu bereichern, wirkten ebenfalls an der Gesamtentwicklung mit.[3]

Die Vorgänge im Salzkammergut sind von der Dimension her einmalig. Sie können hier nur in aller Kürze und beispielhaft behandelt werden. Die Zahl der betroffenen Objekte liegt insgesamt jenseits der Zehntausend ; rechnet man Volkskunst, Bibliotheken und Kunstgegenstände im weitesten Sinne hinzu, sind es wesentlich mehr. Sie hängen mit dem Entzug von Kunstwerken, mit Raub bzw. der Verschleppung, mit der Dislozierung von Kunstwerken im Dritten Reich zusammen.

1

Transport der Bilder des Führermuseums nach Altaussee. Soldaten schaufeln einen Waldweg frei

2

Kunsteinlagerungen im Stollen Bad Ischl/Lauffen

Gleichzeitig war das Salzkammergut auch ein Bergungsort. Das Phänomen hatte insgesamt internationale Dimension, ist in Filmen thematisiert worden (z. B. „Monuments Men"), es geriet immer wieder in die Schlagzeilen. Auf die bedeutende Rolle der Altausseer Salzbergarbeiter und anderer lokaler Kräfte bei der Rettung und Bergung der Kunstschätze sei an dieser Stelle explizit hingewiesen.[4]

Oberösterreich. Oberdonau. Salzkammergut 1938–1945

Bereits in den ersten Wochen nach dem „Anschluss" im Jahr 1938 wurde eine Privilegierung des Landes Oberösterreich und der Stadt Linz angekündigt und sogleich durchgeführt. Die Hauptstadt Oberösterreichs bzw. von Oberdonau, wie das Land in der Folge hieß, sollte zu einer Wirtschafts- und Kulturmetropole werden. Adolf Hitler hatte entschieden, ein bedeutendes Kunstmuseum, das sog. „Führermuseum", in Linz errichten zu lassen; verbunden war dies mit dem „Sonderauftrag Linz". Hinsichtlich der Akquisition gab der sog. „Führervorbehalt" die Linie vor, dass die Verfügung über hochwertige Kunstwerke bei den obersten Stellen des Dritten Reichs lag. Im Land („Gau") selbst und in der „Führerstadt" Linz ergriff man die Chance zur Privilegierung. Zum Upgrading der Region zählte auch, dass das steiermärkische Ausseerland (und auch südböhmische Bezirke) dem Gau Oberdonau angeschlossen wurden. Es kam damit zu einer territorialen Vergrößerung.[5]

In das Salzkammergut wurden ab 1943 systematisch „geraubte Kunst" und andere Kunstwerke verbracht. Die Region – Teil einer imaginierten Alpenfestung – schien vor Luftangriffen sicher zu sein. Daher wurden tausende akquirierte Kunstwerke hierher transportiert. Dabei ging es auch darum, Kunstwerke vor Kriegsschäden zu bewahren und in einem vermeintlich sicheren Rückzugsgebiet für den NS-Staat zu deponieren. Auf die große Zahl der Kunstgegenstände ist bereits hingewiesen worden, nun sei auch die Qualität angeführt: Gemälde unter anderem von Rubens, Rembrandt, Tizian, Brueghel, Tintoretto, Vermeer, Raffael, Frans Hals, Goya, die enteigneten jüdischen Sammlungen der Familien Rothschild, die Sammlung Mannheimer, Gemälde von Klimt, kostbare Bestände Wiener Museen, aus Italien die geraubten Kunstschätze des Klosters Monte Cassino, der weltberühmte Genter Altar und Michelangelos „Madonna" von Brügge.[6]

Der direkte Zugriff

Der Raum des Salzkammerguts war auch direkt Gegenstand von konkreten Begehrlichkeiten. Bald nach dem Anschluss wurden antijüdische Maßnahmen ergriffen, die abseits von Firmenbesitz den Zugriff auf privates Eigentum von Jüdinnen und Juden (nach den NS-Rassegesetzen) vorsahen.[7] Dies betraf Villen, Grundstücke, Mobiliar und Kunstgegenstände, soweit sie nicht unter den „Führervorbehalt" fielen. Weithin bekannt war die NSDAP Bad Ischl, die eine eigenständige Arisierungsabgabe einhob, hier gab es den „Arisierungsbeauftragten" Wilhelm Haenel, der bereits bald informell tätig wurde. Begreift man den Entzug von Kunstgegenständen als Sonderform der „Arisierung", spielt eine Rolle, dass die handelnden Personen damit Zugang zu „jüdischem Besitz" hatten und damit auch wussten, was sich dort befand. Schließlich erhielten Haenel und der Bad Ischler Rechtsanwalt Franz Konrad den offiziellen Auftrag, mit jüdischen Eigentümer*innen in Bad Aussee und Bad Ischl Kaufverträge für den Gau zu verhandeln. Dabei wurde mit dem KZ gedroht und erpresst. Im Salzkammergut waren auch der Tierarzt Jürgen Wernicke in Gmunden und der Ausseer Kurdirektor Eduard Beyerer in der lokalen Arisierungsorganisation tätig.[8]

US-Experten und heimische Kräfte nehmen den Genter Flügelaltar in Augenschein, Salzbergwerk Altaussee, Juli 1945

Dies betraf etwa die Kunstsammlungen des Librettisten Julius Brammer, des Wiener Fabrikanten David Goldmann – beide besaßen Villen in Bad Ischl – oder jene von Aranka Munk in Bad Aussee, die noch genauer erörtert werden wird. Zum Fall Brammer: Im Rückstellungsverfahren stellte sich heraus, dass Haenel aus einer Schlüsselposition heraus Teile der Sammlung in Kisten verpacken und letztlich in sein eigenes Haus hatte schaffen lassen. Möbelstücke und jeweils eine Kiste mit Büchern und Bildern aus Brammers Wiener Wohnung hat er freihändig verkauft. Haenel „erwarb" auch Gegenstände aus dem Besitz Georg Landauers. Im Hinblick auf noch vorhandene Kunst, Bücher, Silber- und Goldwertgegenstände wurde die Villa Landauer regelrecht geplündert, wofür Ortsgruppenleiter Kaindlstorfer verantwortlich war. Im Haus von Paula Kux ließ Haenel auf der Suche nach Wertsachen und Kunst einen Tresor aufbrechen.[9]

Auch bedeutende (volkskundliche) Sammlungen waren betroffen, etwa jene der Familien Mautner, Königsgarten und Stiassni aus Bad Aussee oder der Familie Bittner aus Altmünster und der Linzer Familie Mostny, die einen Wohnsitz in Steinbach am Attersee hatte. Enteignete Exponate aus jüdischen Sammlungen gelangten nicht nur in das Gaumuseum und in die Sammlungen der Stadt Linz, sondern auch in Heimathäuser und Heimatmuseen, wie etwa die Trachtensammlung der Familie Mautner ins Heimathaus Bad Aussee.[10] Auch in Bad Ischl wurde eine volkskundliche Sammlung „arisiert", 1940 wurde das Inventar des Volkskundemuseums Engleithen der Stadt Bad Ischl zugeschlagen. Das „Riedlerhaus" war Teil des großen, schlossähnlichen Gutes Engleithen, ehemals im Besitz von Edgar Spiegl bzw. seiner Gattin Lucy Spiegl. Auf „krummen Wegen" war es in den Besitz des NSV-Lehrerbundes in Bayreuth gelangt. Es dürfte nicht einfach gewesen sein, die Sammlung für Bad Ischl zu akquirieren: „Es ist dem Entgegenkommen des Gauleiters […] und dem Treuhänder Ing. Wilhelm Haenel zu danken, dass diese einmaligen Werte […] in der Heimat verbleiben."[11]

Es zeigte sich insgesamt, dass im Raum Bad Aussee und Bad Ischl „Arisierung" durchaus auch als sozialer Prozess zu interpretieren war. Eine wichtige Rolle nahmen dabei die örtlichen Organisatoren ein, dazu kamen noch Bürgermeister, Sparkassen, Ortsgruppenleiter, Heimatvereine und andere. Dokumente zeigen, dass nicht nur mindestens 209 Liegenschaften, Villen und andere Immobilien im Zentrum wirtschaftlichen Interesses standen, sondern auch Mobiliar, Kunstgegenstände und kleinere, weniger wertvolle Objekte. Es ging darum, sich zu bereichern.[12] Grundsätzlich hatte die Gauleitung für diese Intentionen Verständnis, Gauleiter Eigruber schrieb im Hinblick auf den Fall Munk: „Ich muss […] nicht nur aus stimmungspolitischen Gründen auf eine den Bedürfnissen der minderbemittelten Bevölkerungskreise Rechnung tragende Verfügung über Möbel und Hausrat aus Judenbesitz dringen."[13]

Lost Art – ein Fallbeispiel aus dem Salzkammergut

Aranka Munk wurde 1862 als Aranka Pulitzer geboren. Sie war mit dem amerikanischen Stifter des Pulitzer-Preises Joseph Pulitzer verwandt und gehörte einst zur Creme der jüdischen Gesellschaft Wiens.[14] Sie erwarb 1916 das Haus Marktleithe 78 in Bad Aussee und hielt sich dort im Frühling und im Sommer auf. Nach der Trennung von ihrem Mann lebte sie nun in bescheideneren Verhältnissen. 1938 war Aranka Munk 76 Jahre alt – und mit den Schikanen und Verfolgungen der Nationalsozialisten überfordert. Laut Bescheid vom 25. November 1938 hatte sie über das Haus „kein Verfügungsrecht mehr". Sie konnte es nicht betreten, fremde Personen wurden eingemietet, eine Kassiererin sowie ein Ehepaar hatten Zutritt zum Haus, ebenso der in Bad Aussee für Liegenschaften zuständige Kurdirektor Beyerer und andere; eine Kunstsammlung, gediegenes Mobiliar, Schmuck, Wertsachen waren vorhanden. Sie schrieb von Wien aus Briefe an ihren langjährigen Hausmeister in Bad Aussee, in denen sie ihre Sorgen hinsichtlich des Zutritts Fremder äußerte: „Sie können sich denken, wie ich mich kränke […]. Ich bitte Sie vielmals – gehen Sie doch oft hin nachschauen […]. Dass nur den Bildern nichts geschieht."[15]

Im Oktober 1941 wurde Aranka Munk mit ihrer Tochter Lola Kraus nach Łódź deportiert, wo sie wenig später ums Leben kam. Auch ihre Tochter fiel dem Holocaust zum Opfer, sie starb im Konzentrationslager Chełmno.[16] Das Haus in Bad Aussee, den Kunstbesitz und die Möbel erklärte das NS-Regime für verfallen. Diverse Stellen interessierten sich bald nach ihrem Tod für den Besitz und insbesondere die Kunstsammlung.

Gaukonservator Franz Juraschek informierte am 7. Juli 1942 das Gaumuseum in Linz, der „Sonderbeauftragte" wurde detailliert informiert. Herbert Seiberl, Leiter der Zentralstelle für Denkmalschutz, informierte den Kulturbeauftragten Justus Schmidt, wies auf einen wertvollen Aubusson-Teppich hin, auf ein unvollendetes Gemälde von Gustav Klimt und anderes: „Ich empfehle Ihnen, sich rechtzeitig um die Übernahme der in Betracht kommenden Gegenstände zu bemühen."[17] Jemand,

Gut Engleithen, vormals Villa Rothstein in Bad Ischl, Postkartenausschnitt. Auch hier hatte Wilhelm Haenel seine Hände im Spiel

der sich in Bad Aussee seit 1940 aufhielt, war der bekannte Berliner Kunsthändler Wolfgang Gurlitt. Er war nicht der einzige, eine kleine deutsche Kolonie war entstanden. Gurlitt war es gelungen, seine Berliner Kunstsammlung nach Bad Aussee zu bringen und zu vergrößern. Er sah sich in Aussee um, machte Kunstwerke ausfindig und bot sich Hitlers Sonderbeauftragtem Hermann Voss an. Er spionierte auch die Nachbarvilla eines Verwandten Aranka Munks aus und hatte nachweislich gute Kontakte zu wichtigen Kunstverantwortlichen des NS-Gaus, zu Franz Juraschek, Justus Schmidt, Herbert Seiberl und anderen.[18]

1943 wurde die Villa seitens der zuständigen NS-Stelle in Bad Aussee verkauft: Sogleich gab es mehrere Bewerber*innen um den Besitz des Holocaust-Opfers. Die Villa wurde schließlich durch das Umsiedler-Ehepaar Hermann und Ruth Maria Kobbe „arisiert". 1949 brachten die Erben Aranka Munks im Rückstellungsantrag gegen das Ehepaar Kobbe vor: „Die Antragsgegner erwarben nicht nur die in Rede stehende Liegenschaft, sondern auch die wertvollen in dem Hause befindlichen Mobilien […] zahlreiche Bilder, darunter solche von Klimt, und dem Bllgier [Belgier, MJ] Knop [Khnopff, MJ] sowie Teppiche und kunstgewerbliche Gegenstände." Die Eheleute Kobbe stellten in Abrede etwas zu wissen: „Über das Schicksal der geraubten Gegenstände in den Jahren 1943–1945 sei […] nichts bekannt", heißt es im Rückstellungsakt.[19] Lost Art, verlorene, verschwundene Kunst, im wahrsten Sinn des Wortes.

Rückstellungen und Erinnerungskultur

Eines der genannten Kunstwerke findet man später wieder. Das angesprochene unvollendete Gemälde Gustav Klimts ist in der Realität fast fertig geworden, es zeigt Maria „Ria" Munk, die Tochter Aranka Munks, die aus Liebeskummer Selbstmord begangen hatte. Gustav Klimt, den Pulitzer-Töchtern verbunden, hatte sie posthum gemalt.²⁰ Aranka Munk hing sehr an dem Bild. Das Gemälde tauchte über nicht geklärte Wege nach Kriegsende in den Händen Wolfgang Gurlitts in Bad Aussee auf, Hinweise auf eine legale Vermögensübertragung gibt es keine.

Die Erben wussten nichts davon, die Stadt Linz und das Land Oberösterreich hingegen schon, denn diesen hatte Gurlitt auf vertraulichen Wegen seine mit „arisierter" Kunst bzw. aus nicht nachvollziehbaren Quellen stammender Kunst kontaminierte Sammlung angeboten. Beide waren über damals gegen Gurlitt bereits kursierende Vorwürfe informiert, trotz Vorbehalten wurde sowohl die Sammlung als auch das Bild „Ria Munk III" seitens der Stadt angekauft, Letzteres bei Auslaufen des dritten Rückgabegesetzes von 1956. Die Sammlung Gurlitt stellte so den Grundbestand der Neuen Galerie der Stadt Linz dar, aus dem das Lentos Kunstmuseum hervorgegangen ist.²¹

Im Bereich der Kunstwerke und Mobilien dauerte die Aufarbeitung besonders lange. Auf eine Rechtslage, die etwa bei einer NS-Versteigerung eines entzogenen Kunstwerks dem Käufer das Vorrecht vor dem Beraubten einräumt – und die etwa im Falle des wertvollen Schiele-Gemäldes „Städtchen am Fluss" in den Händen Gurlitts Realität wurde –, sei verwiesen.²² Jüdische Kritiker wie Simon Wiesenthal bezeichneten den Bestand des „herrenlosen Guts" im Kontext des Holocaust als „Galerie der Tränen", der Journalist Andrew Decker sprach von einem „Vermächtnis der Schande" (A Legacy of Shame).²³ Tatsächlich kann vielfach und insgesamt von einer österreichischen Rückstellungspraxis auf einer „schiefen Ebene" gesprochen werden.²⁴

Es bedurfte erst des immer stärkeren internationalen Drucks, dass es zu Änderungen kam und anerkannt wurde, dass auch dieser Bereich mit dem Holocaust

Abb. 5: Collage: Bildnis Ria Munk III (von Gustav Klimt) und der Kunsthändler Wolfgang Gurlitt

 Restituiert. Städtchen am Fluss von Egon Schiele. Aus jüdischem Besitz war es in die Sammlung Gurlitt gelangt

im Zusammenhang steht. Das Bergungsgut – die Kunstwerke und -gegenstände aus den Stollen – war, ausgehend von der US-Behörde Central Collecting Point, ab 1945 schubweise rückgestellt worden – mit Ausnahme des sogenannten „herrenlosen Guts", das von den US-Amerikanern Österreich übergeben wurde. 1996 wurden speziell diese Kunstwerke im Zuge der sogenannten „Mauerbach-Aktion" versteigert. 1998 fand in den USA die „Washington Conference on Holocaust Era Assets" statt, daraus ging eine auch von Österreich unterzeichnete Erklärung hervor („Principles on Nazi Confiscated Art"), entzogene Werke zu identifizieren und Lösungen hinsichtlich einer Restitution oder Entschädigung zu finden.[25]

Etwa zeitgleich wurde im österreichischen Parlament ein neues Kunstrückgabegesetz verabschiedet, eine Kommission für Provenienzforschung war eingerichtet worden, die systematisch Fälle abgehandelt hat; insgesamt wurden mittlerweile zehntausende Restitutionen aus Bundesbeständen durchgeführt. Das Bundesministerium für Kunst stellt hier seitens der Republik eine treibende Kraft dar.[26] Eine Kunstrückgabe erfolgte auch aus Beständen der öffentlichen Hand im regionalen und lokalen Bereich. Oberösterreich hat etwa ein eigenes Landesgesetz erlassen, die Stadt Linz restituiert auf der Basis politischer Willensbildung. Eigenständig werden, so wie in den meisten größeren Museen Mitteleuropas, Provenienzprüfungen durchgeführt. Kleinere Museen und Sammlungsbestände in kleinen Orten haben es hier wesentlich schwerer, es fehlt oft an Ressourcen. Im Lentos Kunstmuseum Linz wurden 13 teils sehr wertvolle Gemälde, fast alle aus dem Bestand Gurlitt, die sich im Salzkammergut befunden hatten, restituiert, darunter 2009 auch Ria Munk III.[27]

Provenienzen

Vor 30 Jahren war das Wort Provenienzforschung weitgehend unbekannt. Heute stellt diese eine wichtige Tätigkeit und eine anerkannte wissenschaftliche, historische Disziplin dar. Es geht dabei um die Herkunft von Kunst und die eindeutige Identifizierung von Objekten, die in der NS-Zeit aus den Händen der Vorbesitzer*innen in die anderer gelangten. Mittlerweile wurde der Bereich der Provenienzforschung auch auf koloniale Kontexte erweitert, hier gilt es in Zukunft weitere Schritte zu veranlassen.[28]

Zum Salzkammergut: Nach den erfolgten Aktivitäten in der Besatzungszeit waren (teilweise kleinere) Teile der Sammlungen bzw. des Bergungsguts im Falle Goldmann, Munk, Brammer, Landauer, Spiegl und anderen nicht auffindbar. Es sei hier darauf hingewiesen, dass es im Hinblick auf das Vermögen des verstorbenen (Baron) Edgar Spiegl in Bad Ischl mit sehr großen Schwierigkeiten verbunden war, dieses zurückzuerhalten, wie sich am Beispiel seiner Gattin, einer geborenen Lucy Goldschmidt-Rothschild, zeigte.[29] Angesichts dessen ist es als sehr entgegenkommend anzusehen, dass hinsichtlich der 1940 der Stadt Bad Ischl übereigneten volkskundlichen Sammlung ein Schenkungsvertrag vorliegt. 1961 wurde die oberösterreichische Landesregierung von einer „großzügigen Schenkung", wie Landeshauptmann Heinrich Gleißner schrieb, in Kenntnis gesetzt, 1967 entschloss sich Lucy Spiegl zur sofortigen Übergabe der Sammlung an das Linzer Schlossmuseum, 1968 erschien der Katalog.[30] Dieser Vorgang betrifft Bad Ischl und auch das Museum der Stadt Bad Ischl direkt: Es wurden mittlerweile diverse Recherchen durchgeführt und die Gegenstände werden so gut wie möglich überprüft. Weitere Nachforschungen, auch im Hinblick auf koloniale Kontexte, die die Sammlung Sarsteiner betreffen, die ab 2025 zugänglich sein wird, werden zur Zeit durchgeführt.[31] Auch in diesem Fall ist hohe Achtsamkeit geboten.

Provenienzforschung stößt an ihre Grenzen, wenn es um private Sammlungen geht, um Gegenstände in Privatbesitz; hier gibt es keine gesetzliche Handhabe, auch keine zur Beforschung. In Bad Ischl sei in diesem Zusammenhang auf die Villa Haenel-Pancera hingewiesen, die bis in die jüngere Vergangenheit als Privatmuseum geöffnet war und in der Gegenstände gezeigt wurden, deren Herkunft nicht bekannt ist – angesichts der Vergangenheit Haenels als Mastermind der „Arisierung" im Salzkammergut eine problematische Tatsache.[32] Provenienzforschung stößt auch an ihre Grenzen, wenn es um die Quellenlage geht. Der lange Zeitraum von 1945 bis ins frühe 21. Jahrhundert, seitdem Provenienzforschung nachhaltig betrieben wird, spielt dabei eine Rolle, und ebenso fehlen oft Aufzeichnungen nicht nur in lokalen, kleineren Museen – oder diese sind nichtssagend, wie etwa „aus Privatbesitz".

Insgesamt wurden jedoch bislang in ganz Österreich große Anstrengungen unternommen, die Herkunft von infrage kommenden Kunstwerken zu klären und auch die Thematik sowohl gegenüber Betroffenen und Expert*innen als auch gegenüber der Öffentlichkeit zu kommunizieren. Die rechtliche Situation im Kontext „Lost Art" und entzogenen Kunst wurde enorm verbessert. Mit einem Bündel an Maßnahmen gelang Österreich rückblickend im internationalen Vergleich hinsichtlich der „Washingtoner Erklärung" eine konsequente Umsetzung.[33]

Anmerkungen

1 Der Autor war als Projektleiter seitens der oö. Landeskulturdirektion mit einer Studie über den NS-Kunstraub beauftragt: „Oberösterreichisches Landesmuseum 1938–55. ‚Sonderauftrag Linz' und ‚Collecting Point'" (2001–2007), daraus entstand die Studie Kirchmayr, Birgit – Buchmayr, Friedrich – John, Michael: Geraubte Kunst in Oberdonau (Linz 2007). Er war außerdem mehrfach als Gutachter hinsichtlich von Gemälden, die sich im Salzkammergut befunden haben, tätig.

2 Vgl. dazu u. a. Hammer, Katharina: Glanz im Dunkel. Die Bergung von Kunstschätzen im Salzkammergut am Ende des 2. Weltkrieges (Wien 1986); Löscher, Monika: Salzbergwerk Lauffen. In: Lexikon der österreichischen Provenienzforschung. URL: https://www.lexikon-provenienzforschung.org/lauffen-salzbergwerk (aufgerufen am 21. 1. 2024); sowie den breitgefächerten Überblicksband Schölnberger, Pia – Loitfellner, Sabine (Hg.): Bergung von Kulturgut im Nationalsozialismus. Mythen – Hintergründe – Auswirkungen (Wien/Köln/Weimar 2016).

3 Vgl. dazu auch Lentos Kunstmuseum Linz – Schmutz, Hemma – Nowak-Thaller, Elisabeth (Hg.): Die Reise der Bilder. Hitlers Kulturpolitik, Kunsthandel und Einlagerungen in der NS-Zeit im Salzkammergut (Linz 2024). Im Rahmen der Kulturhauptstadt werden 2024 temporäre Ausstellungen in Linz, Lauffen und Bad Aussee gezeigt.

4 Löscher, Monika: Salzbergwerk Altaussee, in: Lexikon der österreichischen Provenienzforschung. URL: https://www.lexikon-provenienzforschung.org/altaussee-salzbergwerk (aufgerufen 25. 1. 2024).

5 Vgl. dazu John, Michael: Einleitung. Sonderfall Oberdonau. In: Kirchmayr – Buchmayr – John: Geraubte Kunst 26–34.

6 Vgl. dazu Löscher, Monika: Zur Geschichte der Bergungen von Kunst- und Kulturgütern im Zweiten Weltkrieg im Salzkammergut. In: Lentos Kunstmuseum Linz – Schmutz – Nowak-Thaller (Hg.): Reise der Bilder 213–223.

7 Zur Situation der kleinen, ständig in Bad Ischl lebenden Gemeinde während der NS-Zeit vgl. Wagner, Verena: Eine jüdische Gemeinde in Bad Ischl (Linz 2023) 85–138.

8 Vgl. Ellmauer, Daniela – John, Michael – Thumser, Regina: „Arisierungen", beschlagnahmte Vermögen, Rückstellungen und Entschädigungen in Oberösterreich (Wien 2004) 381–398.

9 Ebd. 397–398; vgl. ferner Quatember, Wolfgang: Dr. Georg Landauer. Rekonstruktion der Lebensgeschichte eines „nichtmosaischen" Bad Ischler Juden. In: betrifft widerstand H. 32 (1996) 4–9, hier 6–9.

10 Vgl. Goldberger, Josef – Sulzbacher, Cornelia: Oberdonau (Oberösterreich in der Zeit des Nationalsozialismus 11, Linz 2008) 103.

11 Heimatblatt 8. 11. 1940, Nr. 45, 5.

12 Vgl. Ellmauer – John – Thumser: „Arisierungen" 381–398 sowie die Beiträge von Nina Höllinger und Marie-Theres Arnbom in diesem Band.

13 Zit. nach Arnbom, Marie Theres: Die Villen des Ausseer Landes (Wien 2021) 48.

14 Zur Causa Munk vgl. Archiv der Stadt Linz (AStL), Ablage, Neue Galerie, John, Michael: Gutachten zur Causa Gustav Klimt, Frauenbildnis (Ria Munk III) (2009), 143 Seiten.

15 Brief Aranka Munk, 22. 12. 1940, zit. n. John: Gutachten 98–99.

16 Lillie, Sophie: Was einmal war. Handbuch der enteigneten Kunstsammlungen Wiens (Wien 2003) 777–778.

17 Archiv Bundesdenkmalamt (BDA), Karton 10, Mappe 12, Posse Korrespondenz, Brief Herbert Seiberl an Heinrich Justus Schmidt, Bl. 25.

18 Wolfgang Gurlitt ist ein komplizierter Fall: Persönlich kann man ihn wohl als Gegner des Nationalsozialismus einstufen, und es gelang ihm mehrfach, das Regime auszubooten. Wolfgang Gurlitt und sein Cousin Hildebrand Gurlitt waren allerdings in den Sonderauftrag Linz eingebunden und hatten vielfach ehemals jüdisches Eigentum in Besitz. Nach 1945 betrieben beide weiter erfolgreich ihre Karrieren. Vgl. neben anderen Beiträgen John, Michael: Ein Mann, drei Orte, ein Netzwerk. Der österreichische Gurlitt. In: Lentos Kunstmuseum Linz (Hg.): Wolfgang Gurlitt. Zauberprinz, Kunsthändler, Sammler (München 2019) 325–342.

19 Steiermärkisches Landesarchiv (STLA), Rk 477/49, Antrag an die Rückstellungskommission, Landesgericht ZRS Graz, Dezember 1949, Bl. 3, sowie o. S. Beschluss.

20 Bisanz-Prakken, Marian: Ria Munk III. Ein posthumes Bildnis neu betrachtet. In: Parnass H. 3 (2009) 54–59.

21 Vgl. dazu AStL, Ablage, Neue Galerie, Schuster, Walter: Die „Sammlung Gurlitt" der Neuen Galerie der Stadt Linz (Linz 1999); John, Michael: Die ‚Connection' Bad Aussee – Berlin – Linz. Kunsthandel mit Folgen. In: Blimlinger, Eva – Mayer, Monika (Hg.): Kunst sammeln, Kunst handeln (Wien/Köln/Weimar 2012) 101–118.

22 Das Bild war von einer steiermärkischen Rückstellungskommission 1949 Wolfgang Gurlitt (Wohnsitz Bad Aussee) zugesprochen worden, obwohl es zwangsversteigert wurde. Gurlitt hatte sich geweigert, es herauszugeben. Vgl. Ellmauer – John – Thumser: „Arisierungen" 172–173.

23 Die Schande der Mauerbach-Auktion. In: Der Standard 1. 12. 2008. URL: https://www.derstandard.at/story/1227287453547/die-schande-der-mauerbach-auktion (aufgerufen am 27. 1. 2024).

24 Vgl. dazu Bailer-Galanda: Die Entstehung der Rückstellungs- und Entschädigungsgesetzgebung. Die Republik Österreich und das in der NS-Zeit entzogene Vermögen (Wien/München 2003); konkret auf Oberösterreich bezogen vgl. Ellmauer – John – Thumser: „Arisierungen" 147–184.

25 Washingtoner Prinzipien und Gemeinsame Erklärung, URL: https://kulturgutverluste.de/kontexte/ns-raubgut#prinzipien (aufgerufen am 27. 1. 2024).

26 BM für Kunst, Kultur, öffentlicher Dienst und Sport, Kommission für Provenienzforschung, URL: https://provenienzforschung.gv.at/kommission/ (aufgerufen am 27. 1. 2024).

27 Vgl. dazu Provenienzforschung am Lentos Kunstmuseum Linz, URL: https://www.lentos.at/assets/media/Jobs/Bericht-Provenienzforschung.pdf (aufgerufen am 27. 1. 2024).

28 Vgl. Postkoloniale Provenienzforschung in Österreich, URL: https://www.bmkoes.gv.at/kunst-und-kultur/Neuigkeiten/postkoloniale-provenienzforschung-oe.html (aufgerufen am 15. 1. 2024).

29 Vgl. Arnbom, Marie-Theres: Die Villen von Bad Ischl. Wenn Häuser Geschichten erzählen (Wien 2017) 214–218.

30 Vgl. Lipp, Franz C.: Erlesenes Volksgut der Alpenländer, vornehmlich des Salzkammergutes. Sammlung Edgar von Spiegl im Schlossmuseum Linz, vormals Engleithen bei Bad Ischl. Katalog (Linz 1968) o. S. (Vorwort).

31 Die Recherchen erfolgen im Rahmen des Sonderprojekts „Provenienzen und Gedenkkultur im Raum Bad Ischl", finanziert durch das BM für Kunst, Kultur, öffentlicher Dienst und Sport.

32 Vgl. Ellmauer – John – Thumser: „Arisierungen" 398; Arnbom: Bad Ischl 164–169.

33 Dank für ihre Unterstützung an Johannes Daxner, Nina Höllinger, das oö. Landesarchiv, das Lentos Kunstmuseum Linz, Herta Neiß, Wolfgang Quatember, Jörg Schauberger und Anton Strobl.

Michael Kurz

Zur Stadtgeschichte Bad Ischls

Ischl als dörfliche Siedlung

Im Raum Bad Ischl sind durch einzelne Funde schon römische Spuren belegt (z. B. Grabstein im Turm der katholischen Kirche), deren Entstehung sicherlich mit dem Umfeld des Salzbergbaus in Hallstatt zu erklären sind. Durch Bad Ischl führte auch ein jüngst aufgefundener Handelsweg.[1] Die Herleitung des Namens „Ischl" von einer vermuteten römischen Zollstation „statio esc[...]" ist jedoch spekulativ.

Im aufstrebenden Salzwesen des Spätmittelalters gelang es Ischl, eine zunehmend wichtige Position einzunehmen. Schon im 13. Jahrhundert hieß das Gebiet des heutigen inneren Salzkammergutes „Ischlland", was die Bedeutung des Ortes hervorhebt. Mit der Übernahme der Region durch die Habsburger als „Kammergut" kurz vor 1300 nahm das Gebiet seinen Aufschwung. Als Belohnung für die Nicht-Teilnahme am Aufstand der Salzknechte von 1392 erhielt das Dorf Ischl gewisse Handelsrechte, die für die weitere Entwicklung wegweisend waren. Neben dem Salzzentrum Hallstatt und dem Markt Lauffen etablierte sich Ischl sukzessive als Wirtschaftsmittelpunkt. Um diese Zeit wird auch die Burg Wildenstein (heute Ruine) das erste Mal erwähnt, die in der Folge bis ins 18. Jahrhundert der Verwaltungssitz des Salzkammergutes (Region Traunsee bis Dachstein) war.[2]

Die Markterhebung

Mit der Markterhebung von 1466 legte der Ort den Grundstein für seine Blüte. In den Marktrechten wurden die Fertigerrechte verbrieft, das heißt, Ischls Bürger erhielten wie die in Hallstatt, Lauffen und Gmunden das Recht, Salz aus Hallstatt zu verpacken, zu transportieren und zu handeln. Der städtebauliche Kern Ischls entwickelte sich, zwischen den Flüssen Ischl und Traun gelegen, als Handelsplatz zur Traun hin im Sinne der Inn-Salzach-Städte.

Ischl als eigenständiger Salinenort und Pfarre

Nach dem Erwerb Böhmens durch die Habsburger 1526 konnte dieser gesamte Markt des salzlosen Gebietes mehr und mehr für das „Gmundner" Salz gesichert werden. Obwohl in den 1530er Jahren eine zweite Pfanne in Hallstatt geschaffen wurde, ließ sich der steigende Bedarf nicht decken, die Holzknappheit erwies sich bald als drückend. Als Ferdinand I. anordnete, eine dritte Pfanne zu bauen, verwarf eine Kommission das Vorhaben und präsentierte eine Alternative: Sie gelangte zu dem Schluss, „daß vorzeitten zwischen dem Lauffen und Ischl auch Saltzberg sollten gesucht und zum Thail erbawet worden seyn". Zusammen mit dem Ausseer Verweser Praunfalk wurde man 1562 fündig. Im Jahr darauf wurde der Mitterbergstollen angeschlagen. Nachdem Ischl vorher schon Handelszentrum war, zog jetzt die Primärproduktion in den Ort ein, es entstand 1571 neben der Traun ein Sudhaus, weiters eine Salinenverwaltung und zahlreiche Nebengewerbe. Über die Ischl wurde das Holz des Wolfgangsees (Holzvertrag 1579) getriftet.[3]

Die Bedeutung des aufstrebenden Ortes manifestierte sich auch in der Anlegung eines Bürgerbuches, wo die märktische Selbstverwaltung dokumentiert wurde.[4] Zudem konnte er sich auf geistlichem Gebiet nun von der Mutterpfarre Goisern – diese hatte im Gegensatz zu den Märkten Ischl, Hallstatt, Lauffen und Aussee noch immer den Status eines Dorfes – abnabeln, 1554 erfolgte die Gründung der eigenständigen Pfarre Ischl. Es ist jedoch anzunehmen, dass der neue Pfarrer, wie überall im Land, nicht mehr rein katholisch war. 1572 wurde das Kloster Traunkirchen, das für die geistliche Versorgung der Region zuständig war, aufgelöst, es herrschte praktisch Religionsfreiheit.[5] Spärlich erhaltene Grabsteine (z. B. in der Sebastianskapelle am Ischler Friedhof) belegen die protestantische Gesinnung der Ischler Bürger.[6] In den Verlassenschaften finden sich Hinweise auf die hohe Bildung der Bürger, wenn man die Verlassenschaftsinventare analysiert. Der 1588 verstorbene Ischler Salzfertiger Andreas Paasen besaß eine von seinem Vater vererbte deutsche Lutherbibel.[7]

Als mit Salzamtmann Spindler von Hofegg ein eifriger katholischer Parteigänger den konzilianten evangelischen Haydn an der Spitze der Saline in Gmunden ersetzte, gewann die Gegenreformation an Fahrt. Im Juli 1601 unternahm der Salzamtmann eine „Rekatholisierungs-Tour. Vorerst schien er Erfolg zu haben, denn nirgends traf er auf Widerstand. Die Stimmung schlug dann allerdings radikal um, Spindler sah sich in Hallstatt plötzlich von einem Mob von Salzarbeitern umringt, der lautstark Religionsfreiheit forderte: Das Signal für den Aufstand war gegeben. Erst im Februar 1602 sammelte sich eine Front zur Niederschlagung der Revolte. In einer raschen Zangenbewegung stießen Truppen steirische und Salzburger Truppen des Erzbischofs Wolf Dietrich über den Pötschenpass, den Pass Gschütt und über Strobl in das Salzkammergut vor. Ruhe und Ordnung waren schnell hergestellt, als der Markt mit Kanonen beschossen wurde.

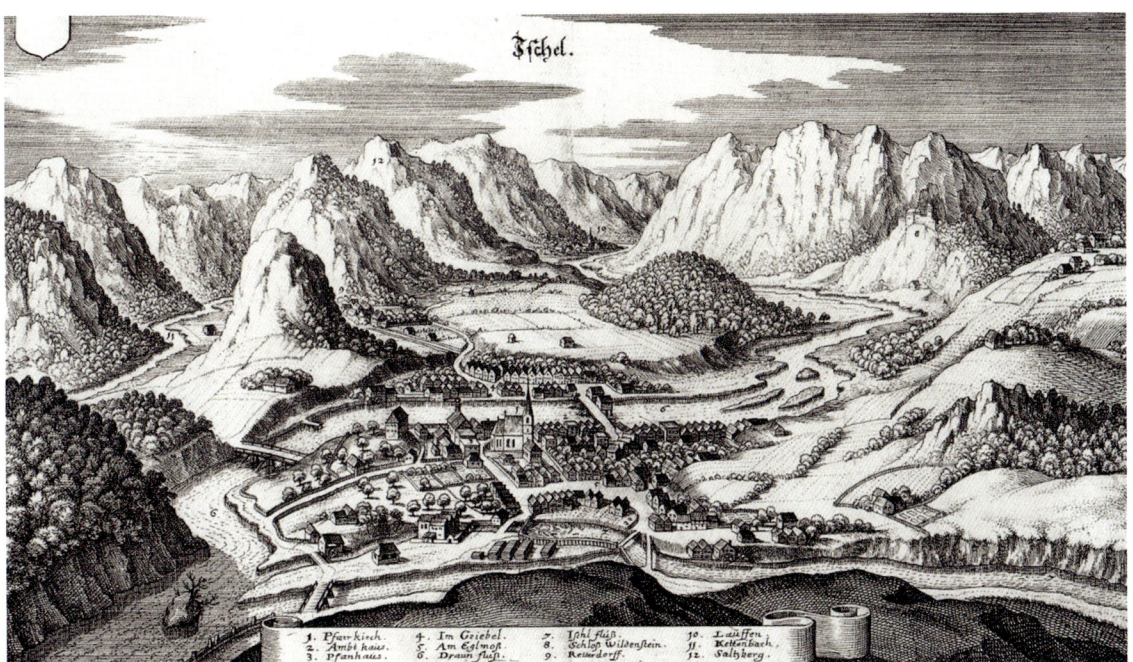

1

Ischl um 1650, Kupferstich von Matthaeus Merian

Am 28. Februar 1602 musste die Bürgerschaft von Ischl im Amtshaus den Fußfall leisten. Der Rat wurde abgesetzt, die Marktrechte aufgehoben. Am 1. März 1602 erfolgte die feierliche Installation des katholischen Pfarrers, am Nachmittag desselben Tages die grausame Hinrichtung eines Ischler Rebellen: Er wurde geviertteilt und die vier Viertel an verschiedenen Orten des Marktes zur Schau gestellt. Die Häuser der Rädelsführer wurden niedergerissen, viele Unbeugsame wanderten daraufhin aus, manche fanden zum Beispiel in Regensburg eine neue Heimat.[8] Hingegen wurden einige (katholische) Familien aus dem Aberseer Gebiet in Ischl heimisch und ersetzen die Ausgewanderten: Kloiber, Schmalnauer, Zeppezauer, Hollergschwandtner, Vockner, Panzl. Sie übernahmen erledigte Bauernstellen, arbeiteten später in der Saline und stiegen in der Hierarchie auf.[9]

Die 1620er Jahre markieren die endgültige Wiedereinführung der katholischen Religion in ganz Oberösterreich. Das alte Kloster Traunkirchen – seit 1573 verwaist – wurde 1622 den Jesuiten überantwortet, die die Bekehrung des Salzkammergutes vorantreiben sollten; sie stellten von nun an die Pfarrer (bis ca. 1770) im Salzkammergut. Am Bauernaufstand 1626 beteiligten sich die Märkte des Salzkammergutes nicht, sie wurden dafür 1629 mit der Wiedererlangung der Selbstverwaltungsrechte belohnt. Der Dreißigjährige Krieg sowie Epidemien und Hungersnöte in den 1670er und 1690er Jahren stellten den Ort hingegen vor große Herausforderungen.

1732 geriet das Salzkammergut in den Sog der Protestantenvertreibung aus Salzburg, die fliehenden Lutheraner gaben dem spärlich verborgenen Geheimprotestantismus wieder neue Nahrung. Im Juli 1734 ließen sich mehr als 300 Perso-

Ischl ca. 1810

nen evangelisch schreiben (294 von Goisern, einige Dutzend von Hallstatt, zwei Familien von Ischl, die anderen warteten vorerst ab). Schlussendlich erklärten sich in Ischl 300 Personen für evangelisch. Die traurigen Ereignisse der Verschleppung nach Siebenbürgen sind hinlänglich bekannt. Ischl steuerte 82 Personen bei, viel weniger als Goisern (387).[10]

Die größte Krise des 18. Jahrhunderts war der Österreichische Erbfolgekrieg, wo das Salzkammergut von den Bayern erobert wurde. In Ischl starben von 1741 bis 1744 303 Personen mehr, als geboren wurden. Für die knapp 900 Verstorbenen dieser Jahre war der Friedhof längst zu klein, der alte um die Kirche wurde endgültig aufgelassen, der neue um die Sebastianskapelle musste vergrößert werden.

Von 1759 bis 1788 finden sich in der Ischler Pfarre jährliche Communicanten-Berichte, 1759 weist eine Zahl von 3871 auf, bis 1770 war ein Zuwachs von fast 300 Personen auf 4180 zu verbuchen. Die „ziemliche Vermehrung der Einwohnerschaft" machte einen Neubau des ohnehin baufälligen Gotteshauses unabwendbar. Während des Baus verheerte 1777 ein Brand den Ort, von der Esplanade bis in die Pfarrgasse fielen etwa 30 Häuser den Flammen zum Opfer. Dies resultierte in einer zeitgemäßen Umgestaltung des Ortes, auch die (neue) Kirche konnte erst 1779 fertiggestellt werden.

Das Salzkammergut erholte sich zaghaft von den napoleonischen Wirren, nach 1815 ging man an den Wiederaufbau und die Neustrukturierung. Als der dynamische Salzoberamtmann Schiller das Ruder übernahm, verloren mehr als 800 Personen ihre Arbeit, in Ischl betraf es etwa 170. Viele mussten auswandern oder wurden zeitweise in andere Gegenden versetzt. Diese Phase überlappte sich mit der Entdeckung der Ischler Badekuren.[11]

Modebad der Monarchie 1822 bis 1918

Im 18. Jahrhundert wurde die positive Wirkung des salzigen Meerwassers für verschiedene Krankheiten nachgewiesen. In Österreich waren der Gmundner Salinen-Primararzt Dr. Franz Wolff und der Ischler Salinen-Sekundararzt Josef Goetz die Ersten, die ab ca. 1820 die Wirkung von Solebädern an erkrankten Salzarbeitern erprobten und gute Behandlungserfolge erzielen konnten. Als der Wiener Mediziner Dr. Franz Wirer schließlich zusagte, einige seiner prominenten Patienten nach Ischl zur Kur zu schicken, wurde die erste Badeeinrichtung für Gäste errichtet.[12]

In kürzester Zeit schoss – gebaut mit Kapital von auswärts – eine Bade-Infrastruktur aus dem Boden, die dem Geschmack und der Erwartung des wohlhabenden Wiener Bürgertums und des Adels entsprach. Viele Einheimische fanden hier Brot und Erwerb, zahlreiche Personen zogen zu, um ihre Dienstleistungen und ihr Handwerk anzubieten. 1822 entstand die erste Badeeinrichtung (Tänzlbad), die schon bald zu klein wurde und 1826 erweitert werden musste; 1827 richtete man ein eigenes Café (das heute noch existente „Ramsauer") ein und es entstand ein Theater, 1828 folgte das erste Hotel („Post"). Für die steigende Gästezahl wurde 1829–1831 von Architekt Franz Lössl (1801–1885) ein neues zentrales Bad gebaut und nach Dr. Wirer „Wirerbad" genannt. Westlich davon wurde 1840 eine Wandelhalle errichtet, die 1852 mit dem Wirerbad verschmolz, wobei zusätzlich, um die Harmonie zu gewährleisten, auch ein östlicher Zubau angefügt wurde.[13]

In einer ersten Bauphase wurde das Zentrum umgestaltet: 1830 ließ Dr. Wirer die Schiffsanlegestellen an der heutigen Esplanade zuschütten und schuf damit die Sophiens-Esplanade. Der noch heute ersichtliche Gedenkstein enthält in einer lateinischen Widmung ein Chronogramm mit dem Baudatum (MDCCCXVVVIIIII = 1830). 1838 ließ der Ischler Magistrat aus Dankbarkeit für Dr. Franz Wirer ein Denkmal an der neuen Wirerstraße erbauen, das 1839 eingeweiht wurde. Es zeigt den Arzt in klassischem Gewand, römischen Cäsaren nachempfunden, auf der Vorder- und Rückseite befinden sich Bronzeplatten der Hygieia (Göttin der Gesundheit) und der Karitas (Allegorie der Mildtätigkeit) des Bildhauers Josef Kähsmann (1784–1856).

Bald ließen sich in unmittelbarer Nähe zum Zentrum betuchte Großbürger und Adelige erste Villen erbauen: Schloss Graf Kolowrat 1831, Villa Sickingen 1833, Villa Eltz 1834 (heute Kaiservilla) etc. Im Umfeld führten zahlreiche Wanderwege zu kleinen, nach Badegästen benannten Ruheplätzen (z. B. Elisens Ruhe, Malfattis Himmel). Schon um 1840 stellte man fest: „In gesellschaftlicher Beziehung ist Ischl Klein-Wien".

Es ist sicherlich richtig, wenn Dr. Wirer 1842 feststellte: „So viel auch die Natur für die Ausstattung dieser Gegend gethan, waren doch viele Metamorphosen durch Menschenhände zu bewirken, um den Markt Ischl, *über dessen herrliche Lage längst nur eine Stimme herrschte, zu einem europäischen Kurorte umzugestalten. Dieser rastlosen Thätigkeit konnte es allein gelingen, so durchgreifende Veränderungen herbeizuführen, daß Reisende, welche es durch einen Zeitraum von 20 Jahren nicht gesehen, sich äußerten, es müßten hier Zauberkräfte gewaltet haben;* in der That verging auch kein Jahr ohne zweckmäßige neue Einrichtungen, Verbesserung und Verschönerung des Bestehenden".[14] Aus einem verschlafenen Salinenort war ein europäischer Kurort geworden.[15]

Die nächste Phase der Entwicklung läutete der dauerhafte Ausbau zur kaiserlichen Sommerresidenz ein. Franz Joseph hielt sich bis zu seinem Tode beinahe jeden Sommer in Ischl auf und meinte schon als 15-Jähriger: „… ich sehne mich nach dem lieben, lieben Ischl". Nach der Verlobung von Kaiser Franz Joseph I. mit Prinzessin Elisabeth von Bayern im Jahr 1853 erwarb Franz Josephs Mutter, Erzherzogin Sophie, das Anwesen des Arztes Mastalier (Erbauer Josef Elz) als Hochzeitsgeschenk für das kaiserliche Paar. Für weitere Mitglieder des Kaiserhauses kaufte sie 1856 die Villa des oberösterreichischen Landtagspräsidenten Graf Ugarte (heute Gisela-Villa, Frauengasse). Sechs Jahrzehnte lang verbrachten der Kaiser und seine Familie zumindest die Sommermonate in der Kaiservilla, obwohl Familienmitglieder auch zu anderen Zeiten im Jahr anreisten, besonders nachdem die Eisenbahnverbindung nach Wien 1877 fertiggestellt war.

Zwei weitere Tatsachen waren für die weitere städtebauliche Entwicklung maßgebend: 1865 brannte die Pfarrgasse ab, ca. 25 Häuser mussten wiederaufgebaut werden und ergaben mit renovierten Fassaden das heutige historistische Ambiente. Und ab 1877 spülte die sehnlich erwartete Eisenbahn immer größere Ströme an Reisenden nach Ischl. Für die schnelle Kommunikation des Kaisers mit den Hofstellen sorgte ab 1855 das Telegrafenamt. Neue Hotels entstanden (1863 Bairischer Hof und Franz Karl, 1865 Hotel Bauer, 1866 Hotel Viktoria) oder Gasthäusern wurden entsprechend ausgebaut (Hotel Schwarzer Adler und Hotel Stern 1897, Hotel Kreuz 1898), und ein Bauboom an Zweitwohnungen und Villen belebte die Wirtschaft.[16]

Die glanzvollste Zeit Ischls war vor dem Ersten Weltkrieg. 1906 erhielt der Markt das Prädikat „Bad". Der gesellschaftliche Höhepunkt war wohl der 80. Geburtstag Kaiser Franz Josephs 1910, zu dessen Anlass das Kaiser-Jagdstandbild ausgeführt wurde. Schließlich war es auch in Ischl, wo in der Julikrise 1914 die Fäden zusammenliefen: In der Kaiservilla unterzeichnete Franz Joseph sowohl das Ultimatum als auch die Kriegserklärung an Serbien.

Nach dem Tod des treuesten aller Kurgäste 1916 und dem Ende des Ersten Weltkrieges mochte wohl mancher das Ende des Mode-Bades prophezeien. Nach einer kurzen Unterbrechung erhob sich Ischl jedoch auch ohne Kaiser wieder zu neuem Glanz, auch wenn sich diese Phase städtebaulich nur durch das Kurmittelhaus, von Clemens Holzmeister 1931 erbaut, auszeichnet. Nach den Wirren der Nachkriegszeit konnte Ischl wieder an den alten Glanz anknüpfen, und die alte Gästeschicht – wenn auch nicht mehr der Adel und das Kaiserhaus – kehrte zurück. In den 1920er und 1930er Jahren wurde Ischl zum Mekka der Operette, wo sich die kreativen Kunstschaffenden (Musiker wie Lehár, Librettisten wie Beda-Löhner, Sänger wie Richard Tauber) auf kurzem Wege trafen und aus der sommerlichen Urlaubsatmosphäre gepaart mit der Erholung in der Natur ihre Werke schöpften. Viele Hotels jedoch hatten Schwierigkeiten, wichtige Investitionen mussten aus finanziellen Gründen unterbleiben, Versteigerungen und Konkurse waren keine Seltenheit. Ab 1930 rollte eine Nostalgiewelle durch Österreich, in Ischl entstanden zahlreiche Filme mit Monarchiebezug.

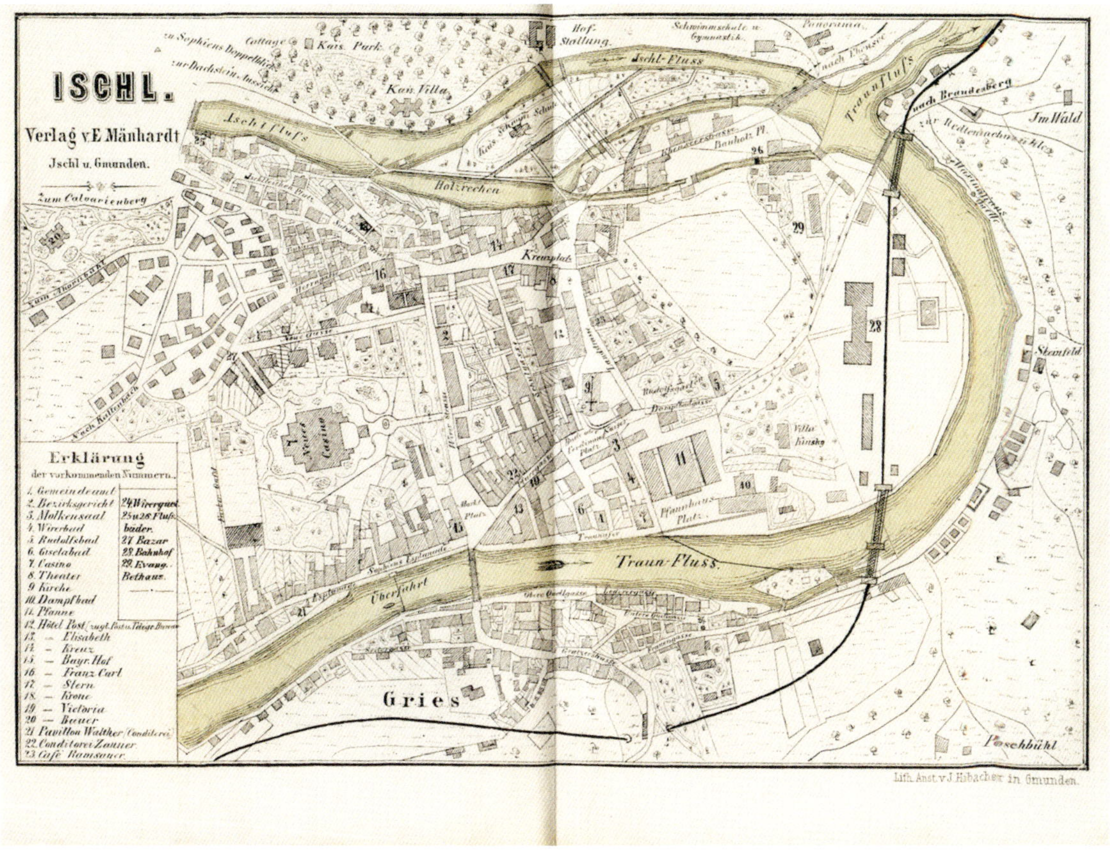

Plan von Ischl 1877

Die alte Sommerfrischegesellschaft feierte bis 1938 ihren Abgang. Mit dem Anschluss an Deutschland veränderte sich das Publikum abrupt, das jüdische Bürgertum blieb aus, Künstler flohen ins Ausland. Die „Kraft-durch-Freude"-Pauschaltouristen konnten den alten Glanz nicht erreichen. Zahlreiche Villen und Anwesen wurden arisiert, jüdische Pächter und Gewerbetreibende hinausgeekelt und enteignet. Auch der Zweite Weltkrieg schlug tiefe Wunden, die Gäste kamen bis auf wenige Ausnahmen nicht wieder, die renommierten Hotels wandelten sich in Hei-

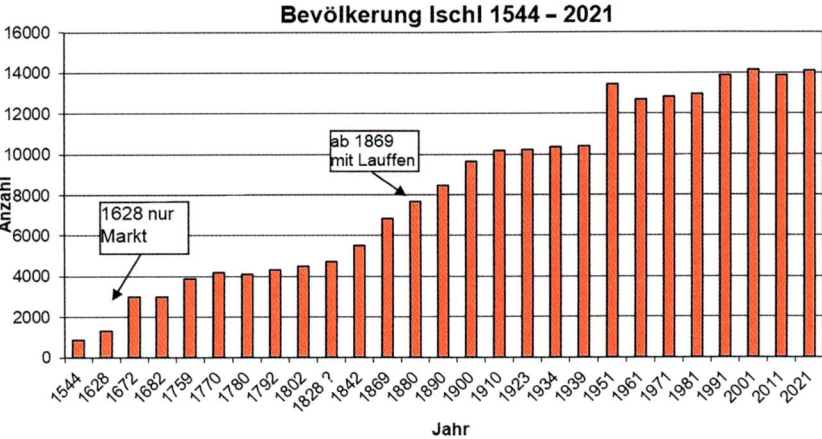

④ Grafik: Bevölkerung in Ischl 1544–2021[17]

me, Kuranstalten und Spitäler um. Dieser Epoche verdankt Ischl jedoch die Stadterhebung 1940. Und spätestens seit den Sissi-Filmen der 1950er Jahre war Ischl ein selbstverständlicher Topos im Heimatfilm.

In jüngster Zeit war bedingt durch zwei Großereignisse – die Landesausstellung 2008 und die Landesgartenschau 2015 – ein städtebaulicher Aufbruch zu bemerken, in dessen Zusammenhang viele längst notwendige Infrastrukturprogramme realisiert werden konnten. Viele Wirtschaftsbetriebe, Vereine, Private, aber auch die Stadtgemeinde Bad Ischl sanierten oder renovierten behutsam und anspruchsvoll Hausfassaden und Kleindenkmäler und trugen damit zur Erhaltung des Kulturerbes bei.

Bad Ischl im 21. Jahrhundert ist eine sympathische Kleinstadt, in dessen imperialer Vergangenheit sich eine unglaubliche Dichte historischer Erinnerung präsentiert und sich mit modernem Lifestyle, einem niveauvollen Branchenmix und guter Infrastruktur für Einheimische und Gäste harmonisch vereint.[17]

Anmerkungen

1 Pollak, Marianne: Funde entlang der Oberen Traun zwischen Hallstättersee und Traunsee. In: Sonderdruck aus Fundberichte aus Österreich 42 (2003) 331–384.

2 Wurnig, Gabriele: Beiträge zur Geschichte Ischls im Zeitraum 1300 bis 1800, In: Ischler Heimatverein (Hg.): Bad Ischl. Heimatbuch 2004 (Bad Ischl 2004) 125–154.

3 Vgl. Ischl und das Salz. URL: https://www.viasalis.at/bad-ischl (aufgerufen am 7. 2. 2024).

4 Oberösterreichisches Landesarchiv (OÖLA), Gemeindearchiv Bad Ischl, Bürgerbuch Ischl 1534 bis 1808.

5 Landlinger, Johannes: Die Geschichte der Pfarre St. Nikolaus. In: Ischler Heimatverein (Hg.): Bad Ischl. Heimatbuch 2004 (Bad Ischl 2004) 548 f.

6 Dargestellt z. B. auf den Seiten der Ischler Kulturpfade: Friedhofsführer: Friedhof Bad Ischl. URL: https://www.friedhofsfuehrer.at/friedhof-bad-ischl/alte-grabsteine-epitaphien-und-gruftplatten-aufbahrungshalle-friedhof-bad-ischl/ (aufgerufen am 7. 2. 2024).

7 Zierler, Maria: Brauchtum und Recht um Geburt, Hochzeit und Tod im Ischlland. In: Mitteilungen des Ischler Heimatvereines 13 (1976), 1–38, hier 34.

8 Erb, Franz: Ischls Chronik Bd. I (Bad Ischl 1983) 45.

9 Hofmair, Gabriele: Verfassungs- und Verwaltungsgeschichte des Marktes Ischl bis 1740 (Diss. Univ. Wien 1957) 153 ff.

10 Kurz, Michael: „Die rechtgläubigen .. Schäflein von den stinkheten Böckhen ab[zu]sondern". Die Vertreibung der Evangelischen von 1734 bis 1737. In: Mitteilungen des Oberösterreichischen Landesarchives 22 (2011), 241–289.

11 Kanzler, Georg: Ischls Chronik, Bd. II: Von den Anfängen bis 1881 (Bad Ischl 1983) 134.

12 Gekürzt und aktualisiert nach Kurz, Michael: 200 Jahre Kur in Ischl. „… es müssen hier Zauberkräfte gewaltet haben…". In: Mitteilungen des Ischler Heimatvereines (2022), 6–28.

13 Das Wirerbad verlor mit der Errichtung des heutigen Kurmittelhauses 1931 nach genau hundert Jahren seine Funktion. Heute ist die sogenannte „Trinkhalle" im Besitz der Stadtgemeinde Bad Ischl, 2008 beherbergte es die oberösterreichische Landesausstellung „Menschen, Mythen und Monarchen", aktuell ist hier der Sitz des Tourismusverbandes, es finden Ausstellungen und Konzerte statt.

14 Wirer, Franz: Ischl und seine Solenbäder (Wien 1842) 206 f.

15 Vgl. Kurz, Michael – Unterreiner, Katrin: Menschen – Mythen – Monarchen. In: Sandgruber, Roman (Hg.): Salzkammergut. OÖ Landesausstellung 2008 (Linz 2008) 187–197.

16 Vgl. Einträge in den Kurlisten.

17 Gekürzt, aktualisiert und ergänzt nach: Kurz, Michael: Kammergut – Jammergut? Die demographischen Strukturen des Salzkammerguts von 1600 bis 2000 (Diss. Univ. Salzburg 2002) 66 ff.

Sylvia Hahn

Von Holzknechten, Salzarbeitern und Textilarbeiterinnen

Das Salzkammergut ist vor allem bekannt für die Salzproduktion und als touristisches Zielgebiet. Schon weniger bekannt ist, dass sich im Salzkammergut in den vergangenen Jahrhunderten auch andere gewerbliche und industrielle Produktionen und Betriebe des Dienstleistungssektors etablierten. Im Folgenden sollen einige Aspekte der vielfältigen Arbeits- und Lebensbedingungen der weiblichen und männlichen Erwerbstätigen des Salzkammergutes kurz skizziert werden.

Arbeit für die Salzproduktion

„Wer die Saline nahe bei Gmunden in Oberösterreich nicht gesehen hat, hat in dieser Art noch nichts Ganzes gesehen", stellte der „forschende Reisende" Jakob U. Weber 1789 fest. Denn, wie er weiters berichtete, hier werde jährlich Salz im Wert von rund „fünf Millionen KaiserGulden" produziert,[1] wovon „dem Monarchen", wie Weber feststellte, „gegen vier Millionen reinen Gewinstes jährlich in der Kasse" blieben. „Eine Summe", wie er fortführte, „die mehr beträgt, als diejenige, die einem König von Schweden oder von Dänemark übrig bleibt."[2] Auch der tschechische Journalist und Politiker Karel Kramář konstatierte rund 100 Jahre später in seiner 1896 publizierten Studie zur Lage der Salinenarbeiter, dass das Salz aus dem Salzkammergut „als der sicherste und ausgiebigste Fundus der Finanzverwaltung gepflegt und gegen alle Angriffe verteidigt"[3] wurde. Oder, wie es der Historiker Roman Sandgruber weitere 100 Jahre später 1995 in seiner Wirtschaftsgeschichte Österreichs kurz zusammenfasste: „Salz, das weiße Gold, machte Fürsten reich und Bauern arm: goldene Gewinne, gesalzene Preise."[4]

Wie kam es dazu, dass das Kaiserhaus derart enorme Gewinne abschöpfen konnte? Welche Konsequenzen hatte dies für die beschäftigte Arbeiterschaft? Werfen wir einen kurzen Blick zurück zur Gründungsphase der Salinen. In Europa kam es seit dem Spätmittelalter zu einem Anstieg des Salzverbrauches. Zu den wichtigsten Salzabbaugebieten zählten Hallein und Berchtesgaden, die im Besitz der Erzbischöfe von Salzburg waren und wesentlich zu deren Reichtum beitrugen. Auch das habsburgische Kaiserhaus wollte einen Zugriff zu dieser lukrativen Geldquelle und konnte tatsächlich die Salinen in Hallstatt, Aussee und Hall in Tirol „in Eigenregie" übernehmen. Bis zum Beginn des 16. Jahrhunderts gelang es dem Kaiserhaus die kleineren Salzproduzenten nach und nach auszuschalten, und 1563 begann man mit dem Salzabbau in Ischl. Die Produktivität konnte bis 1618 bereits auf 16.300 Tonnen und im 18. Jahrhundert auf 36.960 Tonnen erhöht werden.[5] Damit bildete das Salz als „weißes Gold" eine der wichtigsten Einnahmequellen des Kaiserhauses.[6]

Für diese Expansion der Salzgewinnung war eine große Anzahl von Arbeitskräften notwendig, die jedoch das Salzkammergut, „rau" und „arm", wie es war, „anfangs nicht liefern" konnte.[7] Aus diesem Grund warb man gezielt Arbeitskräfte aus der näheren und ferneren Umgebung an, indem man ihnen besondere „Privilegien" versprach. Dazu zählten etwa die Befreiung vom Militärdienst, die Versorgung im Krankheitsfall und im Alter (auch für Witwen) sowie die Zuteilung von Naturalien (Getreide, Schmalz, Holz und Salz).[8] Mit dieser Form der „sozialen Fürsorge" wollte man die Arbeiter*innen an die Betriebe binden, die Ausbildung der jüngeren Generation garantieren und deren Wegzug verhindern. Im Laufe des 17. Jahrhunderts konnte tatsächlich in Hallstatt, Ischl und Gmunden eine Verdoppelung der Arbeitskräfte erzielt werden, und um 1720 zählte man bereits 1910 Beschäftigte. Auch in Ebensee stieg die Anzahl der Arbeitskräfte zwischen 1647 und 1717 von 158 auf 550 und bis 1805 dann auf 1663 an.[9]

Betriebs- und Arbeitsorganisation

Die Betriebs- und Arbeitsorganisation der Salzproduktion war aufgrund der unterschiedlichen Tätigkeiten ein hochkomplexes System mit einem „verwickelten Instanzenzug".[10] Die Salzwerke (Verweserämter) Ebensee, Ischl, Hallstatt standen unter der Verwaltung eines „Kammergrafen" in Gmunden, Aussee unter der innerösterreichischen Hofkammer in Graz. Beide unterlagen der obersten Leitung der Hofkammer in Wien, die 1724 Gmunden und 1741 auch Aussee übernahm.[11] Die Arbeitsorganisation basierte auf einer stark differenzierten Arbeitsteilung und -hierarchie, die ihren Niederschlag auch im Lohnsystem, in den Naturalabgaben und in der Kranken- und Altersversorgung fand.[12] Grob betrachtet, gab es zwei Gruppen von Beschäftigten: erstens die „Kammergutsarbeiter", die unmittelbar im Dienst des Kaisers standen und zu denen die Holzknechte, die Bergarbeiter, die Salzpfannen- und Sudwerkarbeiter sowie die Beschäftigten im Großküffenhandel zählten,[13] zweitens die sogenannten „Fertiger",[14] die selbstständige Unternehmer waren und in deren Verantwortung die Übernahme, Verarbeitung und Verschiffung des Salzes lag. Dafür beschäftigten sie – je nach Auftragslage kurz- oder längerfristig – Männer und Frauen unterschiedlichster Qualifikation. Die „Ausrichter" wiederum waren Subunternehmer der Fertiger, die den Salztransport bis zur Donau und den Verkauf besorgten und selbst wiederum „Unterknechte" und Hilfskräfte für das Löschen der Ladungen beschäftigten.[15] In Krisenzeiten erhielten die Fertiger für die Aufrechterhaltung der Salzproduktion mehrmals staatliche Finanzhilfen; ihre Tätigkeit endete mit der Freigabe des Salzhandels 1834.[16]

Auch Frauen waren seit Beginn bei der Salzerzeugung als „Radgeherinnen" in den Sudpfannen, als Holz- und Bierzuträgerinnen[17] oder auch als „Fuderhacker", unterstützt von Kindern, bei den Fertigern tätig.[18] Die Frauen der Bergarbeiter und Holzknechte, die unter der Woche auf sich selbst gestellt waren, trugen – neben der Besorgung von Haushalt, Kinder und Garten – durch diverse (Heim-)Arbeiten, wie Spinnarbeiten für die Linzer Wollzeugmanufaktur oder Holzschnitzarbeiten, die über die Donau nach Osten und in den Balkan exportiert wurden, wesentlich zum Familieneinkommen bei.

Arbeitsunfälle, Krankheiten und Epidemien

Die harten und beschwerlichen Arbeitstätigkeiten führten oft zu Arbeitsunfällen und schweren Erkrankungen. Holzknechte waren Quetschungen von Füßen oder Händen durch abrutschende Holzbloche oder Schneemassen ausgesetzt, bei den Bergarbeitern kam es vielfach zu Steinschlägen oder Bränden in den Bergwerken, die Todesopfer forderten. Dazu kamen die „unsauberen und ungesunden" Wohnbedingungen in den Knappenhäusern, wo die Bergleute wochentags untergebracht waren. Kaum besser waren die Arbeitsbedingungen in den Sudhäusern und an den Salzpfannen. So berichtete 1789 ein Zeitgenosse, dass es „nicht nur ein Mal geschehen (ist), daß ein Arbeiter besonders bei Nacht in die Pfanne gefallen, und darin halb oder ganz gesotten"[19] wurde. Aufgrund der einseitigen und unzureichenden Ernährung, die in der Hauptsache „fast nur aus Mehl, Grieß, Schmalz und der täglichen Schottsuppe bestand", erkrankte beispielsweise zwischen 1759 und 1769 ein Teil der Bevölkerung an Skorbut, damals „Scharbock" genannt. Oder: 1797 brach in Ischl die Ruhr aus, woran 16 Personen starben.[20] Das zugesicherte Krankengeld wurde den Arbeitskräften in vielen Fällen vorenthalten, und nicht selten warf die Hofkammer den zuständigen „Badern" und „Chirurgen" vor, dass sie zu freizügig Medikamente verteilen würden.[21]

Protest und Widerstand

Die Arbeiterschaft des Salzkammergutes ist bekannt für ihre Widerstände und Proteste. Ein maßgebender Grund dafür waren die seit dem frühen 17. Jahrhundert stagnierenden Löhne. Obwohl den Salzarbeiter*innen bei der Anwerbung laufende Lohnerhöhungen zugesichert worden waren, verweigerte die Hofkammer im 17. und 18. Jahrhundert trotz gestiegener Lebensmittelpreise und gleichzeitiger Intensivierung der Salzproduktion die lebensnotwendige Anhebung der Löhne. Stattdessen erhielten die Arbeiter geringe Einmalzahlungen und die üblichen Naturalien. „Mit immer verschärfter Energie" hat die Hofkammer, wie Karel Kramář feststellte, „auf die Herabsetzung von Produktionskosten hingearbeitet", und das „privatwirtschaftliche Moment" ging seinen „eigenen Weg des Unternehmergewinns."[22] Dies führte im 18. Jahrhundert zu einer Verdichtung der Proteste. So gingen gegen die niedrigen Löhne, langen Arbeitszeiten und die Einbehaltungen der Krankengelder in Ischl im Februar 1733 rund 470 Arbeiter*innen auf die Straße, im März 1733 abermals rund 300 Arbeiter*innen in Ebensee und Ischl.[23] Im Mai 1746 kam es zu einem Aufstand der Holzknechte und Schiffer in Ebensee, die sich gegen die Einführung der Akkordarbeit, neue hierarchische Strukturen und Rationalisierungen zu wehren versuchten. Unterstützung kam von den Ischler Arbeitern, die sich dem Protest ebenso anschlossen wie ein Teil der Beamten. Die Hofkammer sandte zur Niederschlagung des Aufstandes „300 Mann zu Fuß und 30 zu Pferd" ins Salzkammergut. Das Militär verblieb bis 1749 vor Ort. Die entlassenen Holzknechte wurden „als Rekruten der Miliz übergeben" und die den Protest unterstützenden Beamten an andere Dienststellen versetzt.[24]

Ein weiteres Konfliktpotential bildete der Protestantismus, der seit den 1520er Jahren eine rasche Verbreitung fand. Im Gegensatz zum Erzbistum Salzburg, wo man bereits im frühen 16. Jahrhundert protestantische Salinenarbeiter und Wiedertäufer köpfte oder vertrieb, erfolgte im Salzkammergut erst ab den 1590er Jahren der Befehl, Protestanten „allenthalben abzuschaffen".[25] Um 1600 kam es zu Auseinandersetzungen, als rund 300 Holzknechte eine katholische Wallfahrt verhindern wollten. In Gmunden soll um 1630 rund ein Viertel der Bevölkerung (un-)freiwillig weggezogen sein. Als Ersatz für diese Emigrant*innen holte man Katholik*innen aus dem nahe liegenden Bayern. Die letzten großen Vertreibungen erfolgten in den 1730er Jahren: 1734 wurden rund 40 Familien und 1735 weitere 350 Personen „in Eisen geschlagen [...] um Mitternacht aus ihren Häusern geholt und auf die Schiffe" nach Siebenbürgern verbracht.[26] Die Transportkosten mussten die Emigrant*innen selbst tragen, und ein Teil ihres Vermögens wurde zurückbehalten.

Zu überaus eigenwilligen Arbeitern zählten die Holzknechte, die stets die Hälfte der Salinenarbeiter und damit zahlenmäßig die größte Gruppe stellten. Denn: Ohne Holz kein Salz. Sie waren für ihren Widerstand bekannt, der von der Aneignung von Holz über die Wilderei bis hin zur Abwanderung reichen konnte. Zahlreiche protestantische Holzknechte verließen zwischen dem 16. und 18. Jahrhundert das Salzkammergut und siedelten sich in holzreichen Gegenden von Niederösterreich (Ötscher- und Raxgebiet) oder in Siebenbürgen an. Durch die Abgelegenheit dieser Orte konnten sie sich den Zugriffen der Behörden weitestgehend entziehen und protestantische Gemeinden errichten, die bis heute bestehen. Zu Ansehen und Berühmtheit als sogenannter „Raxkönig" brachte es der Holzknecht Georg Hubmer aus Gosau, dessen Arbeitsmigration ihn gemeinsam mit seinem Bruder in den 1780er Jahren über Pöggstall und Eisenerz nach Nasswald ins Schwarzatal brachte. Mit angeheuerten Holzknechten aus Gosau gelang es ihm, das Holz aus dem Gebiet „hinter der Rax" durch neu angelegte Holzschwemmen und Tunnel durch das Höllental bis nach Wien zu verschiffen. Einen Teil des Unternehmensgewinns investierte Georg Hubmer für den Ausbau der Infrastruktur für die protestantische Gemeinde in Nasswald und Umgebung.[27]

Arbeit in der Fabrik

Das 19. Jahrhundert brachte für das Salzkammergut massive ökonomische Veränderungen mit sich. Für das Befeuern der Sudpfannen wurde statt Holz seit dem späten 18. Jahrhundert Kohle verwendet, wodurch zahlreiche Holzknechte arbeitslos wurden. Durch den Ausbau der Straßen und den Eisenbahnbau im 19. Jahrhundert verloren die Schiffer ihre Erwerbsgrundlage. Diese wirtschaftlichen Veränderungen schlugen sich auch in der Bevölkerungsentwicklung nieder, die in Ischl, Hallstatt und Ebensee unterschiedlich verliefen (siehe die Grafik).

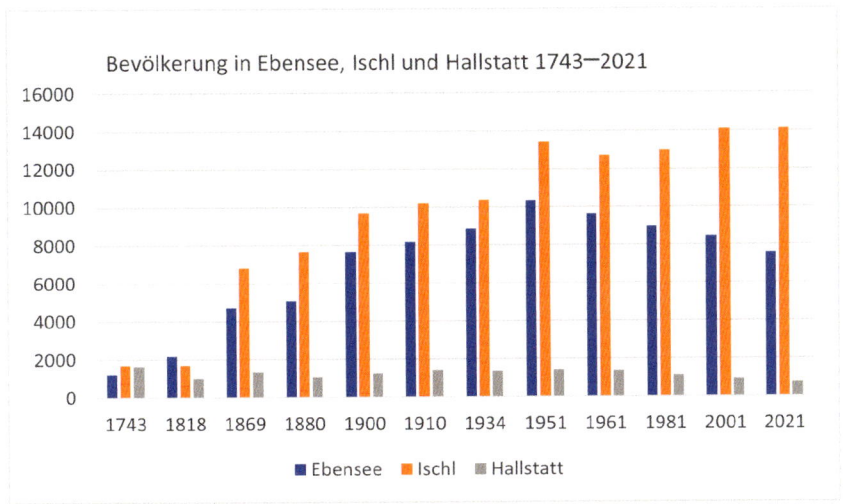

Grafik: Bevölkerung in Ebensee, Ischl und Hallstatt 1743–2021 nach Zählungen

In Hallstatt stagnierte die Bevölkerungszahl im gesamten 19. und 20. Jahrhundert aufgrund der Zentralisierung der Salzerzeugung in Ebensee[28] und erreichte mit 746 Personen im Jahr 2021 einen Tiefstand. Im Gegensatz dazu stieg die Bevölkerung in Ischl seit den 1870er Jahren aufgrund des sich etablierenden Tourismus kontinuierlich an. Hier kam es im Dienstleistungssektor zu einem Anstieg von weiblichen Arbeitskräften, die als Dienstbotinnen, Stubenmädchen oder Köchinnen im Gast- und Hotelgewerbe oder in den bürgerlichen Haushalten tätig waren. Dies machte sich auch in der Zusammensetzung der Bevölkerung bemerkbar: So waren 1907 in Ischl insgesamt 5072 Frauen, aber nur 4588 Männer anwesend. Anders in Ebensee, wo die Erwerbsbereiche eher Männerdomänen darstellten: Hier waren im Jahr 1900 von den insgesamt 7659 anwesenden Personen nur 3512 weiblich, dafür aber 4147 männlich, die in der Hauptsache in der Forstwirtschaft und in den industriell-gewerblichen Betrieben tätig waren. Neben der Salzerzeugung hatte sich in Ebensee im 19. Jahrhundert eine Reihe gewerblich-industrieller Betriebe angesiedelt, die zu einem Bevölkerungswachstum beitrugen, das mit knapp über 10.000

Das Solvay-Werk in Ebensee

Personen 1950 einen Höhepunkt erreichte. Zu den wichtigsten Gründungen zählten die 1871 etablierte „K. k. priv. Wiener Regulatoren Fabrik" der Gebrüder Resch, die um 1885 rund 200 Arbeiter beschäftigte und an die 10.000 Uhren pro Jahr produzierte,[29] oder die in den 1880er Jahren von den belgischen Unternehmern Ernest und Alfred Solvay errichtete „Ammoniak Sodafabrik", später „Solvay-Werk" genannt. Letzteres beschäftigte um 1900 bereits 480 Beschäftigte, in den 1920er Jahren rund 700, nach 1945 knapp 1000 und blieb bis zur Schließung 2005 mit seinem eigenen Baustoff-Forschungszentrum ein wichtiger Betrieb für die lokale Bevölkerung.[30]

Auch im Textilbereich kam es zu Neugründungen: In Ischl wurde in den 1840er Jahren eine Flachsspinnerei für Kinder,[31] in Gmunden um 1870 und in Ebensee 1910 je eine Baumwollspinnerei etabliert. Letztere konnte – mit mehreren kurzfristigen Schließungen und unter wechselnden Besitzern – die Produktion bis zu Beginn der 1990er Jahre fortsetzen.[32] Diese Textilfabriken waren vor allem für Frauen eine wichtige Erwerbsmöglichkeit.[33] Ähnlich wie in anderen Textilfabriken waren oft mehrere Generationen bzw. Angehörige einer Familie, „die Großmutter, die Schwester", wie Frau B. aus Ebensee schilderte, oder auch der Vater als Meister oder Vorarbeiter, in der Fabrik tätig.[34] Die Lohnschere zwischen Männern und Frauen – mit deutlich niedrigeren Löhnen für die Arbeiterinnen – konnte selbst im 20. Jahrhundert bis zur Schließung der Fabrik nicht beseitigt werden.

Lebensbedingungen im Industriezeitalter

Die Lebensbedingungen der Arbeiterschaft im Salzkammergut waren auch im 19. und frühen 20. Jahrhundert weiterhin prekär. So berichtete ein Zeitgenosse, dass die Nahrung der Bevölkerung „karg" sei, in der Hauptsache handle es sich um „Schottsuppe, Roggenbrot, Mehlspeise, Hülsenfrüchte, Kartoffeln, Rüben, die sogenannten Holzknechtnocken, und Kraut". Bei den Salinenarbeitern seien „rheumatische Schmerzen, Gliederreißen, Ruhren" sowie „die Krätze, deren Ursprung oft in den feuchten Dunste liegt, dem die Menschen ausgesetzt sind", weit verbreitet.[35] In den Jahren 1816 und 1817 kam es in Hallstatt, Goisern und Ebensee zu einer Ty-

Arbeiter der Ammoniak-Sodafabrik Solvay in Ebensee, 1908

Arbeiter bei der Fabriksalzmischanlage im Ischler Sudhaus, 1920er Jahre

phusepidemie, an der rund 500 Menschen erkrankten und 113 verstarben.[36] Auch die beengten Wohnverhältnisse waren nach wie vor die Ursache zahlreicher Krankheiten. Erst Ende des 19. Jahrhunderts begannen die Betriebe mit der Errichtung von Arbeiterwohnhäusern.

So wurden in Ebensee für die Salinenarbeiter neue, circa 40 m² große Wohnungen,[37] von der Ammoniak Sodafabrik 22 Arbeiterhäuser mit insgesamt 73 Wohnungen und auch von der Spinnerei Arbeiterwohnhäuser gebaut. Die Baumwollspinnerei in Gmunden errichtete neun Wohnhäuser mit 80 Wohnungen und Gärten für die Arbeiterschaft sowie Schlafsäle für ledige Arbeiter*innen.[38] Die Mieten wurden bei diesen betriebseigenen Wohnungen meist vom Lohn abgezogen. Bei Kündigung oder eigenständigem Austritt aus der Arbeit verlor man die Wohnung.

Politische Aktivitäten – Revolution 1848 – Arbeitervereine

Die ersten Jahrzehnte des 19. Jahrhunderts stellten aufgrund von Krieg und Missernten eine ökonomische Herausforderung für die Bevölkerung dar. Zahlreiche Bergarbeiter und Holzknechte waren – entgegen der früheren Befreiung von der Militärpflicht – zum Wehrdienst gegen die Franzosen eingezogen worden. Bis zu den 1820er Jahren kam es zu einer massiven Reduzierung der Arbeiterschaft durch Entlassungen; junge Arbeitskräfte verließen auf der Suche nach Arbeit das Salzkammergut.[39] In den 1840er Jahren erreichte die ökonomische Krise einen Höhepunkt. Wie in vielen anderen österreichischen Städten und Dörfern kam es aufgrund materieller Not auch in Ischl 1848 zu Plünderungen von Bäckern und Müllern. Obwohl dies die einzigen Aufstände im Revolutionsjahr waren, schickte die Regierung eine Abteilung der Nationalgarde. Zeitgenossen berichteten, dass sich einige 1848er Revolutionäre kurzfristig auf ihrer Flucht im Salzkammergut versteckten. Andere wie-

Die Arbeiter*innenbewegung formierte sich auch im Salzkammergut, 1. Mai in Ebensee

6 Arbeiterturnverein Ebensee, 1920er Jahre

derum, wie der aus einer Salzarbeiterfamilie stammende Schriftsteller Karl Deubner, wurden verhaftet und mussten mehrere Jahre im Gefängnis verbringen. Die repressiven politischen Maßnahmen im Jahrzehnt nach der gescheiterten 1848er Revolution veranlassten rund 400 Personen zwischen 1851 und 1870 zur Emigration in die USA. Zwei Drittel davon waren Arbeiter*innen, davon ein Drittel Salinenarbeiter, ein Viertel Kleingewerbetreibende und zehn Prozent Bauern.[40]

Den Unterdrückungsmaßnahmen des neoabsolutistischen Regimes folgte ab Mitte der 1860er Jahren eine kurzfristige liberale Phase, in der auch das Vereins- und Versammlungsrecht gesetzlich beschlossen wurde. Für die Arbeiterschaft bedeutete dies nun die Möglichkeit, eigenständige Arbeiterfach-, Bildungs-, Freizeit- und Konsumvereine bilden zu können. In den 1890er Jahren bestanden bereits sozialistische und christlich-soziale Arbeiterkonsumvereine in Ebensee, Ischl, Goisern und Hallstatt mit rund 1500 Mitgliedern.[41] Die Proteste fanden ebenfalls eine Fortsetzung: So forderten die Salinenarbeiter 1905 die Beseitigung der Akkordarbeit, die Einführung eines Minimallohnes, wöchentliche Lohnauszahlung sowie eine automatische Vorrückung. Zudem machten sie auf die durch den Tourismus hervorgerufenen hohen Lebensmittelpreise aufmerksam: „Die Arbeiter müssen", wie es in der Zeitschrift „Arbeiterwille" hieß, „die Herrlichkeit der Landschaft mit Elend büßen".[42] Auch die Frauen der Spinnerei und Weberei in Ebensee erhoben 1911 die Stimme und forderten in einem Streik die Rücknahme der Lohnkürzung um 12,5 Prozent und die Ausbezahlung der ausständigen Löhne. 1925 kam es zu einem neuerlichen Streik. In den Jahrzehnten nach dem Zweiten Weltkrieg bis zur Schließung der Fabrik im Jahr 1992 blieben die Textilarbeiterinnen „aufmüpfig" und versuchten sich gegen Übergriffe jeglicher Art zu wehren.[43]

Die politischen Aktivitäten der Frauen beschränkten sich aber nicht nur auf die Arbeitswelt. Bereits im März 1911 war eine sozialistische Frauenorganisation in Ebensee gegründet worden, die 1912 bereits 72 Mitglieder zählte und am „Spaziergang am 1. Mai" teilnahm.[44] Sowohl bei den politischen Auseinandersetzungen 1934 wie auch in der Zeit des Nationalsozialismus spielten die Frauen als Unterstützerinnen des politischen und individuellen Widerstandes gegen den Faschismus eine wichtige Rolle. Einige mussten dafür ins Gefängnis oder verloren ihr Leben durch Hinrichtung.[45]

Die sich seit den wirtschaftlichen Umbrüchen im 19. Jahrhundert abzeichnende unterschiedliche Entwicklung von Ischl, Hallstatt und Ebensee setzte sich sowohl in ökonomischer wie politischer Hinsicht in den Jahrzehnten nach 1945 fort. In Ebensee blieb die gewerblich-industrielle Produktion die wichtigste Einkommensquelle für die Bevölkerung; im Gegensatz dazu dominiert in Ischl und Hallstatt bis heute der Tourismus.

Anmerkungen

1. Weber, Jakob U.: Beschreibung der großen Saline bei Gmunden und Oberösterreich und einige Gedanken über andere Salinen (Tübingen 1789) 40.
2. Weber: Beschreibung 38.
3. Kramář, Karel: Die staatliche Lohnpolitik und die Lage der Arbeiter in den Salinen des Salzkammergutes bis zum Jahre 1748. In: Jahrbuch für Nationalökonomie und Statistik 66 (1896) 321–366, hier 322.
4. Sandgruber, Roman: Ökonomie und Politik. Österreichische Wirtschaftsgeschichte vom Mittelalter bis zur Gegenwart (Wien 1995) 76.
5. Ebd. 79.
6. Ebd. 76.
7. Kramář: Lohnpolitik 324.
8. Dopsch, Heinz: „Sichere Armut". Zu den sozialen Verhältnissen in Bergbau und Saline. In: Dopsch Heinz u. a. (Hg.): Salz. Salzburger Landesausstellung (Salzburg 1994) 148–163.
9. Hufnagl, Franz: Die Maut zu Gmunden. Entwicklungsgeschichte des Salzkammergutes (Wien/Köln/Weimar 2008) 265–266.
10. Kramář: Lohnpolitik 351.
11. Krakowizer, Ferdinand: Geschichte der Stadt Gmunden I (Gmunden 1898) 26.
12. Hellmuth, Thomas: „Stolz auf ihren Stand". Salzarbeiter in der Habsburgermonarchie zwischen berufsständischer Identität und Industrialisierung (1750–1900). In: Der Anschnitt 51 (1999) H. 2/3, 72–84.
13. Das Salz wurde in kleinen „Küffeln" transportiert.
14. Die Fertiger übernahmen die Salzstöcke von den Sudwerken und brachten sie in ihre Häuser, wo sie von den „Fuderhackern", „Salzstößern" und „Küfelbeschlagern" weiterverarbeitet wurden. Siehe Feichtinger, Franz: Die „Fertiger" – Manager des Salzwesens im Lande ob der Enns vom 14. bis zum 19. Jahrhundert. In: Oberösterreichische Heimatblätter 1/2 (2010) 18–44, hier 26 ff.
15. Ebd. 26.
16. Ebd. 21.
17. Zeller, Kurt W.: Das Fürstenzimmer. In: Dopsch Heinz u. a. (Hg.), Salz. Salzburger Landesausstellung (Salzburg 1994) 175–238.
18. Kromas, Angelika: Zur Alltags- und Festkultur der Salzburger Bergknappen. Ein Arbeits- und Literaturbericht. In: Kammerhofer-Aggermann, Ulrike (Hg.): Bergbau. Alltag und Identität der Dürnberger Bergleute und Halleiner Salinenarbeiter in Geschichte und Gegenwart (Salzburg 1998) 65–98, hier 70–71.
19. Weber: Beschreibung 12 ff.
20. Schraml, Carl: Das oberösterreichische Salinenwesen von 1750 bis in die Zeit nach den Franzosenkriegen (Wien 1934) 95.
21. Ebd. 81, 94.
22. Kramář: Lohnpolitik 323.
23. Ebd. 353.
24. Ebd. 355.
25. Scheichl, Franz: Aufstand der protestantischen Salzarbeiter und Bauern im Salzkammergut 1601 und 1602 (Linz 1885).

26 Kramář: Lohnpolitik 363.
27 Kolar, Karl: Georg Hubmer und die Gründung von Naßwald. In: Jahrbuch des österreichischen Alpenvereins 92 (1967) 79–91.
28 Das Salzoberamt in Gmunden wurde 1851 in eine k. k. Salinen- und Forstdirektion für Oberösterreich (als Zwischenbehörde) umgewandelt, der nur noch Verwaltungsbelange oblagen; 1926 erfolgte der Zusammenschluss der österreichischen Salinen unter der Leitung einer Generaldirektion in Wien.
29 1901 übernahm den Betrieb mit 160 Beschäftigten die Schweizer Firma Junghans, die 1921 die Produktion nach Wien verlegte. Höllinger, Nina – Quatember, Wolfgang: Ebensee. Industriegeschichte und Arbeitswelten (Ebensee 2015) 29.
30 Ebd. 10–19.
31 Schmidl, Adolf: Handbuch für Reisende im Kaiserthume Oesterreich. Mit Post- und Reisekarte (Wien 1844) 45.
32 Frauenforum Salzkammergut (Hg.): Frauenarbeit im Blick. Die Geschichte der Frauen der Spinnerei und Weberei Ebensee (Ebensee 2018); Schlager, Magdalena: Die Textilarbeiterinnen von Ebensee – Ein Forschungsbeitrag über Arbeit, Freizeit und Kindererziehung (Dipl.-Arb. Univ. Salzburg 2019).
33 Schlager: Textilarbeiterinnen: 111.
34 Ebd. 12, 127, 130.
35 Weidmann, F. C.: Darstellungen aus dem Steyermärk'schen Oberlande (Wien 1834) 190.
36 Schraml: Salinenwesen 95.
37 Höllinger – Quatember: Industriegeschichte 21.
38 (Linzer) Tages-Post 20. 12. 1904, 1.
39 Kraus, Franz (Hg.): Chronik von Goisern. Aufgeschrieben von Mathias Putz, Bergarbeiter im Ischler Salzberge (Wien 1881) 39.
40 Kurz, Michael: Kammergut – Jammergut? Die demographischen Strukturen des Salzkammergutes von 1600 bis 2000 mit besonderer Berücksichtigung von Bad Goisern (Diss. Univ. Salzburg 2002) 40 ff.
41 (Linzer) Tages-Post 21. 12. 1892, 3.
42 Arbeiterwille 17. 9. 1905, 6.
43 Frauenforum Salzkammergut (Hg.):, Frauenarbeit im Blick 18; Schlager: Textilarbeiterinnen: 34 ff.
44 Arbeiterinnen-Zeitung 11. 4. 1911, 5; 23. 5. 1911, 8; 13. 2. 1912, 9.
45 Siehe im Detail: Frei, Elisa u. a.: Widerstand und Zivilcourage. Frauen in Oberösterreich gegen das NS-Regime 1938–1945 (Linz 2021).

Roland Ernst Laimer

Vom Liachtbratlmontag zum Pfeifertag

Regionale Bräuche und Traditionen

In Bad Ischl herrscht heute Hochbetrieb. Wie alle Jahre am ersten Montag nach dem Michaelistag (29. September) treffen sich die Geburtstagsjubilar*innen, die in diesem Jahr einen runden Geburtstag ab dem 50. Geburtstag feiern, ziehen in einem Umzug durch die Stadt und lassen sich von den entlang der Straßen stehenden Menschen feiern. Von Bekannten und Verwandten werden die Feiernden dabei mit Blumen, Lebkuchenherzen, Schnapsfläschchen oder Ähnlichem beschenkt.[1] Der Liachtbratlmontag ist ein Brauch, der seit 2011 als immaterielles UNESCO-Kulturerbe anerkannt ist.[2] Erste Berichte über das Brauchtum stammen aus dem 19. Jahrhundert. Der Name Liachtbratlmontag leitet sich davon ab, dass in den Handwerksbetrieben rund um Michaeli erstmals mit künstlichem Licht gearbeitet werden musste, was die Handwerksmeister dazu veranlasste, ihren Gesellen ein „Bratl" auszugeben.[3]

Der Liachtbratlmontag ist jener Brauch, der ausschließlich in Bad Ischl praktiziert wird – die anderen Bräuche, auf die in weiterer Folge im vorliegenden Aufsatz eingegangen wird, kommen auch in anderen Gemeinden des Salzkammergutes (teils in abgewandelter Form) vor. Wie Eric Hobsbawm in seinem grundlegenden Werk „The Invention of Tradition" konstatierte,[4] sind die meisten als „uralt" bezeichneten Traditionen „Erfindungen" des 19. oder 20. Jahrhunderts; im Gegensatz dazu stellen Bräuche, die weit bis in die Frühe Neuzeit hineinreichen, die Minderheit dar. Von Hobsbawm als „invented traditions" bezeichnete Bräuche zeichnen sich dadurch aus, dass sie ritualisierte Praktiken sind, in deren Ausführung eine Verbindung mit der Vergangenheit hergestellt wird.[5] Viele „alte" Bräuche im Salzkammergut, wie etwa der oben beschriebene Liachtbratlmontag oder der Glöcklerlauf, sind auf das 19. Jahrhundert zurückzuführen. Somit sollte im engeren Sinn eher von regionalen Traditionen als von Bräuchen gesprochen werden.

1
Glöckler ziehen mit ihren bunt bemalten Kappen durch die Innenstadt

Die Glöckler und die Narren sind los

Der Glöcklerlauf ist der erste Brauch im Jahreskreis. Alljährlich in der Nacht vom 5. auf 6. Jänner (Dreikönigstag) ziehen im Salzkammergut[6] – von St. Wolfgang bis Pinsdorf – Männer durch die Orte, um mit ihren lauten Kuhglocken, die sie am Rücken umgebunden haben, den Winter zu vertreiben. Gekleidet sind die Männer in Weiß, und sie tragen aufwendig gestaltete Kappen auf ihren Köpfen. Verschiedenste Motive, wie etwa religiöse Symbole oder Alltagsszenen, sind auf den beleuchteten Kappen dargestellt. In einer Reihe läuft die „Pass", die zumeist aus mindestens zehn Personen besteht, von Haus zu Haus. Die sogenannten „Spione" begleiten die „Pass" und sammeln Geldspenden ein.[7] Der Volkskundler Franz Grieshofer datiert den ersten Glöcklerlauf im Salzkammergut, genauer in Ebensee, auf das Jahr 1852. Ebensee gilt bis heute als Ursprungsort der Tradition, in Bad Ischl fand hingegen der erste Glöcklerlauf 1893 statt.[8] Die „Glöckler" sind bis heute vorwiegend Männer, in Ebensee nahm erstmals 2010 eine ausschließlich weibliche „Glöcklerpass" teil.[9] In Bad Ischl ziehen die „Glöcklerpassen" zunächst durch die Ortschaften, laufen dann in die Innenstadt, um dort nochmals ihre prächtigen Kappen zur Schau zu stellen. Im Anschluss daran reiten drei Männer, die als Heilige Drei Könige verkleidet sind, singend durch Bad Ischl.[10]

Sind die „bösen Wintergeister" vertrieben, treiben in der Faschingszeit (wie auch andernorts) Närrinnen und Narren in Bad Ischl ihr Unwesen. Während in Bad Aussee die „Flinserl" und die „Trommelweiber" durch die Straßen ziehen oder in Ebensee die „Fetzen" ihr närrisches Spiel treiben, findet in Bad Ischl ein Faschingsumzug statt.[11] Beim Umzug wird ein Figurenpaar mitgeführt, dem die Schaulustigen huldigen: der „Bader Jagerl" und seine Frau „Gertraud". Der Legende nach wurde der

2 Faschingsfigur „Bader Jagerl" im Stadtmuseum Bad Ischl

3 Faschingsfigur „Gertraud" im Stadtmuseum Bad Ischl

„Bader Jagerl" nach der französischen Besatzung Bad Ischls 1809 zurückgelassen; er trägt einen schwarzen Mantel, einen Dreieckspitz und eine Perücke mit Zopf. 1872 fand im Rahmen einer Faschingshochzeit die Vermählung mit seiner Gattin Gertraud statt, die ein langes, blaues Kleid, ein Kopftuch und langes Haar trägt.[12] Aber auch die Figur des „Faschings" wird beim Umzug mitgeführt. Am Aschermittwoch, dem ersten Tag der Fastenzeit und damit dem Ende des Faschings, wird der „Fasching" am Zusammenfluss der Ischl und der Traun „eingegraben". Eine Gruppe von Männern zündet die Figur an und stößt den brennenden „Fasching" daraufhin in die Fluten.[13]

Rund um die Osterfeierlichkeiten werden in allen Orten des Salzkammerguts verschiedene Traditionen abgehalten, die sich von Ort zu Ort allerdings nur leicht voneinander unterscheiden und die auch in anderen Teilen des Alpenraums praktiziert werden. Dazu gehören etwa die Palmbuschenweihe am Palmsonntag, das Ratschengehen, das Aufstellen einer Fastenkrippe in der Kirche oder das Osternestsuchen inklusive Eierpecken für die Kinder am Ostersonntag.[14]

Maibaum, Hochzeit und Seitelpfeifer

Den Beginn des Frühlingsmonats Mai markiert das Maibaumaufstellen, das alljährlich am 30. April – der Walpurgisnacht – abgehalten wird. Als Maibaum dient eine gerade gewachsene Fichte oder Tanne, die zunächst geschält und im Anschluss mit Kränzen und Blumen geschmückt wird. Mithilfe von langen Holzstangen wird der Baum von mehreren Männern mit bloßer Muskelkraft aufgestellt. Sobald dies geschafft ist, klettert in Bad Ischl ein junger Mann, der an seinen Schuhen Steigeisen befestigt hat, den Maibaum empor und nagelt eine männliche und eine weibliche Puppe an den Baum. Zusätzlich wird eine Tafel angebracht, die die Namen der Personen nennt, denen der Maibaum gewidmet ist. In der Nacht von 30. April auf den 1. Mai muss der Maibaum streng bewacht werden, denn nur in dieser Nacht ist

 Faschingeingraben am Aschermittwoch in Bad Ischl

es anderen Personen erlaubt, den Baum zu „stehlen". Gelingt dieses Unterfangen, muss der Maibaum (meist mit Alkohol) „ausgelöst" werden. In der Forschungsliteratur ist allerdings umstritten, worauf die Tradition zurückzuführen ist.[15]

Rund um den 1. Mai finden verschiedene Aktionen statt, die im Kontext von Brautschau- und Heiratstraditionen zu nennen sind. So wurde noch bis in die 1970er Jahre hinein der sogenannte „Moahatscher" – eine hässliche Strohpuppe – vor das Zimmerfenster jenes Mädchens gestellt, das sich unter den Gleichaltrigen, in welcher Form auch immer, unbeliebt gemacht hatte.[16] Allerdings wird diese Tradition heutzutage kaum noch praktiziert. Im Gegensatz dazu erfreut sich der „Maistrich" wieder an Beliebtheit: Eine weiße Kalklinie verbindet symbolisch die Häuser zweier junger Liebender und macht deren Liebe somit öffentlich sichtbar.

Auf junge Liebe folgt nicht selten eine Hochzeit. Eine Hochzeit findet in Bad Ischl zumeist folgendermaßen statt: Nach der Verlobung wählte der Bräutigam einen sogenannten „Hochzeitslader"[17] aus seinem Bekanntenkreis aus, der für die Einladung der Gäste sowie für den korrekten Ablauf der Feierlichkeiten verantwortlich war. Am Hochzeitstag treffen sich die Brautleute inklusive ihrer Verwandten zumeist im Haus der Braut zum Frühstück. Um die nun beginnenden Feierlichkeiten einzuläuten, werden mehrere Böllerschüsse abgegeben. Mit Fahrzeugen – Kutschen oder Autos – macht sich nun die Hochzeitsgesellschaft auf den Weg in die Kirche und nach erfolgter Trauung weiter in ein nahe gelegenes Gasthaus.[18]

Auf das Hochzeitsmahl und den obligatorischen Hochzeitstanz folgt eine ausgelassene Feier. In deren Zuge „entführen" ledige Burschen die Braut in ein anderes Lokal – das sogenannte „Brautstehlen". Der Brautführer muss sich nun auf den Weg machen, um die Braut „auszulösen", und die Zeche der Entführer bezahlen. Beim „Weisen" erhält das Hochzeitspaar nacheinander von ihren Gästen Sach- oder Geldgeschenke, die einerseits die Unkosten der Hochzeit abdecken, andererseits die Grundlage für den zukünftigen Haushalt bilden sollen.[19] Flankiert wird die Hochzeit vom Junggesellenabschied sowohl für die Braut als auch für den Bräutigam. Bis noch vor wenigen Jahren war das „Kreuzigen" des Bräutigams verbreitet – er wird dabei an ein Holzkreuz gebunden und solange von seinen Freunden[20] malträtiert, bis er ihnen ein Fass Bier bezahlt. Vermutlich stammte die Tradition von den Salinenarbeitern, die etwa ab der Mitte des 19. Jahrhunderts symbolisch überprüften, ob der Bräutigam dem Kreuz des Ehestandes gewachsen war.[21]

Anlässlich der Sommersonnenwende am 21. Juni, dem längsten Tag des Jahres, werden auf den Berggipfeln rund um Bad Ischl – etwa der Katrin, der Zimnitz oder dem Rettenkogel – große, von weitem sichtbare Sonnwendfeuer entfacht.[22] Erstmal 1925 vom Bad Ischler Leopold Khals auf der Blaa Alm initiiert, treffen sich seitdem jedes Jahr am 15. August Seitelpfeifer[23] und Trommler aus dem Salzkammergut in einem Gasthaus oder auf einer Almhütte, um gemeinsam zu musizieren – die Geburtsstunde des heutigen Pfeifertags.[24] In den warmen Sommermonaten wird im Salzkammergut gerne das sogenannte „Plattenwerfen" gespielt, wobei die Spieler*innen versuchen, eine Metallplatte möglichst nah an einen Holzwürfel heranzubringen.[25]

Seit Anfang der 2000er Jahre entwickelte sich das alljährlich Mitte August in Bad Ischl stattfindende Kaiserfest zu einem Fixpunkt im Veranstaltungskalender und kann somit im weitesten Sinne als junge Traditionsveranstaltung bezeichnet wer-

Maximilian Habsburg-Lothringen (links) schreitet bei der Kaisermesse 2017 ein historisches Regiment ab

den. An diesem mittlerweile mehrtägigen Fest wird dem Geburtstag Kaiser Franz Josephs I. (1830–1916) am 18. August gedacht. Das zunächst auf dem 15. August (Maria Himmelfahrt) beschränkte Event entwickelte sich über die letzten Jahre zu einer touristisch geprägten Großveranstaltung, das seinen Abschluss in der Kaisermesse am 18. August findet.[26]

Vom Vogelfang und Schwerttanz

Mit dem hereinbrechenden Herbst werden die Tage wieder länger und die Temperaturen kälter, was die Männer des Salzkammerguts aber nicht von der „Jagd des kleinen Mannes" abhält – dem Singvogelfang. Seit 2010 ist diese Tradition als immaterielles Kulturerbe von der UNESCO anerkannt.[27] Der Singvogelfang im Salzkammergut wurde erstmals 1579 urkundlich erwähnt, erste Beschreibungen finden sich allerdings erst ab dem 18. Jahrhundert. Noch bis ins 19. Jahrhundert wurden Vögel gefangen, um sie als Stubenvögel zu veräußern. Einen Bedeutungswandel erlebte der Singvogelfang ab dem Anfang des 20. Jahrhunderts, als sich immer mehr die heute noch praktizierte Form herausbildete. Am frühen Morgen brechen die Vogelfänger[28] mit ihren Lockvögeln in die Berge zu ihren Fangplätzen auf. Gefangen werden nun Gimpel, Stieglitz, Zeisig und der Fichtenkreuzschnabel mit einer Netzfalle. Die prächtigsten Vögel nimmt der Vogelfänger mit nach Hause, wo er sie in einem großen Käfig, dem sogenannten Voliere, verwahrt, füttert und pflegt. Im Frühling werden die Vögel (mit Ausnahme der Lockvögel) wieder in die Natur entlassen.[29]

Am Sonntag vor Kathrein (25. November) treffen die Vogelfänger, die in Vereinen organisiert sind,[30] bei den Vogelausstellungen aufeinander, um die schönsten gefangenen Vögel zu prämieren, wobei der Sieger mit einem Wanderpokal, der Verlierer mit Wurst und Bier entlohnt wird.[31] Der Salzkammergutvogelfang ist allerdings nicht unumstritten, es kam immer wieder zu Kontroversen zwischen Gegner*innen und Anhänger*innen der Tradition; so hatten etwa Tierschutzorganisationen den Vogelfang mehrfach als Tierquälerei bezeichnet.[32]

„Kathrein sperrt den Tanz ein"[33] – für die Bergknappen im Salzkammergut war dies der Anlass, ihren Schwerttanz aufzuführen. Der Schwerttanz versinnbildlicht die Arbeit der Knappen in den Salzbergwerken durch verschiedene Tanzfiguren, die musikalisch von Trommel und Seitelpfeife begleitet werden. Schwerttänze werden auch in anderen Bergbauorten, wie etwa Ebensee, Bad Aussee oder Dürnberg bei Hallein, praktiziert.[34]

Rund um die Raunächte

Im Volksglauben zieht in fünf Nächten die „Wilde Jagd" – Gestalten, die Unheil bringen – über das Land. Um nun das Unheil abzuwehren, etablierten sich je nach Raunacht verschiedene Traditionen. Am 5. Dezember zieht der Nikolaus von Haus zu Haus und wird dabei von einer Horde von Krampussen begleitet, die mit ihren grimmigen Holzmasken und Kuhglocken böse Geister vertreiben sollen. Das Gegensatzpaar Nikolaus und Krampus symbolisiert daneben den Kampf zwischen den guten und den bösen Mächten.[35] In der zweiten Raunacht am 21. September, dem Thomastag, wird etwa mit Hut-Aufheben oder Bleigießen versucht, in die Zukunft zu blicken und abzuleiten, was im nächsten Jahr passieren wird.[36] Zu Weihnachten (24. Dezember) und Silvester (31. Dezember) gehen die Menschen mit Weihrauch durch die Häuser, Stallungen und Wohnungen, um damit Geister zu vertreiben und Unheil abzuwenden. Ebenso zählen Böllerschüsse zu den schadensabwendenden Traditionen. Die letzte Raunacht am 5. Jänner markiert den Glöcklertag, womit sich der Jahreskreislauf der Bad Ischler Traditionen schließt.[37]

Alles in allem haben sich in Bad Ischl eine Vielzahl von Traditionen etabliert, die heute noch von einem Teil der Bevölkerung praktiziert werden. An dieser Stelle ist zu betonen, dass es sich bei den Praktiken nach der Definition Hobsbawms um Traditionen und nicht um Brauchtum handelt, da Traditionen meist im 19. Jahrhundert entstanden sind. Jüngeren Datums, weil dem Tourismus geschuldet, sind etwa alljährlich wiederkehrende Veranstaltungen, wie etwa das Kaiserfest um den Kaisergeburtstag (18. August), das Narzissenfest im Ausseerland (Anfang Juni) oder die „Kripperlroas" in der Adventzeit. Jene Traditionen, deren Wurzeln auf das 19. Jahrhundert zurückreichen, sind männlich konnotiert und dominiert; sowohl bei den Glöcklern als auch bei den Vogelfängern sind nur Männer greifbar, die die Tradition praktizieren. Ob und in welcher Form die Bad Ischler Traditionen auch in Zukunft ausgeführt werden, wird die Zeit zeigen.

Anmerkungen

1   Bis nach dem Zweiten Weltkrieg war es üblich, nur Blumen zu verschenken.
2   Österreichische UNESCO-Nationalkommission: Liachtbratlmontag in Bad Ischl. URL: https://www.unesco.at/kultur/immaterielles-kulturerbe/oesterreichisches-verzeichnis/detail/article/lichtbratlmontag-in-bad-ischl (aufgerufen am 26. 07. 2023).
3   Stadler, Franz: Brauchtum im Salzkammergut (Gmunden 1971) 41; Österreichische UNESCO-Nationalkommission: Liachtbratlmontag.
4   Hobsbawm, Eric – Ranger, Terence (Hg.): The Invention of Tradition (Cambridge 1983).
5   Hobsbawm, Eric: Introduction: Inventing Traditions. In: Hobsbawm – Ranger (Hg.): Invention 1–2.
6   Daneben werden auch etwa in Gröbming, Trieben und Wildalpen Glöcklerläufe nach demselben Schema abgehalten.
7   Euler-Rolle, Andrea: Zwischen Aperschnalzen und Zwetschkenkrampus. Oberösterreichische Bräuche im Jahreskreis (Linz 1993) 17–19.
8   Grieshofer, Franz: Bemerkungen zum Alter des Glöcklerlaufens. In: Verein für Volkskunde (Hg.): Volkskultur. Mensch und Sachwelt. Festschrift für Franz C. Lipp zum 65. Geburtstag (Sonderschriften des Vereins für Volkskunde in Wien 3, Wien 1972) 113–122, hier 117.
9   Bittermann, Gundi: Brauchtum in Österreich. Eine Bilderreise zu den schönsten Veranstaltungen des Jahres (Wals bei Salzburg 2017) 10.
10 Euler-Rolle: Aperschnalzen 20.
11 Stadler: Brauchtum 12–13, 20.
12 Lipp, Franz: Der Raum von Bad Ischl. Zugehörigkeit, Kulturbewegungen, Volkskunde. In: Ischler Heimatverein (Hg.): Bad Ischl. Heimatbuch 2004 (Bad Ischl 2004) 257–274, hier 270; Zierler, Maria: Lebensbrauchtum um Geburt, Hochzeit und Tod in alten Zeiten. In: Ischler Heimatverein (Hg.), Bad Ischl 275–281, hier 281.

13 Euler-Rolle: Aperschnalzen 29–30.
14 Da die Osterbräuche auch andernorts in ähnlicher Form praktiziert werden, wird an dieser Stelle nicht näher darauf eingegangen. Zu den Osterbräuchen siehe auch: Stadler: Brauchtum; Euler-Rolle: Aperschnalzen.
15 Stadler: Brauchtum 9; Euler-Rolle: Aperschnalzen 67–69.
16 Stadler: Brauchtum 26.
17 Bis in die Mitte des 20. Jahrhunderts üblich, heute kaum mehr verbreitet.
18 Stadler: Brauchtum 30; Zierler: Lebensbrauchtum 276–277.
19 Ebd. 287.
20 Beim „Kreuzigen" dürfen nur Männer anwesend sein.
21 Forum Salzburger Volkskultur: Bräuche im Salzburger Land 3. Hochzeitsbrauchtum im Salzburger Flachgau. Polterabend und Heanatanz. URL: https://www.brauch.at/folge03/ch13s03.html (aufgerufen am 23. 9. 2023); Zierler: Lebensbrauchtum 277.
22 Stadler: Brauchtum 34.
23 Eine Seitelpfeife ist eine kleine hölzerne Querflöte.
24 Stadler: Brauchtum 38; Volkskultur Oberösterreich (Hg.), Pfeifertag. URL: http://www.brauchtumskalender.at/brauch-67-pfeifertag (aufgerufen am 23. 9. 2023).
25 Stadler: Brauchtum 38.
26 Stadtmuseum Bad Ischl: Kaiserfest und Kaisermesse. URL: https://www.stadtmuseum.at/wissen_kaiserfest.php (aufgerufen am 13. 1. 2024).
27 UNESCO, Immaterielles Kulturerbe. Salzkammergut Vogelfang. URL: https://www.unesco.at/kultur/immaterielles-kulturerbe/oesterreichisches-verzeichnis/detail/article/salzkammergut-vogelfang (aufgerufen am 23. 9. 2023).
28 Der Singvogelfang ist bis dato eine männlich dominierte Tradition. Frauen sind im Nachwuchsbereich vermehrt vertreten, jedoch spielen sie bis dato eine noch untergeordnete Rolle.
29 Wiener, Ludwig: Vogelfang im Salzkammergut. Altes Brauchtum als gelebte Tradition und Ausdruck von Naturverbundenheit. In: Salzkammergutverband der Vogelfreunde. URL: https://www.vogelfreunde-salzkammergut.at/der-salzkammergut-vogelfang/ (aufgerufen am 24. 9. 2023).
30 Der Dachverein der Vogelfänger ist der Salzkammergutverband der Vogelfreunde.
31 Wiener: Vogelfang.
32 Zu den Kontroversen siehe etwa: Kolar, Julia: Die Vogelfänger und das immaterielle Kulturerbe. Eine Feldanalyse (Dipl.-Arb. Graz 2011).
33 Euler-Rolle: Aperschnalzen 97.
34 Swoboda, Otto: Lebendiges Brauchtum (Salzburg 1970) 98; Stadler: Brauchtum 51; Österreichische UNESCO-Nationalkommission: Dürrnberger Schwerttanz. URL: https://www.unesco.at/kultur/immaterielles-kulturerbe/oesterreichisches-verzeichnis/detail/article/duerrnberger-schwerttanz (aufgerufen am 26. 7. 2023).
35 Euler-Rolle: Aperschnalzen 111.
36 Stadler: Brauchtum 62.
37 Ebd. 65; Euler-Rolle: Aperschnalzen 118.

Thomas Hellmuth

Dynamische Heimat
Identität(en) im Salzkammergut

Die Begriffe „Heimat" und „Identität" sind zumeist mit kulturellem Status quo und allerlei Gefahrenfantasien verbunden. Mobilität würde etwa die eigene, die regional oder lokal begrenzte Kultur ins Schwanken bringen. Mit dem Pochen auf Identität scheint die Welt, die kleine freilich, wieder ins rechte Lot gerückt. Die große Welt mag sich wandeln, die Heimat steht jedoch wie ein Fels in der Brandung: von wilden Wassern umspült und dennoch unbeweglich. Betrachten wir aber die Begriffe Heimat und Identität (kultur-)wissenschaftlich, zeigen sich Gesellschaft und Kultur stets in Bewegung. Im Folgenden soll dies am Beispiel des Salzkammerguts verdeutlicht werden.

Innen- und Außenperspektive

Um den angedeuteten Wandel zu verdeutlichen, muss beim Salzkammergut zunächst zwischen einer Innen- und einer Außenperspektive unterschieden werden. Zum einen ist damit der Blick der Einheimischen auf das Salzkammergut und zum anderen jener der Fremden gemeint. Innen- und Außenperspektive können allerdings nicht isoliert voneinander betrachtet werden, sondern beeinflussen sich gegenseitig. Das Salzkammergut ist somit als „dritter Raum" zu verstehen. In diesem Raum treffen mehrere Kulturen aufeinander, reiben und beeinflussen sich. Dies führt zur Transformation kultureller Traditionen, aber auch neue Kulturen entstehen dadurch.[1]

Die Außensicht wurde zunächst durch die Salzproduktion geprägt, die ein homogenes Bild des Salzkammerguts vermittelte. Ein Produkt, das Salz, erschien von außen als große Klammer, die die Bevölkerung zusammenhielt. Im 19. Jahrhundert, als die Region vom Tourismus entdeckt und ob ihrer Naturschönheiten sogar als „österreichische Schweiz"[2] bezeichnet wurde, setzte sich zunehmend die harmonische Natur als besonderes Merkmal des Salzkammerguts durch. Reiseschriftsteller bereisten die Region und projizierten dabei ihre Sehnsüchte auf das Salzkammergut. Die Moderne veränderte die Lebenswelten merkbar. Dagegen vermittelte die Natur den Eindruck von Bewegungslosigkeit und Ruhe, versprach die Rückkehr

(1) Festhalten an kulturellen Traditionen: Salzarbeiter präsentieren sich – hier als „Fudertäger" – anlässlich einer Festveranstaltung in alter, damals nicht mehr verwendeter Arbeitskleidung[4]

zur Ursprünglichkeit. Die ehemals dominierende Produktion von Salz, eines natürlichen Produkts, ließ sich dabei gut in die Natur integrieren. Nicht zufällig boomten im Salzkammergut plötzlich Solebäder. „Der Gebirge reine Luft", zitierte etwa die Salzburger „Fremden-Zeitung" im Jahr 1892 einen Spruch, der auf einem Hotel im Salzkammergut zu lesen war. „Dieses Waldes Fichtenduft / Und der Soolebäder Schärfen / Gut für stadtverdorbn'ne Nerven. / Singet Vöglein in dem Busch, / Springt Eichhörnchen, husch, husch, husch, / Ohne Kummer, ohne Sorgen, – / Musst von ihnen Frohsinn borgen."[3]

Bei genauer Betrachtung, aus der Innensicht, zeigt sich aber ein heterogenes Bild der Region. Zum einen untergliederte (und untergliedert) sich die Region in ein oberösterreichisches und ein steirisches Salzkammergut. Zum anderen unterschieden sich die in der Salzproduktion und der Holzwirtschaft Beschäftigten nach ihrem sozialen Status.[5] Da gab es unbefristet beschäftigte, sogenannte „ständige" Arbeiter, daneben aber auch die „unständigen" Arbeiter, die jederzeit entlassen werden konnten. Über diesen standen die Beamten, die sich ebenfalls nach ihrer Stellung differenzierten. Im Salzwesen herrschte also eine strenge Hierarchie, die sich in unterschiedlichen Privilegien – etwa im Ausmaß der Alters- und Krankenversorgung[6] – spiegelte. Frauen befanden sich in Salzwesen ganz am unteren Ende dieser Hierarchie. In der Folge entwickelten die einzelnen Gruppen ein eigenes Selbstbewusstsein und grenzten sich von anderen ab. Sie waren daher mit ständischen Gruppen vergleichbar. Auf Festveranstaltungen präsentierten sie stolz ihre jeweiligen Trachten, Werkzeuge und Fahnen.[7] Noch 1823 verfügte die Salzarbeiterschaft über 23 Bruderladen.⁸ Diese waren nicht nur für die Versorgung im Krankheitsfall und Alter zuständig, sondern halfen den Salzarbeitern auch, sich ihres Standes zu vergewissern.

Allerdings wurde die Salzproduktion seit dem Ende des 18. Jahrhundert zunehmend rationalisiert und industrialisiert.⁹ Traditionelle Berufe gingen zum Teil verloren, Personal wurde abgebaut. Zugleich ergaben sich aber auch neue Beschäftigungsmöglichkeiten, nicht zuletzt durch den aufkommenden Tourismus. Da Neues und Unbekanntes oftmals als bedrohlich empfunden wird, klammerten sich die Einheimischen besonders fest an ihre Traditionen. Diese hatten aber zunehmend ihren Bezug zu den Arbeits- und Lebensverhältnissen verloren und wurden daher verklärt. So betonte etwa die Werkszeitung der Österreichischen Salinen zum 80-jährigen Jubiläumsfest der Salinenkapelle Ebensee im Jahr 1928 die angeblich angeborene musikalische Neigung der Einheimischen, geradezu ein musikalisches Gen wird hier unterstellt. Der „Wert unserer Musik in der heutigen Zeit mit ihren zersplitternden und entfremdenden Kämpfen" könne „gar nicht hoch genug eingeschätzt werden". Um sich gegen „den kalten, nüchternen Geist der Industrialisierung" zu wehren, sollte alles gepflegt werden, „was unser Gemüt erhebt, damit unsere Seele nicht verdorre".¹⁰

Kultur der Ursprünglichkeit

Bei dieser Verklärung der ‚guten alten Zeit' ergänzten sich die bürgerliche Kultur und die kulturellen Traditionen der Region gegenseitig. Das Bürgertum war im Zuge der Sommerfrische ins Salzkammergut gelangt und stülpte ihre Vorstellun-

Kultivierte Wildnis: Bad Ischl um 1850, Stahlstich Berlin

gen von ‚Ursprünglichkeit' über die Region. Mit Ursprünglich wurde eine ‚kultivierte Wildnis' verbunden. Verschönerungsvereine und Alpenvereinssektionen legten Wanderwege an, stellten Ruhebänke auf und schufen Aussichtsplätze, die einen weiten Blick auf die Landschaft ermöglichten. Der Goiserer Verschönerungsverein sah etwa seine Aufgabe darin, „das, was Mutter Natur versäumte, durch seine Wirksamkeit zu ersetzen".[11] Durch die Errichtung von Esplanaden und Promenaden kamen die Sommerfrischler mühelos in den Genuss der Ursprünglichkeit.

Diese Ursprünglichkeit wurde auch auf die Einheimischen übertragen. Zwar waren dem Reiseschriftsteller Franz Satori zu Beginn des 19. Jahrhunderts noch „Mitteldinger zwischen einem Orang-Outang und einem Menschen" begegnet, „die ihn mit triefenden Augen und struppigen Haaren, drey bis vier Kröpfe am Halse, sprachlos und kreischend" über den Hallstätter See gerudert hatten. „Man kann sich also denken", schreibt er verdrossen, „dass ich hier, wo die Natur klassisch ist, [...] nicht wenig über die ganz unvermuthete Erscheinung der drey weiblichen Paviane erstaunen musste".[12] Dieses negative Bild der Einheimischen wandelte sich aber alsbald. Der Reiseschriftsteller Johann Steiner bewunderte etwa 1832 den kräftigen und gesunden Körperbau der Einheimischen und wies darauf hin, dass „das männliche und weibliche Geschlecht [...] in diesem rauen, gebirgigen Salzkammergut nicht so ganz stiefmütterlich von der Natur behandelt" worden seien.[13] Das Konzept des „edlen Wilden" wurde auch auf das Salzkammergut übertragen. Der Archaismus, der die Natur als eine animalische, brutale Welt betrachtet, wurde vom Primitivismus verdrängt, von einer Vorstellung von Natur als friedvolle und an das Paradies erinnernde Welt.[14]

Mit den ‚gesunden Menschen' entdeckten die bürgerlichen Sommerfrischler auch die regionale Kleidung. Trachten galten bald als „Symbole urwüchsigen Verbundenseins mit Land und Kultur".[15] So sammelte etwa der in Wien geborene „Zweiheimische"[16] und Großindustrielle Konrad Mautner neben Volksliedern auch eifrig Ausseer Trachten.[17] Ebenso sah Erzherzog Johann die Kleidung der Ausseer als Ausdruck des einfachen und natürlichen Wesens der Einheimischen, das er auch für sich beanspruchte.[18] Trachten haben aber keineswegs seit Jahrhunderten unverändert existiert. Vielmehr wurden sie vom Bürgertum im 19. Jahrhundert erfunden, indem es seine Modevorstellungen mit der regionalen Kleidung vermischte. Es ergänzte diese mit Accessoires wie Seide, Brokat und Spitze, trug dazu Silberschmuck und ließ Modetrends in die Schnitte einfließen. „Die Modegecken", schreibt der Schriftsteller Oscar Blumenthal 1910, „haben sich nun in Lodengecken verwandelt. Kratzen sie an diesen Naturmenschen, und sie werden das Alpengigerl finden. Untersuchen sie ihren Rucksack, und sie entdecken die Bartbinde."[19]

Die Einheimischen nahmen die Projektionen des Bürgertums auf die Region gerne an und glaubten allmählich selbst an das vermeintliche ‚Paradies'. In einer Zeit des radikalen Umbruchs der Lebenswelten, wie sie das 19. Jahrhundert darstellte, gelang es den Einheimischen auf diese Weise, sich zum einen an die bürgerliche Lebensform anzunähern. Damit hatten sie zum anderen auch eine Möglich-

Die Konstruktion der Ursprünglichkeit: „Edler Wilder" in Tracht, Gmunden, 1880er Jahre

Bürgerlich-regionale Melange: Einheimischer im bürgerlichen Anzug, daneben ein Ausseer Hut mit Gamsbart, Gmunden, 1909

keit, sich weiterhin an ihren Herkunftsort zu binden. Zwar diente ihnen etwa die Tätigkeit als Musikant oder als Bergführer zunächst einmal zur Existenzsicherung. Ein „Ischler Bergsteigerbund" bot etwa „Touren an Sonn- und Feiertagen unter Führung eines kundigen Mitglieds" an. Für „bequeme Kurgäste" standen auch Tragsessel zur Verfügung.[20] Zugleich waren die Einheimischen damit für die Sommerfrischler mit ihrer Sehnsucht nach Ursprünglichkeit unentbehrlich geworden und erfuhren eine soziale Aufwertung.[21]

Der „dritte Raum"

Mit der Entdeckung des Salzkammerguts durch das Bürgertum entstand ein „dritter Raum", in dem sich neu-alte kulturelle Formen entwickelten. Die bürgerliche Kultur erleichterte unter anderem die Bewahrung der Traditionen. Mit der Gründung von Vereinen, die typisch für die bürgerliche Gesellschaft sind, ließen sich etwa gefährdete Kulturformen zur Folklore verwandeln. Kulturelle Traditionen wurden aber nicht nur verformt, sondern auch neu erfunden.[22] 1880 erhielten etwa die Mitglieder der Salinenkapelle Ebensee eine eigens gestaltete „Bergmannsuniform".[23] In einem Ort, in dem niemals Bergbau betrieben worden war, sondern Salz versotten wurde, stand die Uniform für die ‚gute alte Zeit' und den Salzbergbau, ohne den auch die Saline nicht hätte existieren können.

Die kulturelle Melange von Tradition und Moderne ließ das Salzkammergut als einen Ort erscheinen, in dem es weder Adelige und Bürger*innen noch Arbeiter*innen gab, sondern nur Menschen. Die Realität sah freilich anders aus. Die politischen Konflikte fanden sich in spezifischen Ausformungen auch im Salzkammergut, die Sozialdemokratie formierte sich, aber auch der Antisemitismus tobte und

Die ‚dynamische Authentizität' des Salzkammerguts: Hubert von Goisern auf der Wiener Kärntnerstraße, 1987

der Nationalsozialismus fiel auf fruchtbaren Boden.²⁴ Die Vorstellung einer einheitlichen, von sozialen Unterschiede befreiten Gesellschaft wurde aber auf Festveranstaltungen zelebriert. Sowohl Teilnehmer*innen als auch Zuschauer*innen unterlagen dem Eindruck einer heilen, weil anscheinend klar strukturierten und somit übersichtlichen Welt.²⁵ Längst bedeutungslos gewordene Salzarbeitergruppen marschierten in ihren spezifischen Trachten auf, zahlreiche Musikkapellen aus dem Salzkammergut bereicherten die Festzüge. Beim Musikfest der Salinenkapelle Ebensee im Jahr 1928 nahmen etwa neben mehreren Musikkapellen auch verschiedene Gruppen von Salinenarbeitern in ihren spezifischen Trachten und – zum Teil altertümlichen – Werkzeugen teil. Dazu gesellten sich der Deutsche Turnverein, der Veteranenverein sowie der sozialdemokratische und der katholische Arbeiterverein. In einer Festrede wies der Generaldirektor der Österreichischen Salinen auf das Bindeglied hin, das diese so unterschiedlichen Organisationen angeblich vereinte: „Wir sind so glücklich, daß unsere Arbeitsstätten in herrlicher Gegend stehen. Unsere Heimat mit ihrer reichen Schönheit wird uns stets vor innerer Verelendung bewahren."²⁶

Der „dritte Raum" ermöglicht aber auch kulturelle Formen, die nicht nur in die Vergangenheit blicken. Die Volksmusik hat sich etwa im Salzkammergut im Laufe der Zeit gewandelt. Einflüsse von außen, etwa neue Musikstile, werden rezipiert und verändern etwa die Art und Weise der musikalischen Artikulation und somit die Klangfarben. Musiker wie Hubert von Goisern, einst ein „enfant terrible" und inzwischen gefeierter ‚Sohn' des Salzkammerguts, streben daher nicht nach „Authentizität" im Sinne der Verdrängung des Wandels, sondern verleihen ihrer Musik eine moderne, dynamische Form der „Authentizität". Sie stellen die Volksmusik im Salzkammergut gar auf neue Füße, denn der Boden, die Wirtschaft sowie die Arbeits- und Lebenswelten, ist ständig in Bewegung. Und Kultur ist letztlich Ausdruck von Wandlungsprozessen – entweder im Sinne einer statischen Folklore oder eines dynamischen Verständnisses von Tradition.

Die „wahre Heimat" – Sommerfrische und Shoah

Nach 1945 setzte sich die Tradition der Ursprünglichkeit in unterschiedlicher Weise fort. Zum einen bildete sie ein Fundament der Zweiten Republik, zumal die Harmonie die Abgrenzung zum Nationalsozialismus ermöglichte. Zum anderen fanden auch die Überlebenden des Holocaust weiterhin eine imaginierte Heimat. Der ehemalige Wohnort blieb mit den nationalsozialistischen Verbrechen verknüpft, die ehemalige Sommerfrische linderte aber den Schmerz, den die Erinnerung hervorrief. Die Schriftstellerin Gina Kaus, aus einer jüdischen Wiener Kaufmannsfamilie stammend, fand etwa ihre „wahre Heimat" in den „Wiesen und Wälder[n] und Ausblicke[n]" insbesondere des Ausseerlandes.[27] Für den Illustrator Leo Glücksellg, der in die USA emigriert war, bedeutete Österreich weniger „Fahne und Nationalität" als vielmehr „Landschaft". In den Bergen verspürte er „dieses tiefe Heimatgefühl, das mir als junger Mann so selbstverständlich war".[28] In einem kurzen Text von Julian Schutting hält eine „alte Dame", die der nationalsozialistischen Verfolgung entkommen ist, „fest an der Sommerfrische ihrer Kindheit, trägt unbefangen ein Ausseer Dirndl". Gleichzeitig lässt sie sich aber nicht die „bewährte neue Heimat verleiden". Sie, die nach Argentinien geflüchtet war, beschwört „die Luft von Buenos Aires, die vermutlich gar nicht so gute Luft in einer Stadt, die sich laut Namensgebung auf ihre guten Lüfterln viel einbildet". Die regionale Verbundenheit zum Salzkammergut, gleichsam zum ‚Boden', der im Nationalsozialismus ein Bestandteil der „Blut und Boden"-Ideologie wurde, löst sich auf. Die „alte Dame" vereint dagegen die guten Erinnerungen, die vielen guten „Lüfterln", und wehrt jene „Lüfte" ab, „in denen man laut Paul Celan nicht eng liegt".[29] Sie ist den Krematorien von Auschwitz nicht nur entkommen, sie ist vielmehr den Erinnerungen an den Holocaust entgegengetreten, indem sie Buenos Aires und Aussee zu einer harmonischen Erinnerung vereint.

Die Welt steht nicht still: Die dynamische Heimat

Anhand der dargestellten Wandlungsprozesse lässt sich nun der Begriff „Identität" klären. Identität ist als dynamisch und als mentaler Konstruktionsprozess zu begreifen. In diesem versucht das Individuum, die Umwelt, in die es hineingeworfen ist, mit seinem Inneren in Einklang zu bringen.[30] Der Mensch erinnert, vergisst und erfindet, um existieren zu können. Dabei ist er nicht völlig autonom, sondern in einen sozialen Raum eingebunden. In diesem findet er Denk- und Handlungsmöglichkeiten, die er übernehmen und in bestimmten Situationen anwenden kann. Diese Denk- und Handlungsmöglichkeiten sind gleichsam mit Schubladen vergleichbar, in die der Mensch seine Erlebnisse einordnet. Je weniger solche

Schubladen zur Verfügung stehen, desto größer ist die Gefahr, engstirnig zu denken. Wenn es aber mehrere Schubladen gibt und sie auch geöffnet werden, lässt sich ein differenzierter Blick auf die Welt werfen. Findet sich etwa die Bereitschaft und Fähigkeit zur Reflexion als Schublade, werden scheinbar unverrückbare Wahrheiten als Konstrukt entlarvt.[31] Auf diese Weise kann sich der statische Heimatbegriff in eine „dynamische Heimat" verwandeln. Die Welt steht nicht still. Daher müssen wir uns dem Wandel stellen und mit ihm konstruktiv umgehen. Letztlich können wir die Gegenwart und Zukunft nur auf diese Weise positiv – solidarisch, menschengerecht und demokratisch – gestalten.

Abb. 6: Dekonstruktion der Tracht – auch die Bedeutung von Trachten ändern sich

Anmerkungen

1   Bhabha, Homi K.: Die Verortung der Kultur (Stauffenburg Discussion 5, Tübingen 2000).
2   Steiner, Johann: Der Reisegefährte durch die Österreichische Schweiz oder das obderennsische Salzkammergut. In historisch, geographisch, statistisch, kameralisch oder pittoresker Ansicht. Ein Taschenbuch zur geselligen Begleitung in diese Gegenden, zweite, vermehrte und verbesserte Auflage (Linz 1832).
3   Fremden-Zeitung 16. 5. 1892.
4   Salz wurde in kegelstumpfförmige Holzgefäße gefüllt und darin getrocknet. Die damit entstehenden „Fuder" gelangten entweder als Ganzes in den Vertrieb oder wurden – von „Salzhackerinnen" – auf der Stoßstatt zerhackt und in Transportkufen gefüllt. Anfang des 19. Jahrhunderts löste die Erzeugung von losem Salz die Salzfuder ab.
5   Hellmuth, Thomas: Vielfalt in der Einheit? Soziale und kulturelle Aspekte regionaler Identität(en). In: Dirninger, Christian – Hellmuth, Thomas – Thuswaldner, Anton: Salzkammergut schauen. Ein Blick ins Ungewisse (Regionale Identitäten I, Wien/Köln/Weimar 2015) 95–142, hier 96–97.
6   Zur Krankenfürsorge siehe ausführlich ebd. 97, 101–102.
7   Hellmuth, Thomas: „Stolz auf ihren Stand". Salzarbeiter in der Habsburgermonarchie zwischen berufsständischer Identität und Industrialisierung. In: Der Anschnitt. Zeitschrift für Kunst und Kultur im Bergbau 51 (1999) H. 2/3, 76–77.
8   Schnabel, Anton: Die Arbeiterverhältnisse der k. k. Salinen (Wien 1900) 106–111, 118–120.
9   Hellmuth: „Stolz" 73–76.
10 Werkszeitung der Oesterreichischen Salinen 1/8 (1928) 117.
11 Fremden-Zeitung 21. 8. 1891.
12 Sartori, Franz: Neuste Reisen durch Österreich ob und unter der Enns, Salzburg, Berchtesgaden, Kärnten und Steyermark in statistischer, geographischer, naturhistorischer, ökonomischer, geschichtlicher und pittoresker Hinsicht I (Wien 1811) 287, 303.
13 Steiner: Reisegefährte VI.
14 White, Hayden: The Forms of Wildness: Archaeology of an Idea. In: Dudley, Eward – Novak, Maximilian E. (Hg.): The Wild Man Within. An Image in Western Thought

15 from the Renaissance to Romanticism (Pittsburgh 1972) 27–28.
15 Ebd. 13.
16 „Zweiheimisch" ist jemand, wenn er sich an einem Ort heimisch fühlt, der ihm am Beginn fremd war, dem er sich aber angenähert hat und mit dem er sich schließlich identifiziert. Ob damit soziale Integration verbunden ist, bleibt dahingestellt. Gleichzeitig ist der „Zweiheimische" aber auch weiterhin an seinen Herkunftsort gebunden.
17 Milchram, Gerhard: Konrad Mautner und Eugenie Goldstern: Identitätsstiftung in den Alpen oder universale Ethnologie? In: Loewy, Hanno – Milchram, Gerhard (Hg.): „Hast du meine Alpen gesehen?" Eine jüdische Beziehungsgeschichte (Hohenems 2009) 156–175.
18 Heindl, Gottfried: Das Salzkammergut und seine Gäste. Die Geschichte einer Sommerfrische (Wien 1993) 174.
19 Blumenthal, Oscar: Ischler Frühlingsgespräche [1910]. In: Czernin, Hubertus (Hg.): Salzkammergut (Klagenfurt/Cleovec 1998) 101.
20 Bad Ischl im Salzkammergut. Ältestes Solebad in Österreich. Ein Führer für Kurgäste. Verfaßt von den Mitgliedern der Kurkommission (Ischl o. J. [1910]) 75–76, 82.
21 Hellmuth: Vielfalt 117.
22 Hobsbawm, Eric: Die Erfindung von Traditionen. In: Conrad, Christoph – Kessel, Martina (Hg.): Kultur & Geschichte. Neue Einblicke in eine alte Beziehung (Stuttgart 1998) 98–118.
23 Werkzeitung der Oesterreichischen Saline 1/8 (1928) 116–117.
24 Quatember, Wolfgang – Felber, Ulrike – Rolinek, Susanne: Das Salzkammergut. Seine politische Kultur in der Ersten und Zweiten Republik (Grünbach 1999) 64–66.
25 Tenfelde, Klaus: Adventus. Zur historischen Ikonologie des Festzuges, in: Historische Zeitschrift 235 (1982) 65 f., 76.
26 Werkzeitung der Oesterreichischen Salinen 1/8 (1928) 117.
27 Kaus, Gina: Von Wien nach Hollywood (o. O. 1990) 148.
28 Glückselig, Leo: Gottlob, kein Held und Heiliger. Ein Wiener Jewboy in New York (Wien 1999) 291.
29 Schutting, Julian: „Also, ich wird euch sagen: die Luft von Buenos Aires …". In: Hellmuth, Thomas u. a. (Hg.): Visionäre bewegen die Welt. Ein Lesebuch durch das Salzkammergut (Salzburg/München 2005) 229.
30 Keupp, Heiner u. a.: Identitätskonstruktionen. Das Patchwork der Identitäten in der Spätmoderne (Reinbek/Hamburg 1999) 57.
31 Hellmuth, Thomas: Regionale Identität(en): Von der Möglichkeit eines unmöglichen Begriffs. In: Dirninger – Hellmuth – Thuswaldner: Salzkammergut schauen 10–14.

Ausstellungsteam

Projektleitung für die Europäische Kulturhauptstadt Bad Ischl Salzkammergut 2024:
Mag.ª Lisa Neuhuber
Martina Rotschädl

Wissenschaftliche Leitung:
a. Univ.-Prof. Dr. Michael John
Mag.ª Dr.in Herta Neiß

Wissenschaftliche Mitarbeit:
Anton Strobl, B.A. B.A. M.A. (2023–2024)
Irene Wögerer, M.A. (2022)
Sarah Pamminger (Praktikantin)
Maria Sams

Filme und Audios in der Ausstellung:
Mag.ª Dr.in Herta Neiß
a. Univ.-Prof. Dr. Michael John
Gerd Thaller

Ausstellungdidaktik, Kulturvermittlung, barrierefreie Vermittlung:
Edith Wregg, M.A.E.
Mag.ª Barbara Pölzleithner, M.A.
Dr.in Doris Prenn

Ausstellungsgestaltung:
Mag. Hans Kropshofer

Ausstellungsgrafik:
Mag. Gerald Lohninger

Medientechnik:
bablTech, Roland Babl

Bildnachweis

Die Abbildungsnachweise wurden nach bestem Wissen und Gewissen erstellt. Sollten dennoch Fragen offengeblieben sein, wird um Kontaktaufnahme mit den Herausgeber*innen ersucht.

Cover   Museum der Stadt Bad Ischl

Beitrag Roman Sandgruber
Abb. 1, 2, 3, 4, 5, 6   Salinenarchiv, Bad Ischl

Beitrag Herta Neiß
Abb. 1, 2, 3, 4, 5   Museum der Stadt Bad Ischl
Abb. 6   OÖ. Tourismus, Linz

Beitrag Andreas Praher
Abb. 1   Zeitgeschichte Museum Ebensee
Abb. 2   Ludwig Mayerhofer, Scharnstein
Abb. 3   Sammlung Gstöttenmayer, Verein Geschichte teilen, Linz
Abb. 4   OÖ. Landesarchiv, Linz
Abb. 5   Privatnachlass Josef Bradl, Mühlbach

Beitrag Bernd Kreuzer
Abb. 1   K-Hof Museum Gmunden
Abb. 2, 4   Museum der Stadt Bad Ischl
Abb. 3, 5   Privat

Marija Wakounig
Abb. 1   Wien Museum, Online-Sammlung
Abb. 2, 3, 5   Museum der Stadt Bad Ischl
Abb. 4   Wikimedia Commons, Die_kaiserliche_Familie_um_1882

Beitrag Irene Wögerer
Abb. 1   ALBERTINA Museum, Wien
Abb. 2, 4   Belvedere, Verein der Freunde der Österreichischen Galerie Belvedere, Wien
Abb. 3   Lentos Kunstmuseum Linz
Abb. 5   Courtesy Studio Semotan, Elfie Semotan, Wien

Beitrag Raphaela Hemetsberger
Abb. 3, 4, 5   Raphaela Hemetsberger, Wien
Abb. 1, 2, 6   Museum der Stadt Bad Ischl

Beitrag Andreas Neiß

Abb. 1	Die Bau- und Werkkunst. Monatszeitschrift für alle Gebiete der Architektur und Angewandten Kunst 2. Jg. (Wien 1932) H 7, 150
Abb. 2, 3, 4, 5, 6, 7, 8	Eurothermen Resort GmbH. & Co KG, Bad Ischl. Die Abbildungen sind dem Fotoalbum „Kurmittelhaus Bad Ischl erbaut in den Jahren 1929-–1932 nach den Plänen des Herrn Prof. Dr. Cl. Holzmeister und Architekt Schimitzek von den Baufirmen: Baugesellschaft Pirkl & Eysert, Linz Baumeister Brandl & Söhne und Maurer und Zimmermeister H. Zierler, Bad Ischl", o. J., nicht katalogisiertes Archiv Kaisertherme Bad Ischl, entnommen.

Beitrag Marie-Theres Arnbom

Abb. 1	Museum der Stadt Bad Ischl
Abb. 2, 4	ONB/ANNO
Abb. 3, 5	Privat
Abb. 6	Stephan Trauttenberg, Wien

Beitrag Andrea Bina, Michaela Nagl, Thomas Pauli

Abb. 1, 2, 3, 4, 5	Museum der Stadt Bad Ischl
Abb. 6	Privat

Beitrag Albert Lichtblau

Abb. 1	Jüdische Presse. Organ für die Interessen des orthodoxen Judentums 25. 4. 1930, 5
Abb. 2	Kikeriki. Wiener Humoristisches Volksblatt 14. 8. 1927, 3
Abb. 3, 5, 6	Privatarchiv Albert Lichtblau, Salzburg
Abb. 4	Privatarchiv Kurt Sonnenfeld, New York

Beitrag Wolfgang Quatember

Abb. 1	Foto Hofer, Bad Ischl, Archiv Zeitgeschichte Museum Ebensee
Abb. 2, 3	Nachlass Erich Zakarias, Archiv Zeitgeschichte Museum Ebensee
Abb. 4	Archiv Peter Kammerstätter, Zeitgeschichte Museum Ebensee
Abb. 5	Nachlass Raimund Zimpernik, Zeitgeschichte Museum Ebensee
Abb. 6	NA Washington, Zeitgeschichte Museum Ebensee

Beitrag Nina Höllinger

Abb. 1	Staatsarchiv, München
Abb. 2	Stadtarchiv, Bad Ischl
Abb. 3, 4, 5	Zeitgeschichte Museum Ebensee

Beitrag Michael John

Abb. 1	OÖ Landesarchiv, Linz
Abb. 2	Privatarchiv Alois Lackner, Bad Ischl/Lauffen
Abb. 3	Wikimedia Commons, US National Archives, MD
Abb. 4	Jörg Schauberger, Bad Ischl
Abb. 5, 6	Lentos Kunstmuseum Linz

Beitrag Michael Kurz

Abb. 1, 3	Michael Kurz, Bad Ischl
Abb. 2	Heimatverein, Bad Ischl

Beitrag Syliva Hahn

Abb. 1, 2, 4, 5	Zeitgeschichte Museum Ebensee
Abb. 3	Salinenarchiv, Bad Ischl

Beitrag Roland Ernst Laimer

Abb. 1, 4, 5	Wolfgang Spitzbart, Ohlsdorf
Abb. 2, 3	Andreas Neiß, Linz

Beitrag Thomas Hellmuth

Abb. 1, 3, 4, 6	Thomas Hellmuth, Salzburg
Abb. 2, 5	AKG Images, Berlin

Danksagung

(Unterstützer, Leihgeber)

Unser Dank für Beratung, Anregungen, Leihgaben ergeht an folgende Institutionen, Organisationen und Unternehmen:

Archiv der Stadt Linz, Foto Hofer Bad Ischl, Heimatverein Bad Ischl, Kulturhauptstadt Europas Bad Ischl Salzkammergut 2024, Lentos Kunstmuseum Linz, Möbelmuseum Wien, Museum Albertina Wien, Museum Arbeitswelt Steyr, Oberösterreichisches Landesarchiv, Oberösterreichische Landesbibliothek, Oberösterreichische Landesregierung, Direktion Kultur- und Gesellschaft, OÖ Landeskultur GmbH, Nordico Stadtmuseum Linz, Salinen AG Austria, Salinenarchiv Bad Ischl, Salzkammergut Tourismus und Marketing GmbH, Sammlung und Archiv Museum der Stadt Bad Ischl, Stadtgemeinde Bad Ischl, Tourismusverband Traunsee-Almtal, Verein der Freunde des Museums der Stadt Bad Ischl, Wien Museum, Zeitgeschichte Museum Ebensee, rund 20 hilfreiche Vereine aus dem Raum Bad Ischl und andere.

Danke an alle Unterstützer*innen, Leihgeber*innen und Interviewpartner*innen, insbesondere an

- Ing. Sabine Augustin, Bad Ischl
- Dr.in Marie-Theres Arnbom, Wien
- Mag.a Andrea Bina, Linz
- Dr. Leopold Heinrich Ammerer, Ried i. Innkreis
- Johannes Daxner, Linz
- Johannes Eberl, Bad Ischl
- Mag. Kurt Eckel, Bad Ischl
- Mag. Wolfgang Degeneve, Bad Ischl
- Dr. Josef Goldberger, Linz
- Reinhard Haider, Lentos, Linz
- Hobby Sommer, Salzburg
- Hannes Heide, Bad Ischl-Brüssel
- Mag.a Nina Höllinger, Bad Ischl
- Reinhard Hörmandinger, Bad Ischl
- Dr. Thomas Huemer, Bad Ischl
- Hans-Peter Ischlstöger, Bad Ischl
- Dr.in Elisabeth Nowak-Thaller, Linz
- Margit Kain, Linz
- Dr. Martin Kamrat, Gmunden
- DI Johann Kranabittl, Bad Ischl
- Leo Kresbach, Wien/Grundlsee
- Dr. Albert Lichtblau, Salzburg
- Mag. Kurt Lux, Bad Ischl

- Dr. Guido Mairunteregg, Steyr
- Mag. Gerhard Milchram, Wien
- Andreas Murray, Gmunden
- Dr. Andreas Neiß, Linz
- Mag.ᵃ Lisa Neuhuber, Ebensee
- Thomas Nussbaumer, Bad Ischl
- Dr.ⁱⁿ Eva B. Ottillinger, Wien
- Sarah Pamminger, Bad Ischl
- DI Thomas Pauli, Wien
- Felix Pauli, Bad Goisern
- Manuela Pfleger-Scharf, Linz
- Mag. Markus Pichler M.A., Wien
- Mag.ᵃ Renate Ploechl, Linz
- Dr. Wolfgang Quatember, Ebensee
- Jakob E. Reitinger, B.A., Bad Ischl
- Martina Rothschädl, Bad Ischl
- Maria Sams, Bad Ischl
- Dr. Roman Sandgruber, Linz
- Franz Scharf, Linz
- Ines Schiller B.Ed., Bad Ischl
- Mag. Jörg Schauberger, Bad Ischl
- Dr.ⁱⁿ Brigitta Schmid, Bad Ischl
- Dr.ⁱⁿ Pia Schölnberger, Wien
- Dr. Klaus Albrecht Schröder, Wien
- Dr.ⁱⁿ Elisabeth Schweeger, Bad Ischl
- Mag. Michael Spechtenhauser, Bad Ischl
- Wolfgang Spitzbart, Ohlsdorf
- Maximilian Stelzhammer, Bad Schallerbach
- Dr.ⁱⁿ Cornelia Sulzbacher, Linz
- Volker Weihbold, Linz
- Dr.ⁱⁿ Marion Wisinger, Wien
- Mag. Peter Zauner, Linz
- Alfred Zmrzlik, Wien

Danke auch an alle, die noch nicht aufgenommen werden konnten, u. v. m.

Autor*innen

Dr.in Marie-Theres Arnbom, Historikerin und Kunstmanagerin, Wien

Mag.a Andrea Bina, Kulturhistorikerin, Leiterin Nordico Stadtmuseum, Linz

a. Univ.-Prof.in Dr.in Sylvia Hahn, Historikerin, Universität Salzburg

Univ.-Prof. Mag. Dr. Thomas Hellmuth, Historiker, Universität Wien

Raphaela Hemetsberger, B.A. M.A., Kunstwissenschaftlerin, Doktorandin am Institut für die Erforschung der Habsburgermonarchie und des Balkanraumes der ÖAW, Wien

Mag.a Nina Höllinger, Historikerin, Zeitgeschichte Museum und KZ-Gedenkstätte Ebensee

a. Univ.-Prof. Dr. Michael John, Historiker, Kulturwissenschaftler, Kurator, Lektor, Institut für Wirtschafts-, Sozial- und Umweltgeschichte, Johannes Kepler Universität Linz (i. R.)

PD Dr. Bernd Kreuzer, Historiker, Institut für Zeitgeschichte München und Berlin

Dr. Michael Kurz, Historiker, Bad Ischl

Roland Ernst Laimer, M.A., Historiker, Angestellter der Österreichischen Post AG, Bad Ischl

Univ.-Prof. Dr. Albert Lichtblau, Historiker, Universität Salzburg (i. R.)

Mag.a Michaela Nagl, Kunsthistorikerin, Wien

Dr. Andreas Neiß, Betriebswirt und Kunstwissenschafter, allgemein beeideter und gerichtlich zertifizierter Sachverständiger, BM für Soziales, Gesundheit, Pflege und Konsumentenschutz, Wien

Mag.a Dr.in Herta Neiß, Betriebswirtin und Kulturwissenschafterin, Kuratorin, Autorin, Lektorin Institut für Wirtschafts-, Sozial- und Umweltgeschichte, Johannes Kepler Universität Linz

DI Thomas Pauli, Architekt, Wien und Bad Ischl

Mag. Dr. Andreas Praher, Historiker, rubicom – Agentur für Unternehmensgeschichte, Linz

Dr. Wolfgang Quatember, Historiker, Geschäftsführer Zeitgeschichte Museum und KZ-Gedenkstätte Ebensee

Konsulentin Maria Sams, Leiterin des Museums der Stadt Bad Ischl und der Lehár-Villa, Bad Ischl

em. o. Univ.-Prof. Dr. Roman Sandgruber, Historiker, Kurator, Autor, Institut für Wirtschafts-, Sozial- und Umweltgeschichte, Johannes Kepler Universität Linz

Dr.in Elisabeth Schweeger, Literaturwissenschaftlerin und Kulturmanagerin, Intendantin der Kulturhauptstadt Europas Bad Ischl Salzkammergut 2024

Univ.-Prof. Mag.a Dr.in Marija Wakounig, M.A.S., Historikerin, Universität Wien

Irene Wögerer, M.A., Kunsthistorikerin, Johannes Kepler Universität Linz